RAFAEL SOARES DE ALMEIDA

CRIANDO APLICATIVOS MÓVEIS MULTIPLATAFORMA (CROSS-PLATFORM) COM XAMARIN.FORMS E VISUAL STUDIO 2022 COMMUNITY

PARA INICIANTES

VOLUME 01

EDITORA CIÊNCIA MODERNA

Criando Aplicativos Móveis Multiplataforma (Cross-Platform) com Xamarin.Forms e Visual Studio 2022 Community para Iniciantes – Volume 1

Editor: Paulo André P. Marques
Produção Editorial: Dilene Sandes Pessanha
Capa: Daniel Jara
Diagramação: Carlos Arthur Candal
Copidesque: Equipe Ciência Moderna

FICHA CATALOGRÁFICA

ALMEIDA, Rafael Soares de.

Criando Aplicativos Móveis Multiplataforma (Cross-Platform) com Xamarin.Forms e Visual Studio 2022 Community para Iniciantes - Volume 1

Rio de Janeiro: Editora Ciência Moderna Ltda., 2024.

1. Informática
I — Título

ISBN: 978-65-5842-367-6 CDD 001.642

Editora Ciência Moderna Ltda.
R. Alice Figueiredo, 46 – Riachuelo
Rio de Janeiro, RJ – Brasil CEP: 20.950-150
Tel: (21) 2201-6662/ Fax: (21) 2201-6896
E-MAIL: LCM@LCM.COM.BR
WWW.LCM.COM.BR

04/24

AGRADECIMENTOS

À minha amada Mãe, dona Zezé, sem a qual nada disto teria sentido.

À minha amada esposa Gorete e à minha amada filha Ana Paula, que me ensinam todos os dias o verdadeiro sentido da vida.

Aos meus irmãos, pelo positivismo empregado.

Aos amigos Cláudio Alcântara, Jose Orlando, Profª Msc Maria Beatriz Sena Brignol, Profº Doutor Ailton Feitosa.

Aos amigos que tanto me deram força para continuar nesta caminhada, meu muito obrigado e desculpas por minha ausência.

À editora Dilene Sandes pelo profissionalismo, competência, paciência e carinho no trato desta obra.

Em especial, a Editora Ciência Moderna, por ter acreditado no meu trabalho.

“O covarde nunca começa, O fracassado nunca termina, O vencedor nunca desiste.”

Norman Vincent Peale

SUMÁRIO

CAPÍTULO 1

O XAMARIN.FORMS

Breves Considerações

Neste livro, veremos uma introdução ao **Xamarin.Forms** no **Visual Studio 2022**. É o primeiro passo para aprender a construir aplicações multiplataformas para **Android**, **iOS** e **UWP**(Plataforma Universal do Windows.), este livro aborda os conceitos fundamentais desta plataforma, o que ela pode fazer, bem como informações gerais sobre o desenvolvimento de aplicativos multiplataformas. Este livro é destinado àqueles que são novos no desenvolvimento de aplicativos multiplataformas utilizando o **Xamarin.Forms**, mas que têm pelo menos conhecimentos básicos na linguagem **C#** e na plataforma **.NET** da Microsoft.

Visão Geral

O **Xamarin.Forms** é um kit de ferramentas de interface do usuário multiplataforma que permite que os desenvolvedores criem, com eficiência, layouts de interface de usuários nativos que possam ser compartilhados entre **iOS**, **Android** e aplicativos da **Plataforma Universal do Windows – UWP**.

Requisitos

Aplicativos **Xamarin.Forms** podem ser gravados para os seguintes sistemas operacionais:

- iOS 8 ou superior
- Android 5,0 (API 21) ou superior;
- Plataforma Universal do Windows 10;

Supõe-se que os desenvolvedores tenham familiaridade com .net Standard.

Requisitos do Sistema Operacional Android

Você precisa ter a plataforma das Ferramentas do **SDK** do **Android** e da API do **Android** mais recente instalada. É possível atualizar para as versões mais recentes usando o Gerenciador de **SDK** do **Android**. Além disso, a versão de destino/compilação para projetos do **Android** deve ser definida como usar a plataforma mais recente instalada. No entanto, a versão mínima pode ser definida como **API 28**, de modo que você pode continuar dando suporte a dispositivos que usam **Android 4.4** e mais recentes. Esses valores são definidos nas **Propriedades do Projeto**, no item **Android Manifest**.

Requisitos do Sistema Operacional Windows

Aplicativos **Xamarin.Forms** para **iOS** e **Android** podem ser compilados em qualquer instalação do **Windows** que dê suporte a desenvolvimento do **Xamarin**. É necessário ter o **Visual Studio 2022** ou mais recente em execução no **Windows 10** ou superior. Um **Mac** em rede é necessário para o desenvolvimento do **iOS**.

O desenvolvimento de aplicativos **Xamarin.Forms** para **UWP (Plataforma Universal do Windows)** requer:

- Windows (versão mais recente recomendada);
- Visual Studio 2022;
- SDK do Windows 10.

Você pode também adicionar um aplicativo **UWP (Plataforma Universal do Windows)** a uma solução **Xamarin.Forms** existente a qualquer momento.

Desenvolvimento Multiplataforma – Cross-platform

O termo **cross-platform** refere-se ao processo de criação de um aplicativo de software que pode ser executado em vários sistemas operacionais. Neste livro, não tentaremos responder à pergunta do por quê, mas como, mais especificamente, tentaremos criar um aplicativo

cross-platform usando as ferramentas fornecidas pela Microsoft e **.NET Core**. Antes de começarmos a falar sobre o **.NET Core**, vamos dar uma olhada no processo de desenvolvimento de um aplicativo para várias plataformas. Diante dos requisitos para desenvolver um aplicativo **cross-platform**, a equipe de desenvolvimento pode escolher vários caminhos que levarão os desenvolvedores a diferentes ciclos de vida do aplicativo. Vejamos como um usuário enfatiza a importância do **.NET Core**: "Eu, como proprietário de um aplicativo, gostaria que o mesmo fosse desenvolvido para as plataformas móveis **iOS**, **Android**, **Windows**, **Linux** e **macOS**, para aumentar o alcance e a base de usuários". Para atender a essas demandas, podemos optar por implementar o aplicativo de várias maneiras diferentes:

- Aplicativos totalmente nativos;
- Aplicações híbridas;
- Multiplataforma – Cross-platform.

Desenvolvendo Aplicativos Totalmente Nativos

Seguir esse caminho provavelmente criaria o aplicativo com melhor desempenho, com maior acessibilidade às **APIs** da plataforma para os desenvolvedores. No entanto, para a equipe de desenvolvimento seria exigido conhecimentos específicos e conjuntos de habilidades para que o mesmo aplicativo possa ser criado em várias plataformas, aumentando também as horas do desenvolvedor que precisam ser investidas no aplicativo.

Considerando o conjunto de plataformas mencionadas anteriormente, potencialmente precisaríamos desenvolver o aplicativo cliente em **Cocoa** e **CocoaTouch** (**macOS** e **iOS**), **Java** (**Android**), **.NET** (**Windows**) ou **C++** (**Linux**) e, finalmente, criar um serviço de infraestrutura para a Web em outra linguagem de nossa escolha. Em outras palavras, essa abordagem estará, de fato, implementando um aplicativo multiplataforma em vez de um aplicativo **cross-platform**.

Aplicações Híbridas

Aplicativos nativos hospedados na **Web** (também conhecidos como aplicativos híbridos) são outra opção popular para desenvolvedores (especialmente móveis). Nessa arquitetura, um aplicativo **Web** responsivo seria hospedado nativamente na plataforma de destino. O contêiner da **Web** nativo também seria responsável por fornecer acesso ao tempo de execução da **Web** nas **APIs** da plataforma nativa. Esses aplicativos híbridos nem precisariam ser empacotados como pacotes de aplicativos, mas como **Progressive Web Apps – (PWAs)** para que os usuários possam acessá-los diretamente de seus navegadores da web. Embora os recursos de desenvolvimento sejam usados ainda mais eficientemente do que a abordagem da estrutura nativa **cross-platform**, esse tipo de aplicativo geralmente é propenso a problemas de desempenho. Em referência aos requisitos de negócios disponíveis, provavelmente desenvolveríamos uma camada de serviço da **Web** e um pequeno **Aplicativo de Página Única – (SPA)**, parte do qual é empacotado como um aplicativo híbrido. As outras partes podem ser hospedadas como um aplicativo da web.

Estruturas Nativas Cross-platform

Plataformas de desenvolvimento como **React Native**, **Xamarin**, **.NET Core**, **Kotlin**, entre outros, fornecem a abstração muito necessária para as plataformas de destino, para que o desenvolvimento possa ser feito usando uma estrutura e linguagem de desenvolvimento para vários tipos de execução. Em outras palavras, os desenvolvedores ainda estão usando as **APIs** fornecidas pela plataforma nativa (por exemplo, **SDK Android** ou **iOS**), mas o desenvolvimento é executado em uma única linguagem e estrutura. Essa abordagem não apenas diminui os recursos de desenvolvimento, mas também evita o ônus de gerenciar vários repositórios de origem para várias plataformas. Dessa forma, o mesmo programa-fonte é usado para criar vários aplicativos. Por exemplo, usando o **.NET Core**, a equipe de desenvolvimento pode implementar todas as plataformas de destino usando o mesmo conjunto e idioma de desenvolvimento, criando vários aplicativos clientes para cada plataforma de destino, bem como a infraestrutura de serviços da **Web**. Em uma implementação **cross-platform**, em termos de arquitetura, o aplicativo é composto de três camadas distintas, quais sejam:

- Modelo de aplicativo (camada de implementação para o aplicativo consumidor)

- Framework (o conjunto de ferramentas disponível para desenvolvedores)
- Abstração de plataforma (tempo de execução para hospedar o aplicativo)

Nesse contexto, em essência, estamos buscando criar uma camada de aplicativo independente de plataforma que será atendida em uma camada de abstração de plataforma. A camada de abstração da plataforma, seja no host da web nativo ou na estrutura **cross-platform** nativa, é responsável por fornecer a ponte entre a implementação de aplicativo único e o componente de tempo de execução polimórfico. O **.NET Core** e o **Mono** fornecem o tempo de execução, enquanto o **.NET Standard** fornece a abstração da estrutura, o que significa que aplicativos **cross-platform** podem ser implementados e distribuídos em várias plataformas. Usando o **Xamarin** com a estrutura **.NET Standard** em aplicativos móveis e o **.NET Core** na infraestrutura da **Web**, é possível criar aplicativos móveis nativos sofisticados e suportados pela nuvem.

CAPÍTULO 2

O AMBIENTE DE DESENVOLVIMENTO DO MICROSOFT VISUAL STUDIO COMMUNITY 2022

Após a instalação do aplicativo de desenvolvimento do **Microsoft Visual Studio Community 2022**, que vimos no **Anexo I**, vamos fazer o primeiro acesso ao **Visual Studio 2022 Community**, para isto digite na barra de pesquisa **Visual Studio 2022**, conforme **figura 1**:

Figura 1

Veja que no topo vai abrir o aplicativo **Visual Studio 2022**, na janela do lado esquerdo, selecione o item **Fixar na barra de tarefas**, conforme **figura 2**:

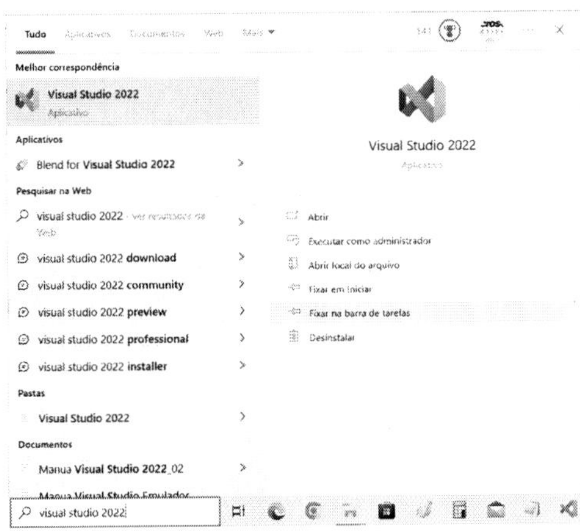

Figura 2

Isto fará com que o nosso programa fique sempre acessível, uma vez que vamos utilizá-lo bastante. Veja que ele está fixo na barra de tarefas conforme **figura 3**:

Figura 3

Para abri-lo basta clicar sobre o ícone do programa, faça isto e veja que vai abrir a tela de configurações do **Visual Studio 2022 Community**, conforme **figura 4**:

Figura 4

Clique no botão **Entrar** e vai aparecer a janela **Entrar em sua conta**, conforme **figura 5**:

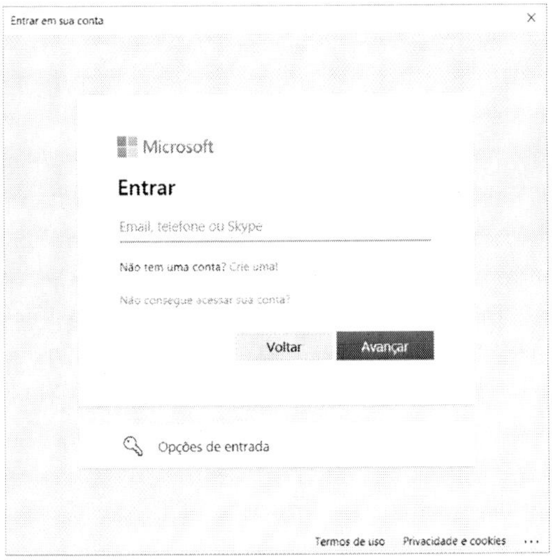

Figura 5

É muito importante nos conectarmos com o **Visual Studio 2022 Community**, isto facilita e muito as várias configurações do sistema. Para isto, você precisa ter um e-mail da **Microsoft**, que pode ser **Hotmail**, **Life**, **Outlook**. Digite seu e-mail no campo **Email**, em seguida clique no botão **Avançar**. Na próxima janela, digite sua senha, conforme **figura 6**:

Figura 6

Clique no botão **Entrar**. Aguarde e na próxima janela vão aparecer os dados do usuário que foi logado, conforme **figura 7**:

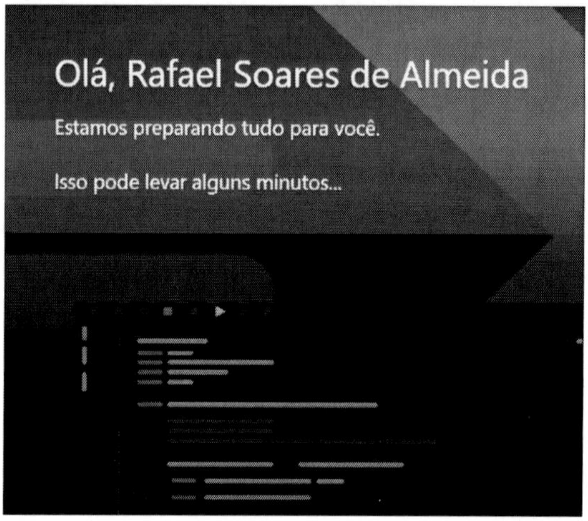

Figura 7

Aguarde e vai abrir a janela de itens recentes, conforme **figura 8**:

Figura 8

Clique no link **Continuar sem código (Continue without code)**, da **figura 8**, e aguarde a abertura da área do **IDE – Ambiente de Desenvolvimento Integrado do Visual Studio 2022 Community**, com uma janela mostrando as Novidades, feche esta janela clicando no **X** que tem ao lado do nome da janela. Observe que do lado superior direito da **IDE**, tem o nome do usuário que está logado neste momento, neste caso, meu nome, conforme **figura 9**.

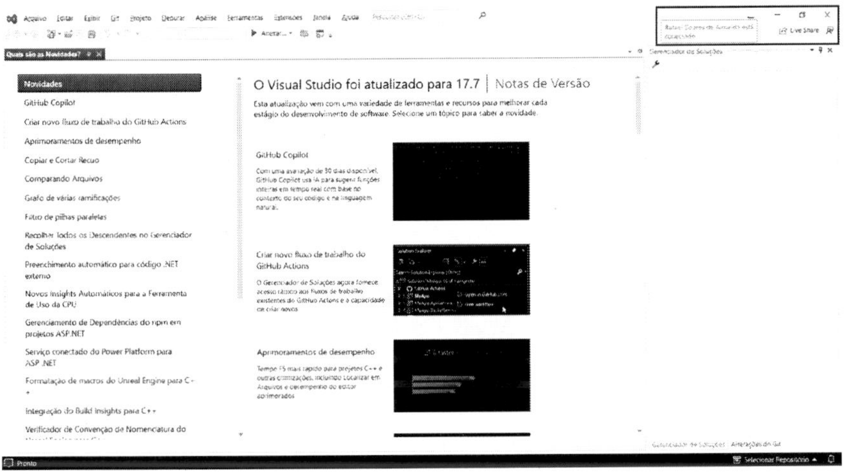

Figura 9

É nesta **IDE** que vamos desenvolver os códigos dos nossos aplicativos. Temos que fazer uma configuração no **Windows**, para usar o modo de configuração **Para Desenvolvedores**, para configurá-la, digite na barra de pesquisa **Configurações do Desenvolvedor**, veja que no topo vai abrir o aplicativo **Configurações**, na janela do lado esquerdo, selecione o item **Abrir**, conforme **figura 10**:

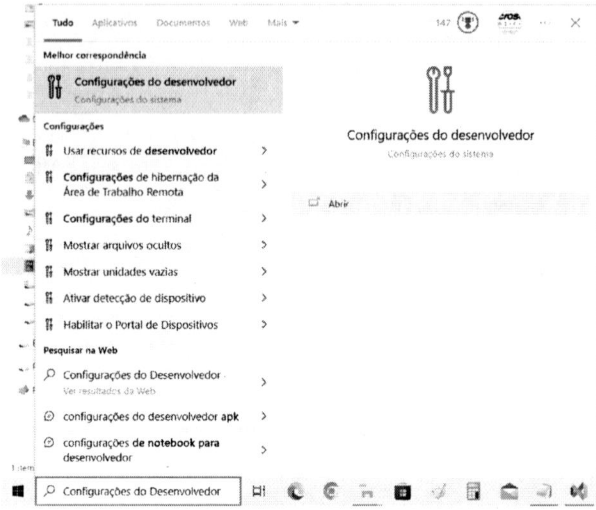

Figura 10

Vai abrir a janela de **Configurações**, conforme **figura 11**:

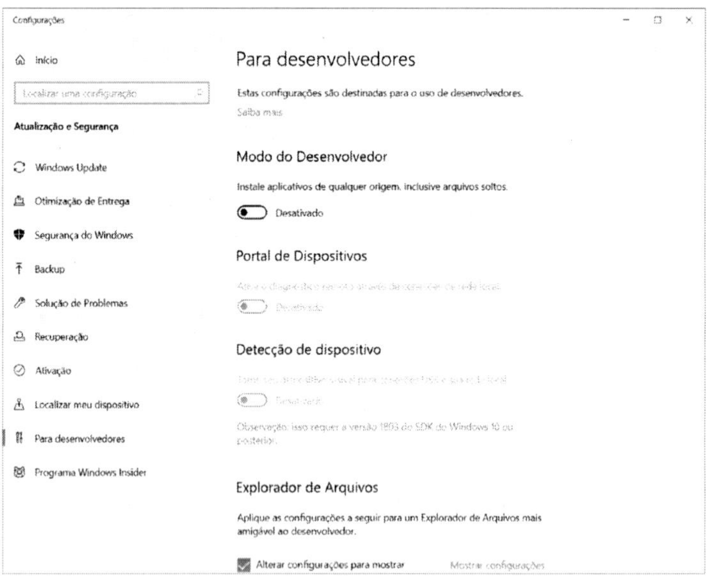

Figura 11

No item **Modo de desenvolvedor**, ative o item, veja que vai abrir a janela **Instale aplicativos de qualquer origem, inclusive arquivos soltos**, vai ser perguntado se você quer ativar o modo desenvolvedor, conforme **figura 12**:

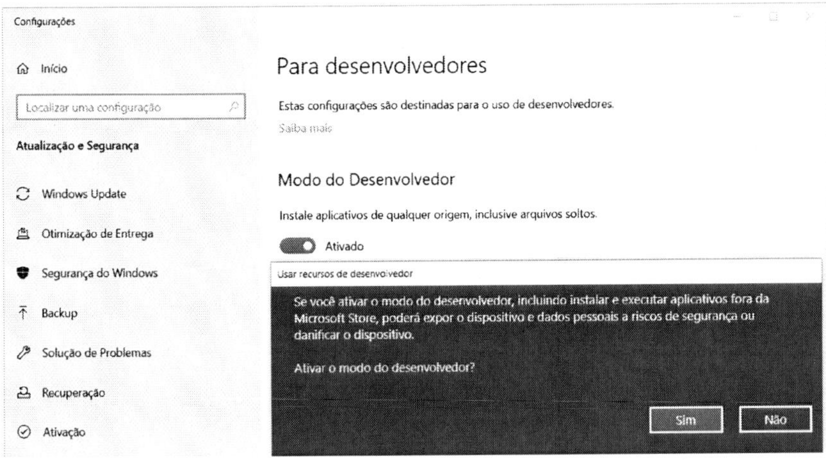

Figura 12

Clique no botão **Sim**. No item **Detecção de dispositivo**, habilite o item **Torne seu dispositivo visível para conexões USB e sua rede local**, basta clicar no botão para ativá-lo, conforme **figura 13**:

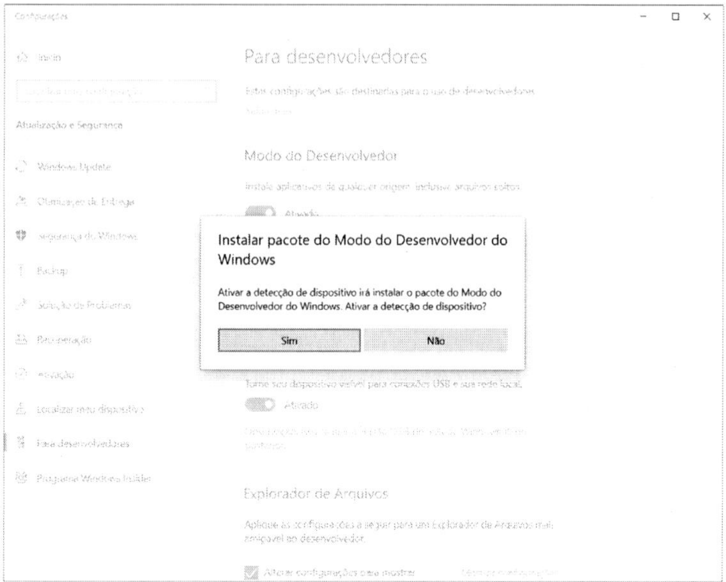

Figura 13

Caso apareça a janela **Instalar pacote Modo do Desenvolvedor do Windows**, clique no botão **Sim**, e aguarde o término da instalação. Após fazer todas as configurações necessárias, feche a janela **Configurações**, para isto clique no botão do **X**, que fica no canto superior direito da janela, conforme **figura 14**:

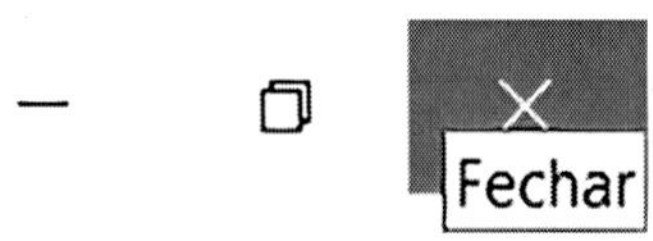

Figura 14

Feche todos os programas abertos e reinicie o **Windows**. Quando voltar, vamos retornar para a **IDE** do **Visual Studio 2022**, para isto, basta clicar no ícone do **Visual Studio 2022**, na barra de tarefas do **Windows**, e vai aparecer uma miniatura do **Visual Studio 2022**, conforme **figura 15**:

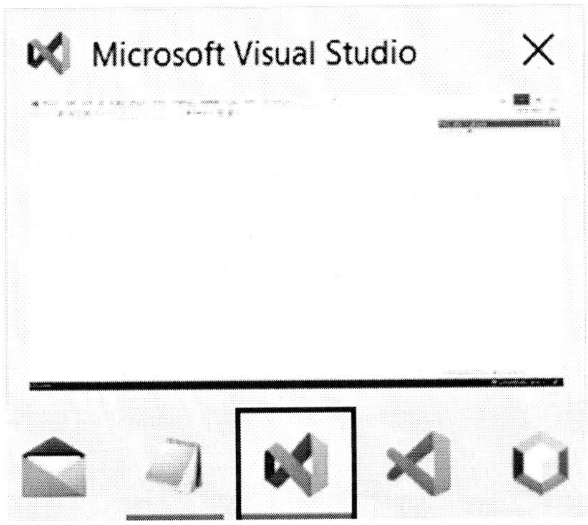

Figura 15

Clique no link **Continuar sem código (Continue without code)**, conforme vimos na **figura 8**. Vai abrir a **IDE** do **Visual Studio 2022 Community**. É hoje, considerada a mais moderna **IDE** existente, sendo uma enorme vantagem à plataforma **Windows**, **Android**, **iOS**, dentre outras, poder contar com esse poderoso ambiente de desenvolvimento.

1 – Menu de Opções: a maioria dos comandos devem ser acessados por aqui, tais como abrir um novo projeto, salvar um novo projeto, adicionar classes, formulários, compilar o projeto, configurar o ambiente de acordo com o seu modo de trabalho, entre outros, conforme **figura 16**:

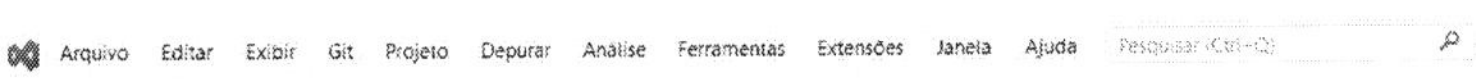

Figura 16

2 – Barra de Ferramentas: atalho para a maioria dos comandos que encontramos no menu de opções, como **Salvar projeto**, **Abrir projeto**, entre outros, conforme **figura 17**:

Figura 17

Antes de começarmos, vamos fazer algumas configurações no que diz respeito aos nomes dos comandos, que estão em português, pois devemos trabalhar com os comandos em inglês, visto que não existe nenhuma linguagem de programação escrita na língua portuguesa. Além do mais, vamos praticar o inglês técnico, para isto vá até o menu **Ferramentas**, e selecione o item de menu **Opções**, conforme **figura 18**:

Figura 18

Vai abrir a janela **Opções**, selecione o item **Ambiente**, clicando na setinha que tem ao lado do nome deste item, em seguida, no item do lado direito, **Experiência Visual**, na caixa **combobox Tema da cor:**, selecione **Claro**, conforme **figura 19**:

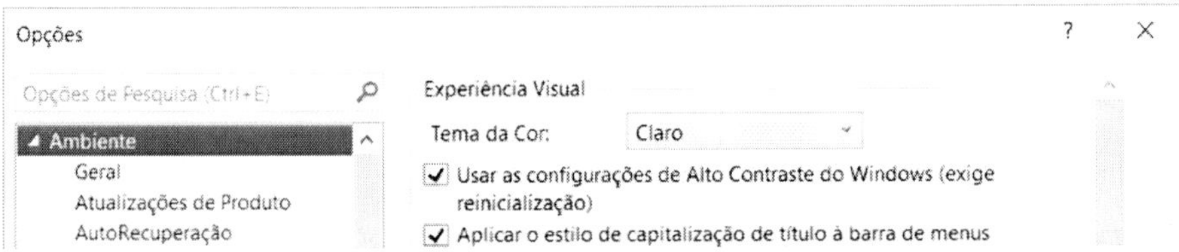

Figura 19

Ou o item que melhor lhe interessar. Retorne ao item **Ambiente**, que fica do lado esquerdo e selecione o item **Configurações internacionais**, em seguida, no item do lado direito, **Idioma:**, na caixa **combobox**, selecione **English**, conforme **figura 20**:

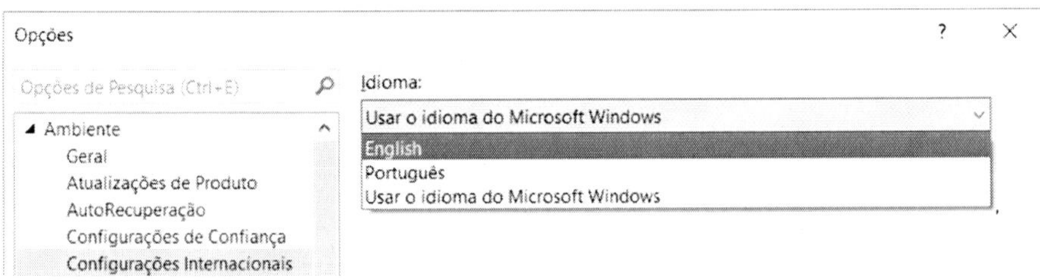

Figura 20

Clique no botão **Ok**, que fica no canto inferior direito da tela e vai aparecer uma janela dizendo que a troca de idioma só terá efeito após fechar e abrir novamente a **IDE**, conforme **figura 21**:

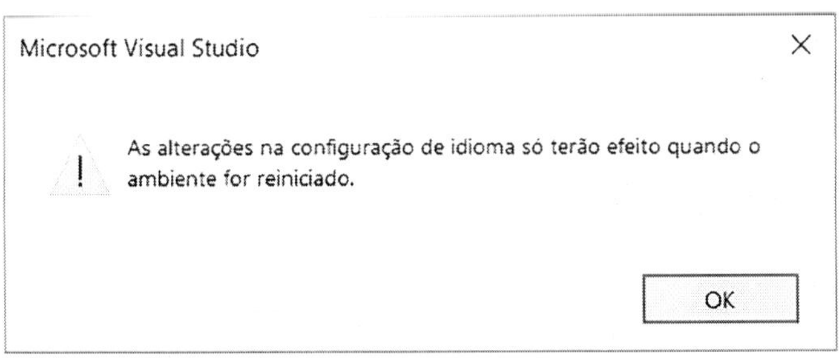

Figura 21

Clique no botão **OK**. Vamos fechar o **Visual Studio 2022 Community**, para isto clique no botão do **X**, que fica no canto superior direito da janela, conforme vimos na **figura 14**. Para abrir novamente, basta clicar sobre o ícone do programa que se encontra na barra de tarefas, conforme vimos na **figura 3**, e vai abrir a janela de itens recentes, conforme vimos na **figura 8**, vamos criar um novo projeto, para isto temos três opções: poderíamos usar na janela de itens recentes a opção **Create a new project**, conforme **figura 22**:

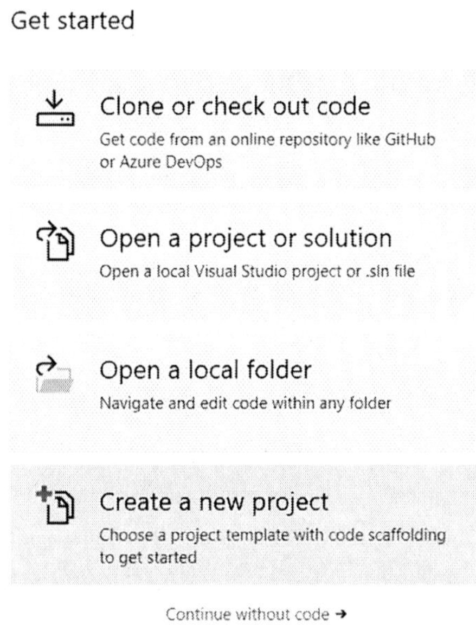

Figura 22

Ou clicar no link **Continue without code (Continuar sem código)**, e aguardar a abertura da área do **IDE – Ambiente de Desenvolvimento Integrado do Visual Studio 2022 Community**, em seguida, vá até o menu **File**, e selecione o item **New Project...**, ou pressionar ao mesmo tempo as teclas **Ctrl+Shift+N**, conforme **figura 23**:

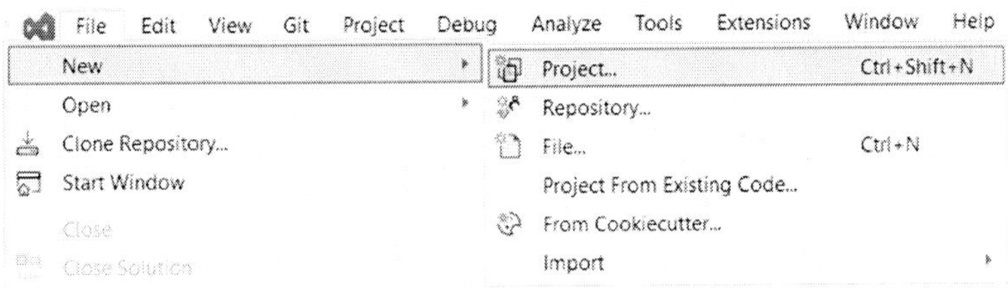

Figura 23

Independentemente da forma escolhida para criar um novo projeto, vai abrir a janela **Create a new Project (Criar um novo projeto)**, no item **All Project type (Todos os Tipos de projetos)**, clique na setinha para baixo e selecione **Mobile**, em seguida, na lista **Filtering by: Mobile (Filtrado por: Mobile)**, selecione o item **Mobile App(Xamarin.Forms) (Aplicativo Móvel(Xamarin.Forms))**, conforme **figura 24**:

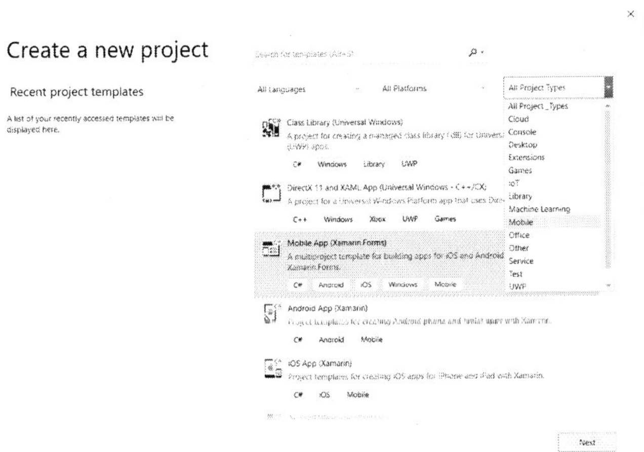

Figura 24

Clique no botão **Next (Próximo)**, e vai abrir a janela **Configure your new Project (Configurar seu novo Projeto)**, conforme **figura 25**:

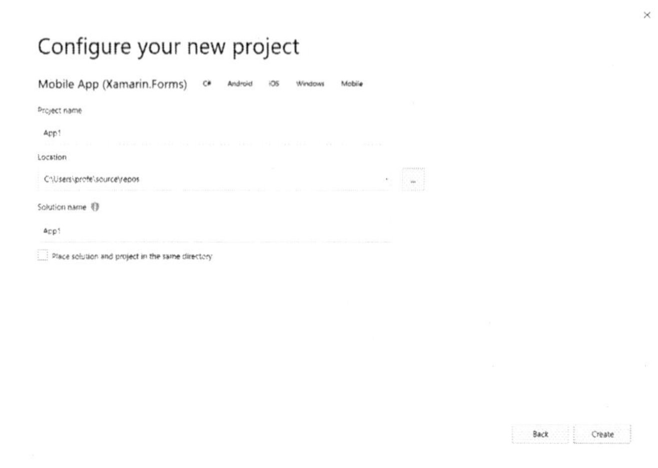

Figura 25

Com a janela **Configure your new Project (Configurar seu novo Projeto)** aberta, no item **Project name:**, digite **AppMensagemNaTela**, no item **Location**, clique no botão com três pontinhos, se quiser pode salvar seu projeto em outro local, por exemplo, em um pendrive. No meu caso, estou direcionando para uma pasta que chamei de **projetos_livro** que criei no meu **C:**, selecione esta pasta e deixe marcado o item **Place solution and project in the same directory**, suas informações devem ficar conforme a **figura 26**:

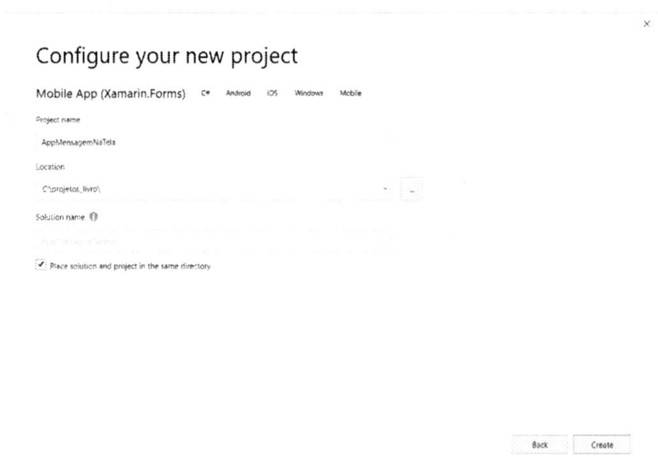

Figura 26

Em seguida, clique no botão **Create**. Vai abrir a janela **New Mobile App**, no item **Select a template for your app**, selecione o item **Blank**, no item **I plan to develop for:**, marques as opções **Android** e **Windows(UWP)**, conforme **figura 27**:

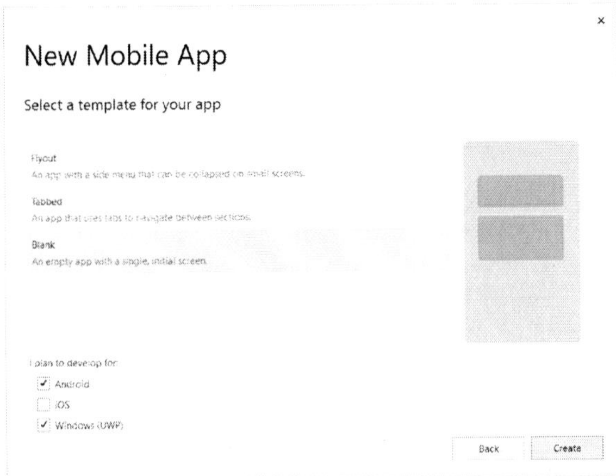

Figura 27

Clique no botão **Create**, aguarde e pode ser que apareça uma janela solicitando que você aceite o uso do **Android Sdk Licence**, conforme **figura 28**:

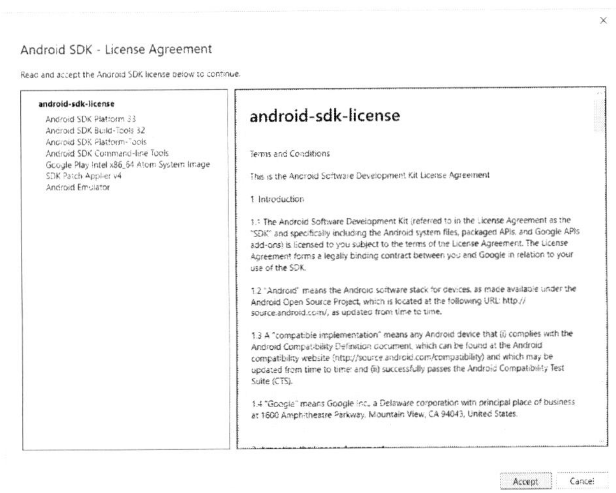

Figura 28

Clique no botão **Accept(Aceitar)**, em seguida vai aparecer a janela **Deseja permitir que este aplicativo faça alterações no seu computador?**, clique no botão **Sim**, conforme vimos na **figura 56**, estes dois passos **só vão ocorrer na** criação do primeiro projeto após a instalação do **Visual Studio**. Veja que vai aparecer a janela da nossa **IDE** ou área de desenvolvimento, conforme **figura 29**:

Figura 29

Esta é a área central, local onde vamos escrever nosso código. Observe que temos algumas janelas escondidas no lado direito e no lado esquerdo da área central de desenvolvimento, veremos mais adiante as janelas mais importantes. Vamos analisar o que foi criado para entender os fundamentos de como os aplicativos **Xamarin. Forms** funcionam.

COMPONENTES DA SOLUÇÃO

Na seção anterior, criamos um projeto **multiplataforma** bem simples. Ao fazê-lo, o **Xamarin.Forms** gerou uma variedade de elementos para nós. Vamos dar uma olhada no que ele criou. Clique na janela **Solution Explorer** ou pressione ao mesmo tempo as teclas **Ctrl+ Alt+L**, e deve abrir a janela **Solution Explorer**, conforme **figura 30**:

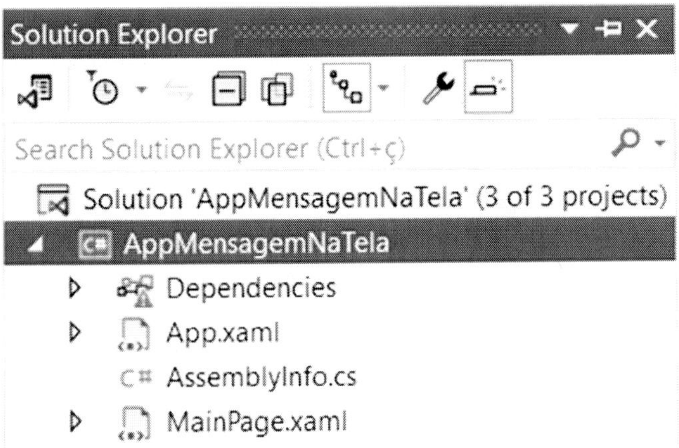

Figura 30

O **Visual Studio** organiza o código em **Soluções** e **Projetos (Solutions** and **Projects)**. Uma **Solutions (solução)** é um contêiner que pode ter um ou mais projetos. Um **Project (projeto)** pode ser um aplicativo, uma biblioteca com suporte, um aplicativo de teste, entre outros. O aplicativo **AppMensagemNaTela** consiste em uma **Solution (solução)** que contém quatro **Projects (projetos)**, conforme vimos na **figura 43**. Os **Projects (projetos)** são:

- **AppMensagemNaTela** – este projeto é o **.NET Standard** projeto de biblioteca que contém todo o código compartilhado e a interface do usuário compartilhada.
- **AppMensagemNaTela.Android** – este projeto mantém o código específico do **Android** e é o ponto de entrada para o aplicativo do **Android**.
- **AppMensagemNaTela.UWP** – este projeto mantém o código específico da **Plataforma Universal do Windows (UWP – Universal Windows Platform)** e é o ponto de entrada para o aplicativo **UWP**.

ANATOMIA DE UM APLICATIVO XAMARIN.FORMS

Vejam o conteúdo do projeto **AppMensagemNaTela** no **.NET Standard Library** no **Visual Studio 2022**, conforme **figura 31**:

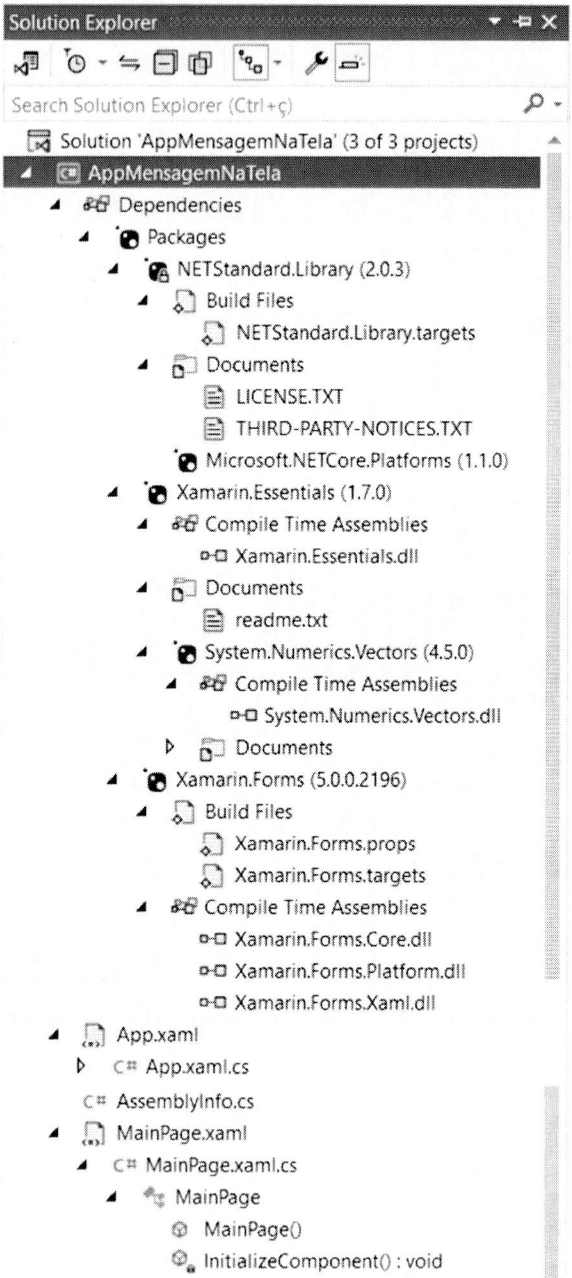
Solution Explorer
Search Solution Explorer (Ctrl+ç)
Solution 'AppMensagemNaTela' (3 of 3 projects)
AppMensagemNaTela
Dependencies
Packages
NETStandard.Library (2.0.3)
Build Files
NETStandard.Library.targets
Documents
LICENSE.TXT
THIRD-PARTY-NOTICES.TXT
Microsoft.NETCore.Platforms (1.1.0)
Xamarin.Essentials (1.7.0)
Compile Time Assemblies
Xamarin.Essentials.dll
Documents
readme.txt
System.Numerics.Vectors (4.5.0)
Compile Time Assemblies
System.Numerics.Vectors.dll
Documents
Xamarin.Forms (5.0.0.2196)
Build Files
Xamarin.Forms.props
Xamarin.Forms.targets
Compile Time Assemblies
Xamarin.Forms.Core.dll
Xamarin.Forms.Platform.dll
Xamarin.Forms.Xaml.dll
App.xaml
App.xaml.cs
AssemblyInfo.cs
MainPage.xaml
MainPage.xaml.cs
MainPage
MainPage()
InitializeComponent() : void

Figura 31

O projeto tem um nó **Dependências (Dependencies)** que contém os nós **Packages** e **SDK**:

- **Packages** – os pacotes **Xamarin.Essentials** e **Xamarin. Forms** que foram adicionados ao projeto.
- **NETStandard.Library (2.0.3)** – o metapacote **NETStandard. Library** que faz referência ao conjunto completo de pacotes que definem o **.NET Standard**.

O projeto também consiste em vários outros arquivos, tais como:

- **App.xaml** – a marcação **XAML** para a classe **App**, que define um dicionário de recursos para o aplicativo.
    - **App.xaml.cs** – o **code-behind** para a classe **App**, que é responsável por instanciar a primeira página que será exibida pelo aplicativo em cada plataforma e por processar eventos de ciclo de vida do aplicativo.
- **AssemblyInfo.cs** – esse arquivo contém um atributo de aplicativo sobre o projeto, que é aplicado no nível do assembly.
- **MainPage.xaml** – a marcação **XAML** para a classe **MainPage**, que define a interface do usuário para a página mostrada quando o aplicativo é iniciado.
    - **MainPage.xaml.cs** – o **code-behind** da classe **MainPage**, que contém a lógica de negócios que é executada quando o usuário interage com a página.

ANATOMIA DE UM APLICATIVO XAMARIN.ANDROID

Vejam o conteúdo do projeto **AppMensagemNaTela.Android** no **Visual Studio 2022**, conforme **figura 32**:

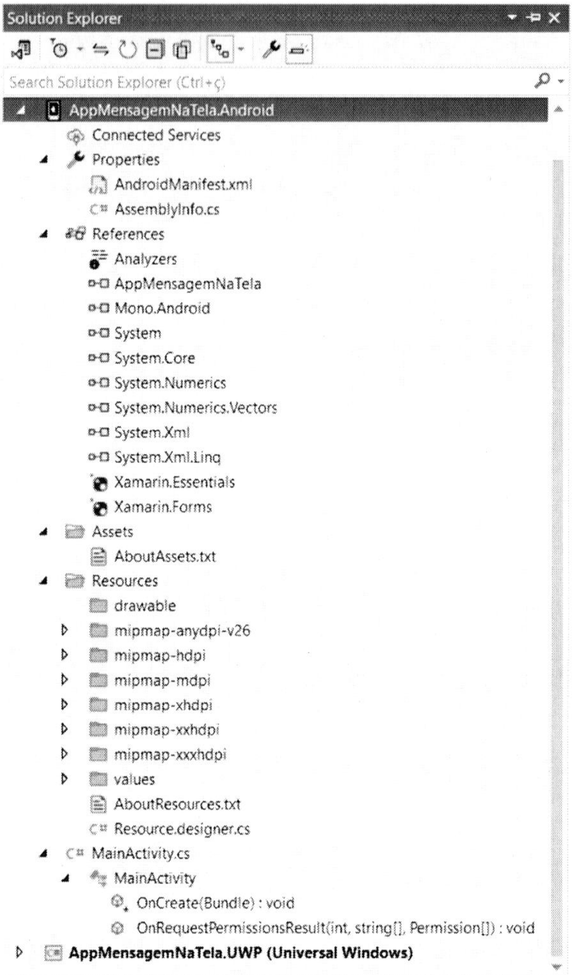

Figura 32

Observe que temos uma estrutura definida para nosso aplicativo **Android**. Vamos entender cada um destes elementos, conforme abaixo:

- **Properties** – contém o arquivo **AndroidManifest.xml** que descreve todos os requisitos para a aplicação **Xamarin.Android**, incluindo nome, número de versão e permissões. Esta pasta também hospeda o **AssemblyInfo.cs**, um arquivo de metadados de assembly do **.NET**. É uma boa prática preencher esse arquivo com algumas informações básicas sobre seu aplicativo.

- **References** – contém os assemblies necessários para compilar e executar o aplicativo. Se você expandir o diretório de referências, verá referências aos assemblies do **.NET** como **System**, **System.Core**, **System.Numerics**, **System.Numerics.Vectors**, **System.Xml** e **System.Xml.Linq** bem como várias referências ao assembly do **Xamarin.Essentials** e **Xamarin.Forms**.
- **Assets** – contém os arquivos que o aplicativo precisa executar incluindo arquivos de texto, arquivos de dados locais e fontes. Os arquivos incluídos aqui são acessíveis por meio da classe **Assets** gerada.
- **Resources** – contém pastas para a maioria dos recursos utilizados em uma aplicação **Android**, tais como, imagens, layout e strings. Dentro dessa pasta, existem ainda as pastas drawable, layout e values.
- **drawable** – contém gráficos que podem ser desenhados na tela, como imagens e bitmaps. O Android fornece versões diferentes da pasta **drawable** para lidar com ícones de diferentes densidades. Ícones de tamanhos variados são armazenados nas pastas **drawable** apropriadas:
  - **mipmap** – o **Android** fornece versões diferentes da pasta **mipmap** para lidar com ícones de diferentes densidades, incluindo **anydpi-v26**, **mdpi** para telas de densidade média, **hdpi** para telas de densidade alta e **xhdpi**, **xxhdpi** e **xxxhdpi** para telas de densidade muito alta. Ícones de tamanhos variados são armazenados nas pastas **mipmap** apropriadas.
  - **values** – esta pasta hospeda arquivos que armazenam valores simples, como strings, inteiros e cores.
  - **Resource.Designer.cs** – também conhecido como a classe **Resource**, esse arquivo é uma classe parcial (**partial class**) que contém as **IDs** exclusivas atribuídas a cada recurso. Ele é criado automaticamente pelas ferramentas do **Xamarin.Android** e é regenerado quando necessário. Não mexa neste arquivo, pois qualquer mudança que fizer será sobrescrita.
- **MainActivity.cs** – implementa a classe **MainActivity**, que é responsável por carregar a primeira **View** ou tela do sistema.

ACTIVITY

Uma **Activity** é uma classe que modela um destino onde um usuário pode executar alguma ação enquanto estiver usando um aplicativo, geralmente por meio de uma interface de usuário chamada tela. Em minha opinião, é a classe mais importante do **Android.** Os controles que são inseridos são chamados de **Views**. Ela é herdada da classe **Android.App.Activity.** Toda **Activity** quando é iniciada, é inserida no topo de uma pilha que chamamos de **activity stack**, ou seja, pilha de atividades. Cada **Activity**, como todo componente de tela, tem um ciclo de vida associado a ela.

Uma **Activity** contém métodos ou estados que são chamados em certos pontos do ciclo de vida. Esses métodos também podem ser substituídos. Por exemplo, a subclasse **Activity** criada pelo modelo de projeto substitui o método **OnCreate**, que é chamado depois que uma **Activity** é iniciada. O ciclo de vida de uma **Activity Android** inclui um conjunto de métodos expostos dentro da classe **Activity**, que fornecem ao desenvolvedor uma estrutura de gerenciamento de recursos. Este framework permite a implementação e o gerenciamento do estado único de cada **Activity** dentro de um aplicativo. O ciclo de vida da **Activity** auxilia o desenvolvedor, fornecendo um quadro coerente para o gerenciamento de recursos dentro do aplicativo.

ESTADOS DA ACTIVITY

O sistema operacional **Android** usa uma fila de prioridade para ajudar no gerenciamento das **Activities** em execução no dispositivo. Com base no estado de uma **Activity Android** em particular, a ela será atribuída certa prioridade dentro do sistema operacional. Essa fila de prioridade ajuda o **Android** a identificar as **Activities** que não estão mais em uso, permitindo que o sistema operacional possa recuperar a memória e os recursos. O diagrama da **figura 33** ilustra os estados que uma **Activity** pode percorrer durante seu ciclo de vida:

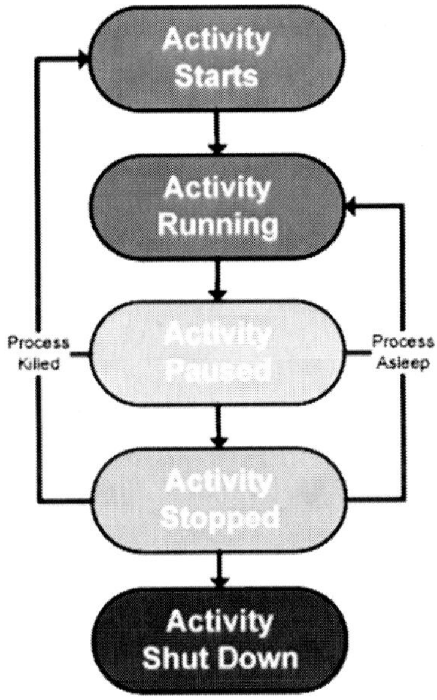

Figura 33

Esses estados podem ser divididos em três grupos principais, são eles:

- **Ativa ou Executando:** As **Activities** são consideradas ativas ou executando quando estão em primeiro plano, também conhecido como topo da pilha de **Activities**. Esta é considerada a atividade de mais alta prioridade na pilha da **Activity Android** e como tal, só será eliminada pelo sistema operacional em situações extremas, como, por exemplo, se a **Activity** tentar usar mais memória do que está disponível no dispositivo, pois isso pode fazer com que a interface do usuário, no caso, a tela do dispositivo, pare de responder.
- **Pausada:** Quando o dispositivo entra em hibernação ou uma **Activity** ainda é visível, mas parcialmente escondida por uma nova, a **Activity** não está totalmente ativa ou transparente, então, a **Activity** é considerada em pausa. As **Activities** pausadas ainda estão vivas, isto é, mantêm todas as informações e estados ligados ao gerenciador de janelas. Esta é considerada a segunda prioridade mais alta na pilha da **Activity Android**

e como tal, só será eliminada pelo sistema operacional se a **Activity** atender as necessidades dos recursos necessários para manter a **Activity** ativa ou executando.

- **Parada ou Inativa:** As **Activities** que são completamente obscurecidas por outra **Activity** são consideradas paradas ou em segundo plano. As **Activities** encerradas ainda podem tentar manter seu estado e informações do membro por um maior tempo possível, mas as **Activities** paradas são consideradas a prioridade mais baixa dos três estados e como tais, o sistema operacional eliminará as atividades neste primeiro estado para satisfazer os requisitos de recursos mais prioritários.

MULTITAREFA E O CICLO DE VIDA DAS ACTIVITIES

As interfaces com o usuário e a funcionalidade multitarefa se comportam de forma diferente no **Android** do que em outras plataformas móveis. No **Android**, se um usuário navega para trás usando o botão **Voltar** em um dispositivo, isso significa que uma **Activity** teve uma navegação longa e o sistema operacional irá destruir essa **Activity** e recuperar os recursos.

Para utilizar as capacidades de multitarefa do sistema operacional, por exemplo, mudar de aplicação em primeiro plano, o usuário deve pressionar a tecla **home** para colocar sua **Activity** atualmente em execução em segundo plano. Quando isso ocorre, a **Activity** e seus recursos são recuperados com base em um algoritmo heurístico de gestão de recursos do sistema operacional provocado pela condição do estado da **Activity.**

MÉTODOS DO CICLO DE VIDA DE UMA ACTIVITY

O **SDK** do **Android** e, por extensão, o **Xamarin.Android** fornecem um modelo poderoso para gerir o estado de uma **Activity** dentro de uma aplicação. Quando o estado de uma **Activity** está mudando, ela é notificada pelo sistema operacional, que exige métodos específicos para a mesma.

Vamos imaginar a seguinte situação: Você está usando um aplicativo no celular ou no tablet, e recebe uma ligação. Como o seu aplicativo voltará ao estado anterior? Esta situação é controlada pelos métodos ou estados. Veja o ciclo de vida de uma **Activity**, conforme **figura 34**:

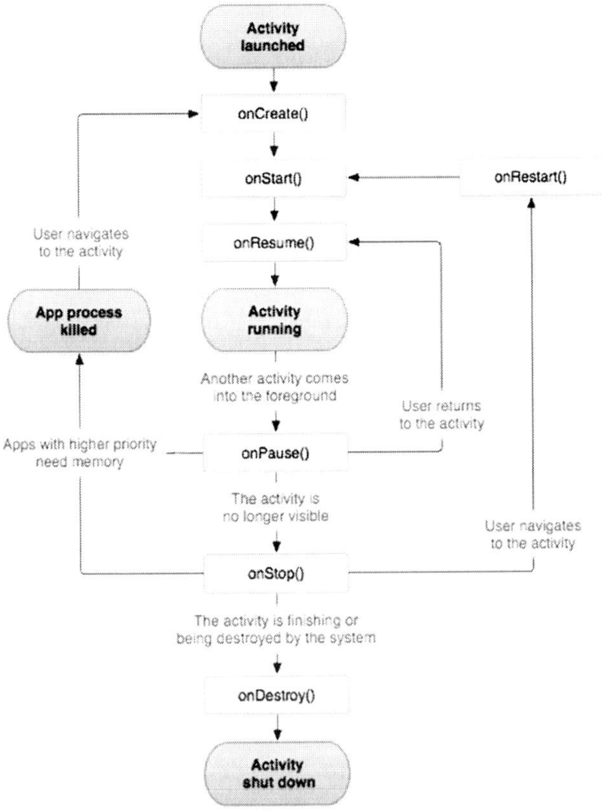

Figura 34

Veremos a seguir o significado de cada ciclo representado pelos métodos:

- OnCreate (Bundle bundle): este método é o primeiro a ser executado e é chamado somente uma vez. Nele, é criada a View para a interface do usuário.
- OnStart(): este método é chamado quando a Activity começa sua visibilidade para o usuário; ela já possui uma View e pode ser chamada após OnCreate() ou OnRestart().

- OnRestart(): este método é chamado quando a Activity foi parada temporariamente e está sendo iniciada novamente; ela chama o método OnStart() automaticamente.
- OnResume(): este método é chamado quando a Activity está em execução, ou seja, no topo da pilha.
- OnPause(): este método é chamado por algum evento que faz a Activity sair do modo execução, por exemplo, ao receber uma ligação ou quando o celular entra no modo hibernação. Neste momento, existe a chance de tratar esses eventos. Quando a Activity volta à sua execução, o método onResume() é chamado.
- OnStop(): este método é chamado quando uma Activity "X" está sendo encerrada por uma Activity "Y". Essa Activity "X"' não está mais visível para o usuário e ao ser iniciada automaticamente, chama o método OnRestart().
- **OnDestroy():** este método finaliza a **Activity**, encerra sua execução eliminando-a da memória. Ela pode ser chamada explicitamente pelo método **finish()**. Após sua execução, a **Activity** terá seu ciclo iniciado chamando o método **OnCreate**().

Em outras linguagens de programação, como **C#**, **Java**, entre outras, para iniciar uma **Activity** é necessário declará-la no arquivo **AndroidManifest.xml** - no nosso caso, como estamos usando o **Visual Studio**, o próprio compilador se encarrega de declará-la baseando-se nos atributos **Activity** de uma classe. Cada **Activity** deverá sobrescrever o método **OnCreate()**. Esse método inicia a aplicação como se fosse um método **main**. Vamos analisar o código da classe **MainActivity.cs** do nosso exemplo, abra a janela **Solution Explorer**, pressione ao mesmo tempo as teclas **Ctrl+Alt+L**, e deve abrir a janela **Solution Explorer** conforme vimos na **figura 30**. Clique na setinha preta que tem ao lado do projeto **AppMensagemNaTela.Android**, em seguida clique duas vezes com o mouse sobre o arquivo **MainActivity.cs**, vai abrir a janela com o código do mesmo, conforme **figura 35**:

Figura 35

Observe que a classe **MainActivity** possui alguns atributos na **linha 10**, os principais são o **Label**, que representa um título para a tela ou **Activity** e o **MainLauncher**, que informa que essa **Activity** iniciará primeiro. Ela também herda da classe **FormsAppCompatActivity,** na **linha 11**, e sobrescreve o método **OnCreate**. Esse método recebe um **Bundle**, na **linha 13**, que são os argumentos que essa classe pode receber. Na maioria das vezes, vamos utilizar uma **Activity** para representar uma tela, mas em alguns casos, precisamos inserir na tela algumas informações mais complexas, como, por exemplo, uma **TabActivity** ou **MapActivity** - elas herdam da classe **Activity**. Uma **TabActivity** é utilizada para criar um **TabHost**, tendo vários métodos para o uso do mesmo. O **TabHost** é uma **View** que é utilizada na tela para a criação de abas. O **MapActivity** é uma **Activity** para a criação e uso de mapas, sem ela, o desenvolvedor precisaria escrever várias linhas de código, mas com o uso da api **com.google.android.maps.MapView**, acaba sendo um poderoso recurso para a utilização de mapas.

ANATOMIA DE UM APLICATIVO XAMARIN.UWP

Veja o conteúdo do projeto **AppMensagemNaTela.UWP** no **Visual Studio 2022**, conforme **figura 36**:

Figura 36

Observe que temos uma estrutura definida para nosso aplicativo **UWP**. Vamos entender cada um destes elementos, conforme abaixo:

- **Properties** – contém o **AssemblyInfo.cs**, um arquivo de metadados de assembly do **.NET**. É uma boa prática preencher esse arquivo com algumas informações básicas sobre seu aplicativo. E o arquivo **Default.rd.xml**, este arquivo contém diretivas de tempo de execução usadas pelo **.NET** Native. Os padrões aqui são adequados para a maioria dos desenvolvedores. No entanto, você pode modificar esses parâmetros para modificar o comportamento do otimizador do **.NET** Native.
- **References** – contém os assemblies necessários para compilar e executar o aplicativo. Se você expandir o diretório de

referências, verá referências aos assemblies do **.NET** como **Microsoft.NETCore.UniversalWindowsPlatform**, **Universal Windows**, bem como várias referências ao assembly do **Xamarin. Essentials** e **Xamarin.Forms**.

- **Assets** – contém os arquivos que o aplicativo precisa executar incluindo arquivos de texto, arquivos de dados locais e fontes.
- **App.xaml** – é onde você declara os recursos que serão usados em todo o aplicativo.
  - **App.xaml.cs** – é o arquivo **code-behind** de **App.xaml**. Como todas as páginas **code-behind**, ele contém um construtor que chama o método **InitializeComponent**. Não é você quem cria o método **InitializeComponent**, ele é gerado pelo **Visual Studio** e sua principal finalidade é inicializar os elementos declarados no arquivo **XAML**.
- **MainPage.xaml** – onde vamos definir a interface do usuário do aplicativo. É possível adicionar elementos usando diretamente a marcação **XAML** ou usar as ferramentas de design fornecidas pelo **Visual Studio**.
  - **MainPage.xaml.cs** – é a página **code-behind** de **MainPage.xaml**. É onde você adiciona a lógica e os manipuladores de eventos do aplicativo. Juntos, esses dois arquivos definem uma nova classe chamada **MainPage**, que herda de **Page**, no namespace **AppMensagemNaTela**.
- **Package.appxmanifest** – um arquivo de manifesto que descreve seu aplicativo: nome, descrição, bloco, página de início, etc. Inclui uma lista de dependências, recursos e arquivos contidos em seu aplicativo.

Veremos nos próximos tópicos como usar estes arquivos.

CONCEITOS BÁSICOS DE ARQUITETURA E APLICATIVO CROSS-PLATFORM

Um aplicativo **Xamarin.Forms** é arquitetado da mesma forma que um aplicativo tradicional multiplataforma – **cross-platform**. O código compartilhado normalmente é colocado em uma biblioteca do **.NET**

Standard e aplicativos específicos de plataforma consomem o código compartilhado. O diagrama a seguir mostra uma visão geral dessa relação para o aplicativo **AppMensagemNaTela**, conforme **figura 37**:

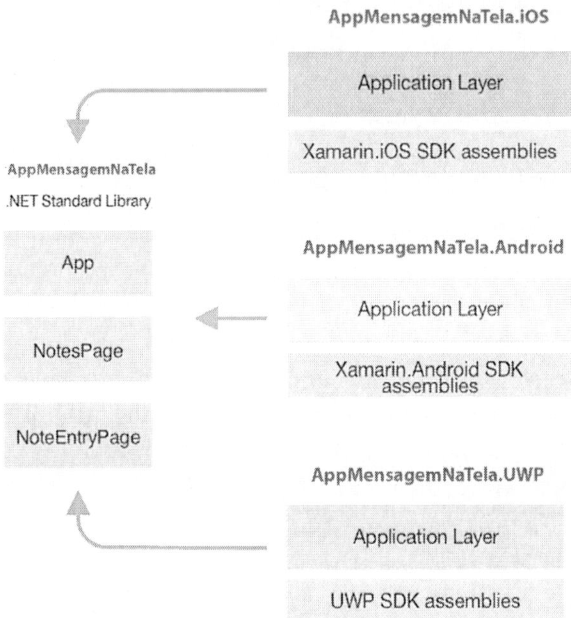

Figura 37

Para maximizar a reutilização de código de inicialização, os aplicativos **Xamarin.Forms** têm uma única classe chamada **App**, que é responsável por instanciar a primeira página que será exibida pelo aplicativo em cada plataforma, conforme mostrado no exemplo de código na **figura 38**:

```
using System;
using Xamarin.Forms;
using Xamarin.Forms.Xaml;

namespace AppMensagemNaTela
{
    public partial class App : Application
    {
        public App()
        {
            InitializeComponent();

            MainPage = new MainPage();
        }

        protected override void OnStart()
        {
        }

        protected override void OnSleep()
        {
        }

        protected override void OnResume()
        {
        }
    }
}
```

Figura 38

Esse código define a propriedade **MainPage** da classe **App** como uma instância **MainPage**, que é a página inicial do aplicativo. Além disso, o arquivo **AssemblyInfo.cs** contém um único atributo de aplicativo, que é aplicado no nível do **assembly**, conforme **figura 39**:

```
using Xamarin.Forms.Xaml;

[assembly: XamlCompilation(XamlCompilationOptions.Compile)]
```

Figura 39

O atributo **XamlCompilation** ativa o compilador **XAML**, para que o **XAML** seja compilado diretamente na linguagem intermediária.

CAPÍTULO 3

INTERFACE DO USUÁRIO DO XAMARIN. FORMS – PÁGINAS E LAYOUTS

PERSONALIZAR O APLICATIVO

A interface do usuário moderna é construída a partir de objetos visuais de vários tipos. Dependendo do sistema operacional, esses objetos visuais podem ter nomes diferentes – controles (**controls**), elementos (**elements**), visualizações (**views**), ferramentas (**widgets**) – mas todos eles são dedicados aos trabalhos de apresentação ou interação. Em um aplicativo **xamarin.Forms**, os objetos que ocupam espaço na tela são conhecidos como elementos visuais, encapsulados pela classe **VisualElement**. Estes elementos visuais podem ser divididos em três categorias principais, que correspondem às seguintes classes:

- Página (**page**);
- Layout (**layout**);
- Exibição (**view**).

Estes não são conceitos abstratos! A interface de programação de aplicativos (API) **Xamarin.Forms** define as classes denominadas **VisualElement**, Página (**page**), Layout (**layout)** e Exibição (**view)**. Essas classes e seus descendentes formam a espinha dorsal da interface do usuário do **Xamarin.Forms**. A classe **VisualElement** é muito importante no **Xamarin.Forms**. Um objeto **VisualElement** é qualquer objeto que ocupe espaço na tela. Um aplicativo **Xamarin.Forms** consiste em uma ou mais páginas. Uma página (**page**), chamada de **ContentPage**, geralmente ocupa toda, ou pelo menos, área grande da tela. Alguns aplicativos consistem em apenas uma única página (**page**), enquanto outros permitem navegar entre várias páginas (**pages**). Em cada página, os elementos visuais são organizados em uma hierarquia pai-filho (**parent-child**). O filho de uma **ContentPage** geralmente é um **layout** de algum tipo para organizar os elementos visuais. Alguns **layouts** têm um filho único, mas muitos **layouts** têm vários filhos que o **layout** organiza em si. Os filhos do **Layout** podem ser outra classe **Layout** ou uma **View** derivados (geralmente chamados elementos), que são objetos familiares, como texto, bitmaps, controles deslizantes, botões, caixas de listagem e assim por diante. Páginas (**pages**), **Layouts** e **views** são os componentes-base da interface do usuário (**UI**) do **Xamarin.Forms**, conforme **figura 40**:

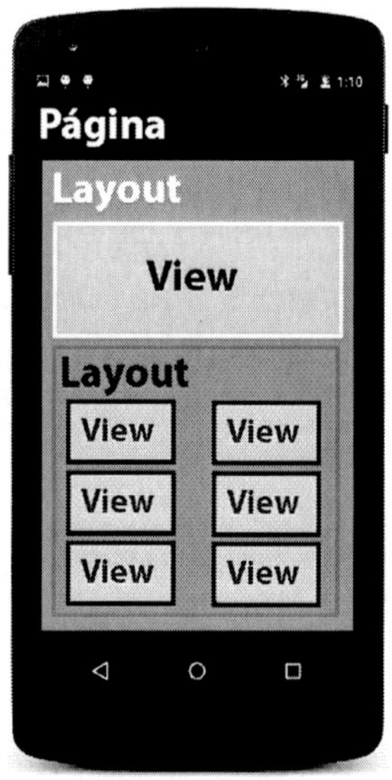

Figura 40

As páginas são o container principal, e cada tela é preenchida por uma única classe **Page** que é derivada de **Xamarin.Forms.VisualElement**, que é a classe base para criar outras classes da **UI**. Os objetos **Page** fornecem páginas de menu familiares, tais como:

- **NavigationPage**: para menus hierárquicos;
- **TabbedPage**: para menus de abas;
- **MasterDetailPage**: para gavetas de navegação;
- **CarouselPage**: para rolagem de páginas de imagens;

- **ContentPage**: classe-base para criar páginas personalizadas.

Uma página pode conter variações da classe **Layout**, que pode conter outros **layouts** usados para posicionar e dimensionar o seu conteúdo. As propriedades **Content** e **Children** dos **layouts** contêm outros **layouts** e **views**. As propriedades **HorizontalOptions** e **VerticalOptions** são usadas para fazer o alinhamento, veja esta configuração, conforme **figura 41**:

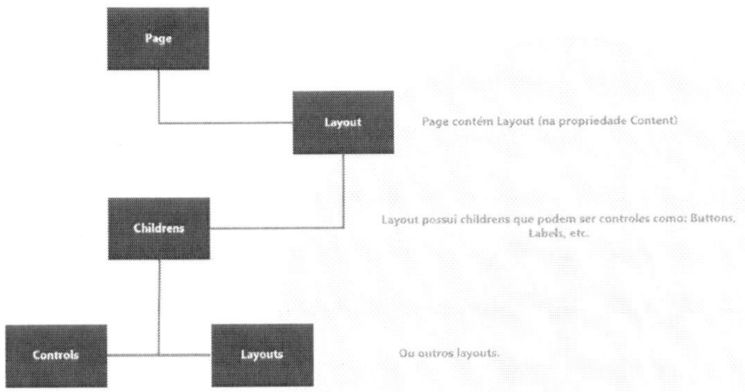

Figura 41

Os layouts abrangem os formatos-padrão, que são os seguintes:

- **StackLayout**;
- **AbsoluteLayout**;
- **RelativeLayout**;
- **Grid**;
- **ScrollView**;
- **ContentView**.

As páginas e os layouts contêm as **views** que são controles que herdam da classe **View**. Como exemplo de **views** temos os botões (**button**), os rótulos (**label**), as caixas de texto (**entry**), **Listview**, etc. Em tempo de execução, cada controle será mapeado para o seu equivalente nativo que será renderizado. Em cada página, os elementos visuais são organizados em uma hierarquia pai-filho. O filho de um **ContentPage** é geralmente um **layout** de algum tipo para organizar o visual. Alguns **layouts** têm um único filho (**child**), mas muitos

layouts podem ter vários filhos que o **layout** organiza dentro de si. Esses filhos (**children**) podem ser outros **layouts** ou **views**. Diferentes tipos de **layouts** arranjam filhos em uma pilha (**stack**), num **grid bidimensional** ou de um modo mais livre. Todos esses elementos compõem a interface de usuário (**UI**) de uma aplicação móvel e, podemos criar essa interface com o usuário no **Xamarin.Forms** de duas maneiras:

- Via código C# – code-behind;
- Via código XAML – Zammel.

Veremos cada um deles separadamente.

CRIANDO A INTERFACE DO USUÁRIO COM C# (C SHARP) – CODE-BEHIND

Vamos alterar nosso aplicativo **AppMensagemNaTela**, de forma que o usuário ao pressionar o botão, ele mudará o texto do objeto **label**, para um novo texto. Talvez, você possa estar sem a numeração das linhas no seu editor de código do **Visual Studio**. Não se preocupe, basta abrir o menu **Tools**, em seguida, selecionar o item **Options...**, conforme **figura 42**:

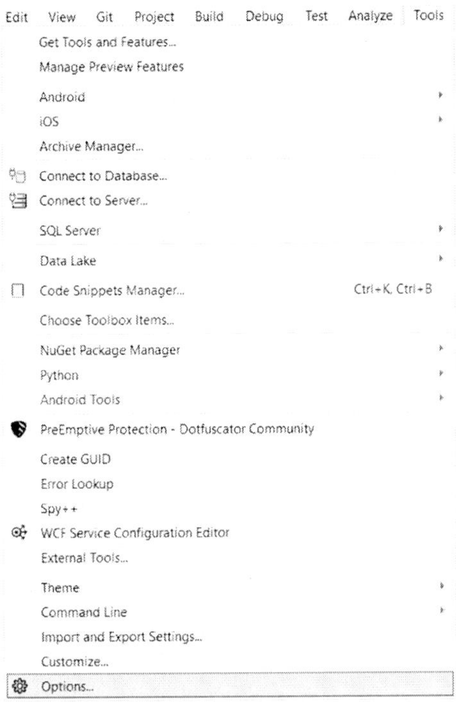

Figura 42

Será aberta a janela **Options**. Nessa janela, procure o item **Text Editor**, clique na setinha preta que tem ao lado, em seguida, selecione o item **C#** na janela do lado direito no item **Settings** e selecione a caixinha em frente ao item **Line number**, conforme **figura 43**:

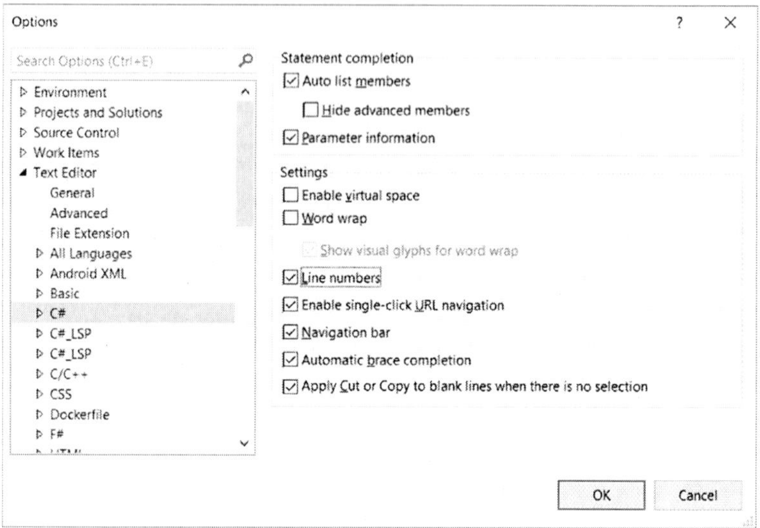

Figura 43

Se a configuração estiver correta, clique no botão **OK**. Desta forma, vamos modificar nosso aplicativo para criar a interface do usuário com o **C# - code-bhind**. Para isto, abra a janela **Solution Explorer**, pressione ao mesmo tempo as teclas **Ctrl+Alt+L**, conforme vimos na **figura 30**, em seguida, abra o projeto **AppMensagemNaTela**, para isto clique na setinha que tem ao lado do projeto **AppMensagemNaTela**, em seguida clique na setinha que tem ao lado do arquivo **App.xaml**, em seguida clique com o botão do mouse sobre o arquivo **App.xaml.cs**, selecione o item **View Code** ou pressione a tecla **F7,** conforme **figura 44**:

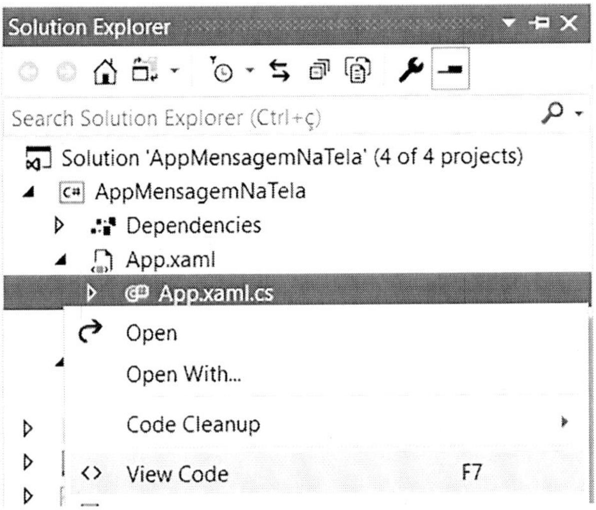

Figura 44

Clicar duas vezes com o botão do mouse sobre o arquivo **App. xaml.cs**, tem o mesmo efeito. Vai abrir a janela de código do arquivo **App.xaml.cs**. Vamos alterar o código, para isto, posicione o cursor do mouse no início da **linha 9** e pressione a tecla **Shift+Setinha Direita** até o final da **linha 14**, selecionando-as, veja como ficou conforme **figura 45**:

```
1   using System;
2   using Xamarin.Forms;
3   using Xamarin.Forms.Xaml;
4
5   namespace AppMensagemNaTela
6   {
        7 references
7       public partial class App : Application
8       {
            3 references
9           public App()
10          {
11              InitializeComponent();
12
13              MainPage = new MainPage();
14          }
15
            0 references
16          protected override void OnStart()
17          {
18              // Handle when your app starts
19          }
20
            0 references
21          protected override void OnSleep()
22          {
23              // Handle when your app sleeps
24          }
25
            0 references
26          protected override void OnResume()
27          {
28              // Handle when your app resumes
29          }
30      }
31  }
```

Figura 45

Pressione a tecla **Delete** do teclado, no local onde o cursor do mouse está piscando, na **linha 9**, conforme **figura 46**:

```
using System;
using Xamarin.Forms;
using Xamarin.Forms.Xaml;

namespace AppMensagemNaTela
{
    6 references
    public partial class App : Application
    {
        

        0 references
        protected override void OnStart()
        {
            // Handle when your app starts
        }

        0 references
        protected override void OnSleep()
        {
            // Handle when your app sleeps
        }

        0 references
        protected override void OnResume()
        {
            // Handle when your app resumes
        }
    }
}
```

Figura 46

Neste local, digite o código abaixo:

```
Label novo_Label;
public App()
{
    InitializeComponent();

    //Criando a interface do usuário no código C# - code-behind
    novo_Label = new Label
    {
        TextColor = Color.DarkBlue,
        FontSize = 20,
        Text = "Bem - vindo ao Xamarin.Forms"
    };
```

```
            var novo_Button = new Button
            {
                Text = "Clique Aqui para um Novo Texto"
            };
            novo_Button.Clicked += btnClicked;

            MainPage = new ContentPage
            {
                BackgroundColor = Color.Silver,
                Content = new StackLayout
                {
                    Orientation = StackOrientation.Vertical,
                    VerticalOptions = LayoutOptions.Center,
                    Children = { novo_Label, novo_Button }
                }
            };
        }

        private void btnClicked(object sender, EventArgs e)
        {
            novo_Label.TextColor = Color.Purple;
            novo_Label.FontAttributes = FontAttributes.Bold;
            novo_Label.Text = "Parabéns, você conseguiu alterar
o Texto a Partir do clique no Botão";
        }
```

Veja como ficou, conforme **figura 47**:

```
using System;
using Xamarin.Forms;
using Xamarin.Forms.Xaml;

namespace AppMensagemNaTela
{
    public partial class App : Application
    {
        Label novo_Label;
        public App()
        {
            InitializeComponent();

            //Criando a interface do usuário no código C# - code-behind
            novo_Label = new Label
            {
                TextColor = Color.DarkBlue,
                FontSize = 20,
                Text = "Bem - vindo ao Xamarin.Forms"
            };
            var novo_Button = new Button
            {
                Text = "Clique Aqui para um Novo Texto"
            };
            novo_Button.Clicked += btnClicked;

            MainPage = new ContentPage
            {
                BackgroundColor = Color.Silver,
                Content = new StackLayout
                {
                    Orientation = StackOrientation.Vertical,
                    VerticalOptions = LayoutOptions.Center,
                    Children = { novo_Label, novo_Button }
                }
            };
        }

        private void btnClicked(object sender, EventArgs e)
        {
            novo_Label.TextColor = Color.Purple;
            novo_Label.FontAttributes = FontAttributes.Bold;
            novo_Label.Text = "Parabéns, você conseguiu alterar o Texto a Partir do clique no Botão";
        }
```

Figura 47

Salve seu projeto, para isto, vá até o menu **File**, e selecione o item **Save All**, ou pressione ao mesmo tempo as teclas **Ctrl+Shift+S**, conforme **figura 48**:

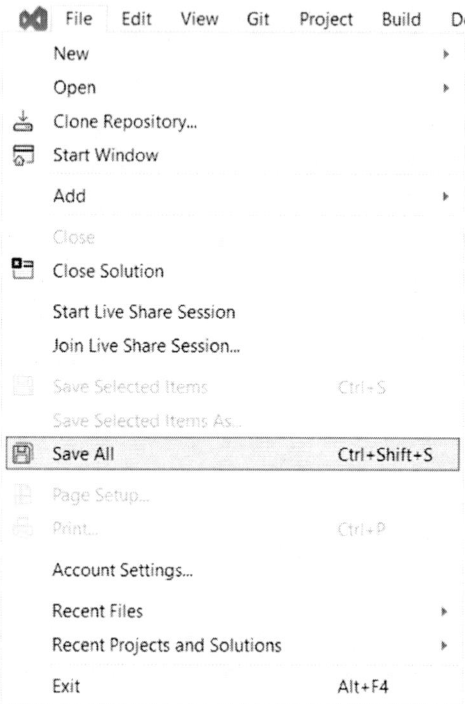

Figura 48

Ou clique na barra de ferramentas no ícone dos disquetes duplos, conforme **figura 49**:

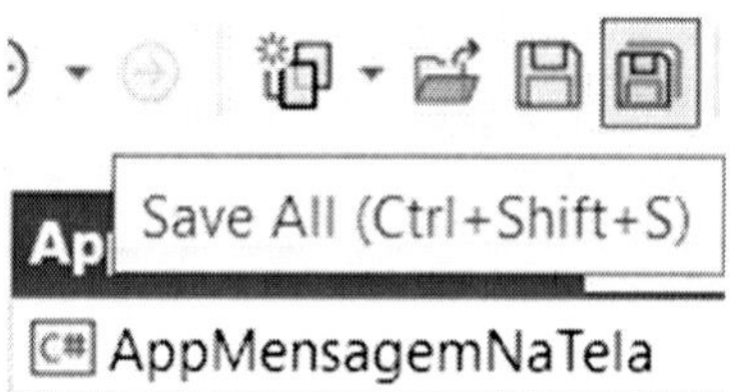

Figura 49

Fica aqui a dica: sempre que fizer alguma alteração no seu projeto, salve-o imediatamente. Veja como ficou o código completo, conforme abaixo:

```
using System;
using Xamarin.Forms;
```

```
using Xamarin.Forms.Xaml;

namespace AppMensagemNaTela
{
    public partial class App : Application
    {
        Label novo_Label;

        public App()
        {
            InitializeComponent();

            //Criando a interface do usuário no código C#
- code-behind
            novo_Label = new Label
            {
                TextColor = Color.DarkBlue,
                FontSize = 20,
                Text = "Bem - vindo ao Xamarin.Forms"
            };
            var novo_Button = new Button
            {
                Text = "Clique Aqui para um Novo Texto"
            };
            novo_Button.Clicked += btnClicked;

            MainPage = new ContentPage
            {
                BackgroundColor = Color.Silver,
                Content = new StackLayout
                {
                    Orientation = StackOrientation.Vertical,
                    VerticalOptions = LayoutOptions.Center,
                    Children = { novo_Label, novo_Button }
                }
            };
        }
        private void btnClicked(object sender, EventArgs e)
        {
            novo_Label.TextColor = Color.Purple;
            novo_Label.FontAttributes = FontAttriBbutes.Bold;
            novo_Label.Text = "Parabéns, você conseguiu alterar
o Texto a Partir do clique no Botão";
        }
        protected override void OnStart()
        {
        }
```

```
        protected override void OnSleep()
        {
        }

        protected override void OnResume()
        {
        }
    }
}
```

Vamos analisar o código acima, na **linha 9**, criamos um objeto **Label**, que chamamos de **novo_Label**, ele foi criado antes da classe **App**, para ser global, ou seja, posso usá-lo em qualquer parte do código. Na **linha 14**, temos um comentário. Na **linha 15**, estamos pegando o objeto **novo_Label**, e atribuindo a ele um novo objeto **Label**, ou seja, estamos instanciando um objeto **Label** vazio e jogando dentro dele. Na **linha 17**, estamos atribuindo a cor **DarkBlue**, a propriedade cor do texto(**TextColor**) do objeto **novo_Label**. Na **linha 18**, estamos atribuindo o valor 20, a propriedade tamanho da fonte(**FontSize**) do objeto **novo_Label**. Na **linha 19**, estamos atribuindo a frase **"Bem--vindo ao Xamarin.Forms"**, a propriedade texto(**Text**) do objeto **novo_Label**. Esta é a frase que vai aparecer para o usuário, antes de ele pressionar o botão. Na **linha 21**, criamos uma variável local que chamamos de **novo_Button**, atribuindo a ele um novo objeto **Button**, ou seja, estamos instanciando um objeto **Button** vazio e jogando dentro dele. Na **linha 23**, estamos atribuindo a frase **"Clique Aqui para um Novo Texto"**, a propriedade texto(**Text**) do objeto **novo_Button**. Este é o texto que vai aparecer dentro do botão. Na **linha 25**, estamos atribuindo um nome ao método **Clicked**, do objeto **novo_Button**, ou seja, a ação, o evento que vai ocorrer ao ser clicado o botão. Nas **linhas 27** a **36**, estamos pegando a **MainPage**, é instanciando um objeto **ContentPage** vazio e jogando dentro dela, estamos usando um objeto **ContentPage**, no qual estamos definindo a sua propriedade **Content** para uma nova instância de um controle **StackLayout**. O controle **StackLayout** é usado para dispor outros controles em uma pilha, um sobre o outro, segundo uma orientação vertical, **linha 32**. O layout de um controle individual é definido usando a propriedade **HorizontalOptions** ou **VerticalOptions**, conforme **linha 33**, com uma das classes **LayoutOptions**, abaixo descritas:

- **Start**: justifica o controle à esquerda ou acima (depende da propriedade Orientation);
- **Center**: centraliza o controle;
- **End**: justifica o controle à direita ou abaixo;
- **Fill**: expande o tamanho do controle para preencher o espaço;
- **StartAndExpand**: igual a **Start** e ao redor ele é preenchido com espaço;
- **CenterAndExpand**: igual a **Center** e ao redor ele é preenchido com espaço;
- **EndAndExpand**: igual a **End** e ao redor ele é preenchido com espaço;
- **FillAndExpand**: igual a **Fill** e ao redor ele é preenchido com espaço.

Usando a sua propriedade **Children**, **linha 34**, definimos 2 controles filhos que serão instanciados e dispostos na interface com base nos seus tamanhos, conforme abaixo:

- **novo_Label**: exibe uma sequência simples de texto em linha única ou várias linhas;
- **novo_Button**: exibe um botão de comando e permite definir um evento para tratar o clique do usuário.

Outra opção para criar o código da interface com o usuário é usarmos o **XAML – Extensible Application Markup Language**, pronuncia-se **zammel**, que veremos no próximo tópico. E nosso aplicativo está pronto para ser compilado.

COMPILANDO (DEBUGGING) O APLICATIVO ANDROID

Antes de iniciar o processo de compilação no **Android**, vamos configurar nosso emulador, para compilar, rodar nossos aplicativos no **Android**.

INSTALANDO O EMULADOR DO ANDROID

Para instalar o **Emulador** do **Android**, temos que selecionar nosso projeto **Android**, **AppMensagemNaTela** aberto no **Visual Studio 2022**, se o mesmo estiver fechado, basta clicar sobre o ícone do programa, conforme vimos na **figura 3**, veja que agora no item **Open recent**, temos o projeto que criamos anteriormente, conforme **figura 50**:

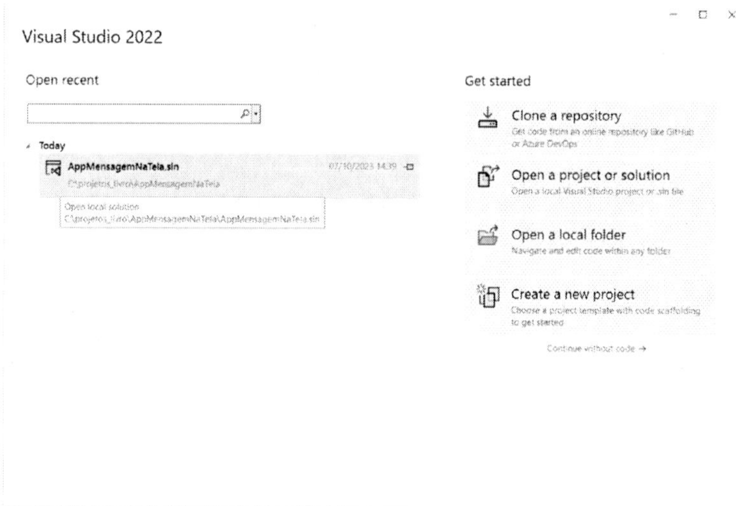

Figura 50

Clique com o botão do mouse sobre o nome do projeto e aguarde a abertura do mesmo. Se o mesmo estiver aberto, basta clicar no ícone do **Visual Studio 2022**, na barra de tarefas do **Windows**, e vai aparecer uma miniatura do **Visual Studio 2022**, conforme vimos na **figura 15**, clique sobre esta miniatura e vamos retornar ao **Visual Studio 2022**, agora abra a janela **Solution Explorer**, pressione ao mesmo tempo as teclas **Ctrl+Alt+L**, conforme vimos na **figura 30**, em seguida, selecione o projeto **AppMensagemNaTela.Android**, clique com o botão do mouse sobre o mesmo e selecione o item **Set as StarUp Project**, conforme **figura 51**:

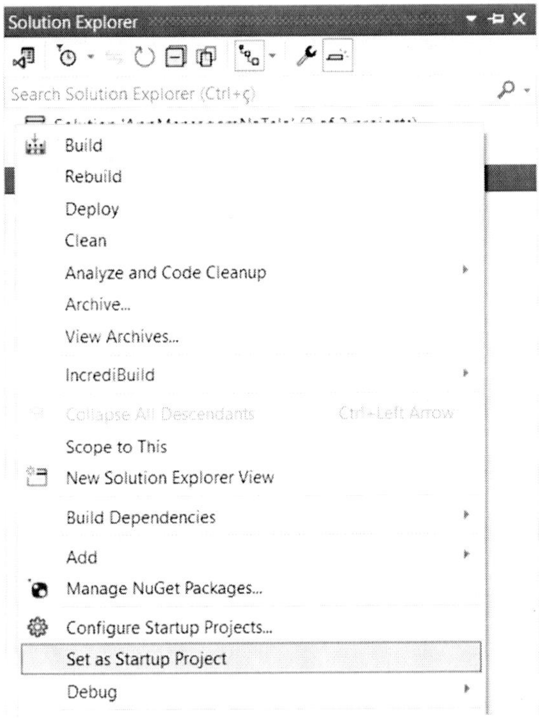

Figura 51

Observe que o nome do projeto vai ficar em negrito, isto significa que o mesmo está em primeiro plano para ser executado. Em seguida, vá até o menu **Tools**, e selecione o item **Android**, em seguida selecione o item **Android Device Manager...**, conforme **figura 52**:

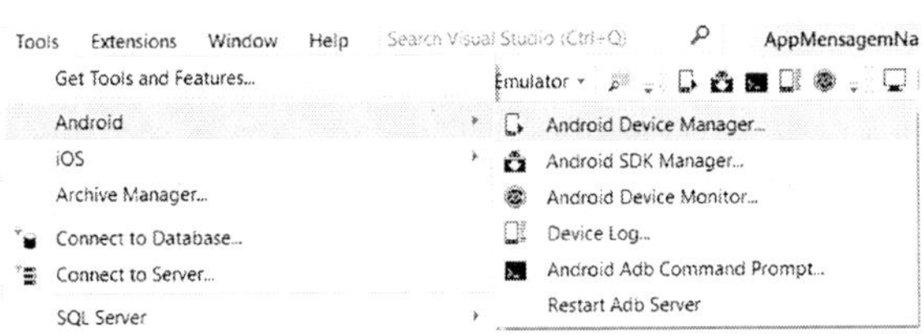

Figura 52

Ou clique no item **Open Android Device Manager**, conforme **figura 53:**

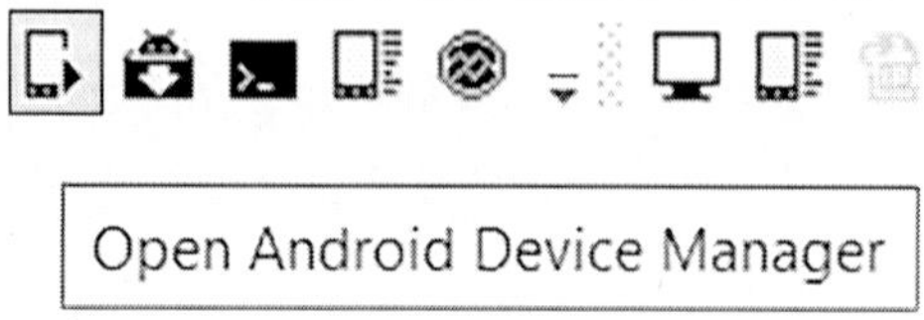

Figura 53

Independentemente da forma escolhida e dependendo da configuração do seu **Windows**, pode ser que apareça a janela **Controle de Conta de Usuário**, conforme **figura 54**:

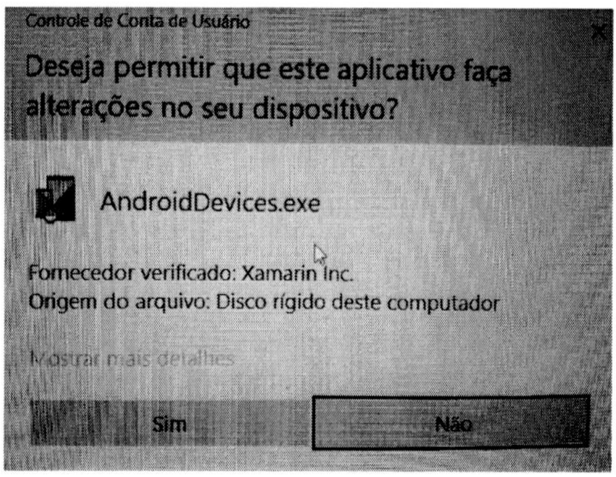

Figura 54

Clique no botão **Sim** e aguarde abrir a janela **Android Device Manager**, em seguida, clique no botão **+ Novo (Create a new device)**, conforme **figura 55**:

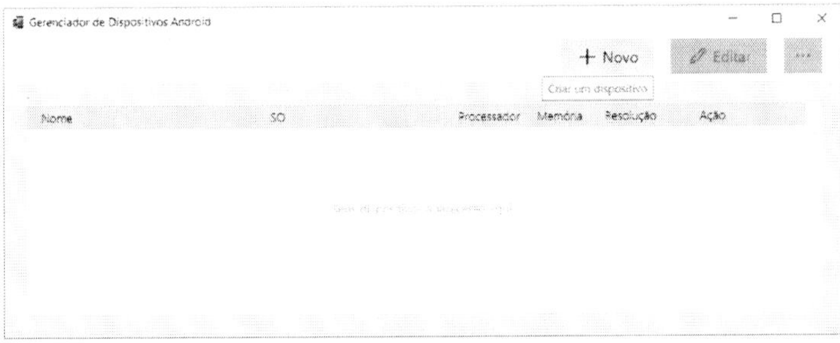

Figura 55

Vai aparecer a janela **New Device**, no item **Nome:**, digite um nome para seu dispositivo, eu vou usar o nome **Nexus 5X**, no item **Dispositivo Base:**, clique na setinha da **combobox** e selecione o item **Nexus 5X (+ Store)**, no item **Processador:**, selecione **x86_64**, no item **Sistema Operacional:**, clique na setinha da **combobox** e selecione o item **Pie 9.0 – API 28**, desmarque o item **Google Play Store**, as configurações devem ficar conforme **figura 56**:

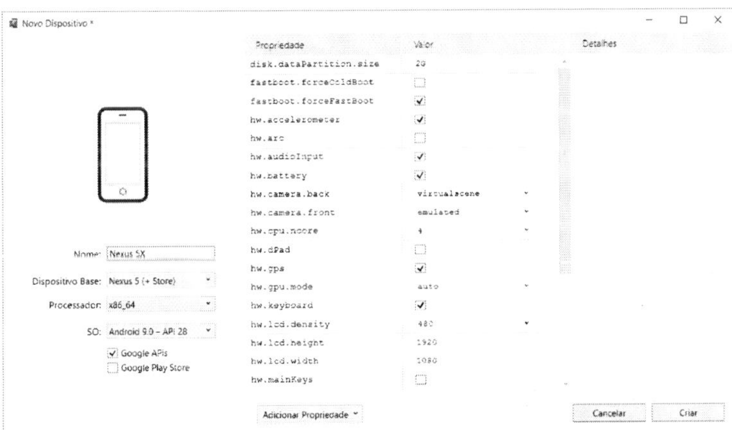

Figura 56

Clique no botão **Criar**, pode ser que apareça a janela **Aceitação da Licença**, conforme **figura 57**:

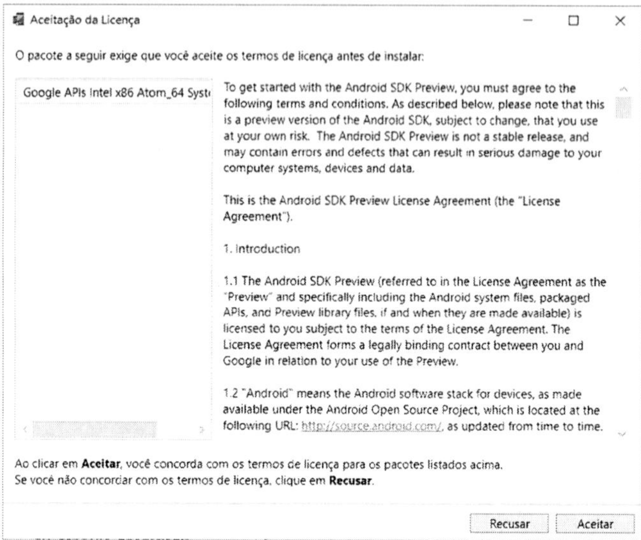

Figura 57

Clique no botão **Aceitar**, vai aparecer a janela **Android Device Manager**, aguarde até que o **Download** do **Emulador** finalize, conforme **figura 58**:

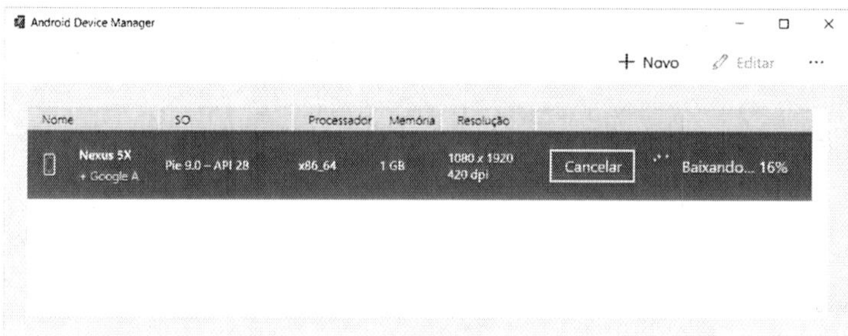

Figura 58

Após o download, o emulador vai ser criado e atualizado, ao final a janela **Android Device Manager** vai ficar conforme **figura 59**:

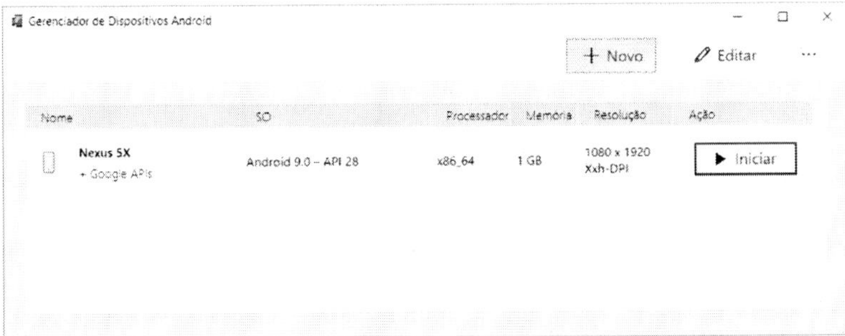

Figura 59

Feche esta janela, basta clicar no **X** no canto superior direito, conforme vimos na **figura 14**. Vamos retornar para nossa **IDE** do **Visual Studio 2022**, basta clicar no ícone do **Visual Studio 2022**, na barra de tarefas do **Windows**, e vai aparecer uma miniatura do **Visual Studio 2022**, conforme vimos na **figura 15**, clique sobre esta miniatura e vamos retornar ao **Visual Studio 2022**, agora abra a janela **Solution Explorer**, pressione ao mesmo tempo as teclas **Ctrl+Alt+L**, conforme vimos na **figura 30**, em seguida, selecione o projeto **AppMensagemNaTela.Android**, clique com o botão do mouse sobre o mesmo e selecione o item **Properties**, conforme **figura 60**:

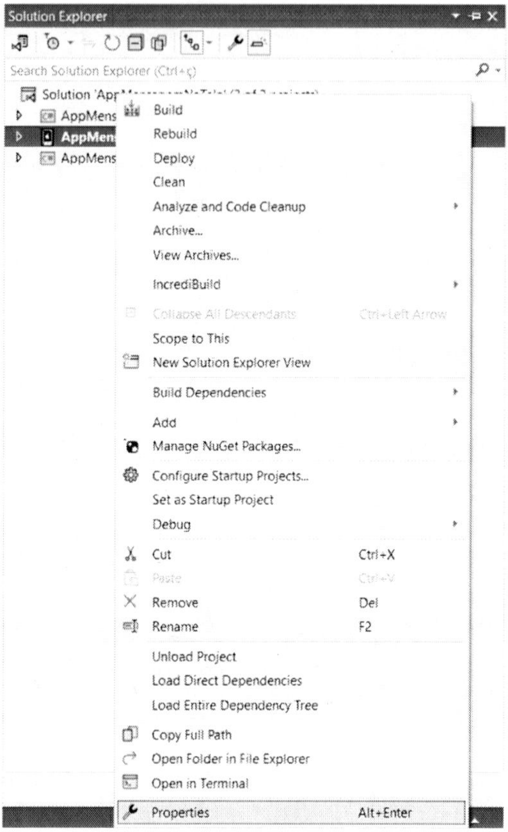

Figura 60

Ou pressione ao mesmo tempo as teclas **Alt+Enter**, ou clique no menu **Project**, em seguida, selecione o item **AppMensagemNaTela. Android Properties...**, conforme **figura 61**:

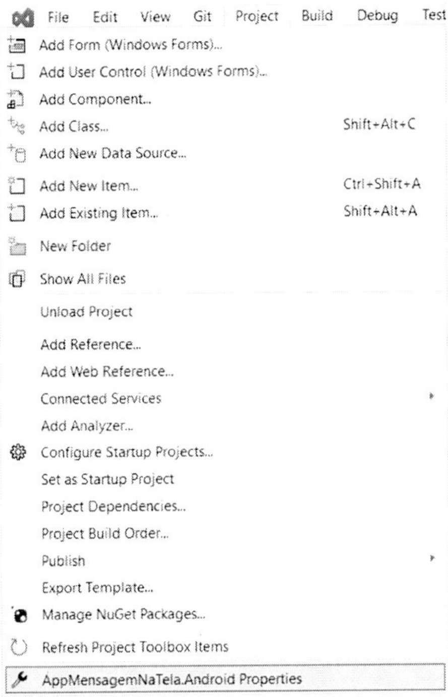

Figura 61

Independentemente da forma escolhida, vai abrir a janela de configuração do projeto **AppMensagemNaTela.Android**, no menu do lado esquerdo, selecione o item **Android Options**, role a tela até encontrar o botão **Advanced**, conforme **figura 62**:

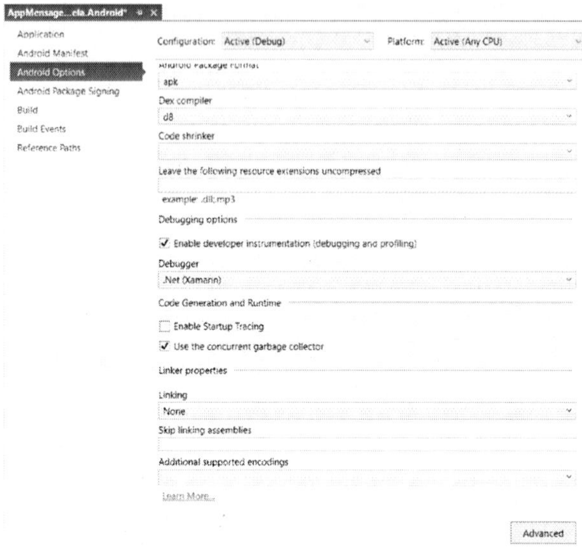

Figura 62

Clique no botão **Advanced**, vai abrir a janela **Advanced Properties Options**, no item **Supported architectures:**, clique na setinha para baixo da caixa **combobox** e deixe marcado somente os itens conforme **figura 63**:

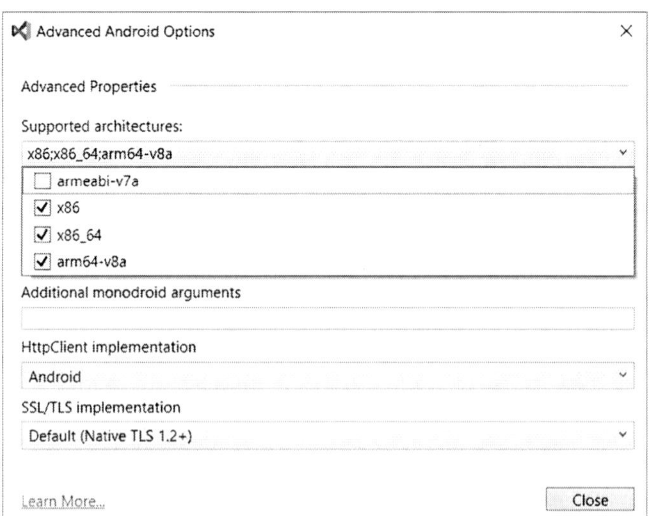

Figura 63

Clique no botão **Close**. Salve seu projeto, conforme vimos nas **figuras 48 e 49**. Feche a janela **AppMensagemNaTela.Android**, clicando no **X** ao lado do nome da mesma ou pressionando ao mesmo tempo as teclas **Ctrl+F4**, conforme **figura 64**:

Figura 64

Vamos fechar o **Visual Studio 2022 Community**, para isto, clique no botão do **X**, que fica no canto superior direito da janela, conforme vimos na **figura 14**, e vamos habilitar o **Hyper-V**.

HABILITAR A ACELERAÇÃO DO HYPER-V

Pode ser que não precise habilitar o **Hyper-V**, caso seja preciso, vamos seguir as seguintes etapas para acelerar o **emulator Android** com o **Hyper-V**, digite **recursos do windows** na caixa de pesquisa do **Windows**, na janela do lado direito clique sobre o item e selecione **Ativar ou desativar recursos do Windows**, conforme **figura 65**:

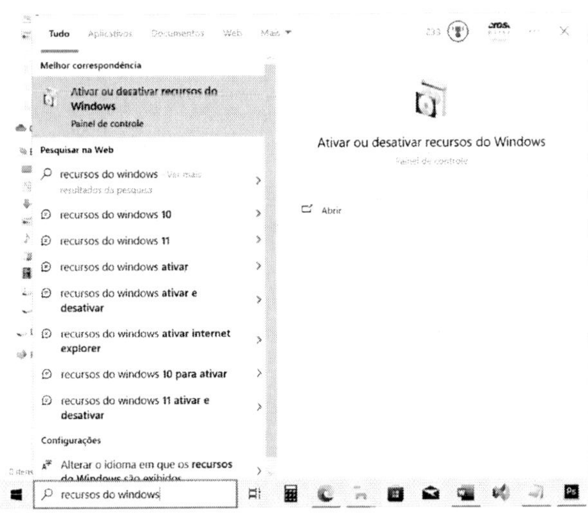

Figura 65

Vai abrir a janela **Recursos do Windows**, selecione o item **Hyper-V**, clicando no quadradinho em frente ao item, em seguida, role a tela e selecione o item **Plataforma do Hipervisor do Windows**, clicando no quadradinho em frente ao item, conforme **figura 66**:

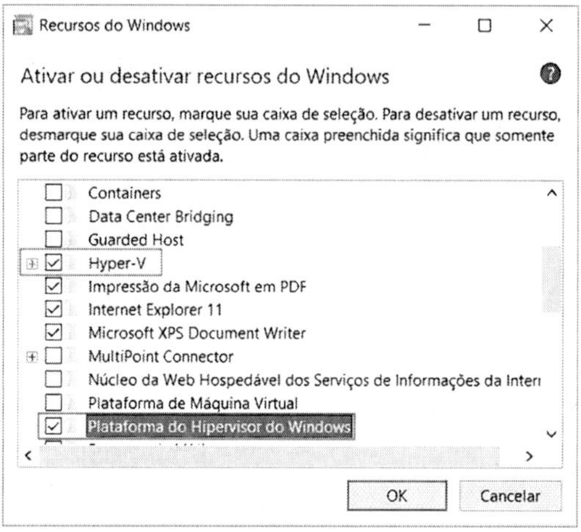

Figura 66

Clique no botão **OK**, aguarde a pesquisa dos arquivos e a aplicação das alterações, conforme **figura 67**:

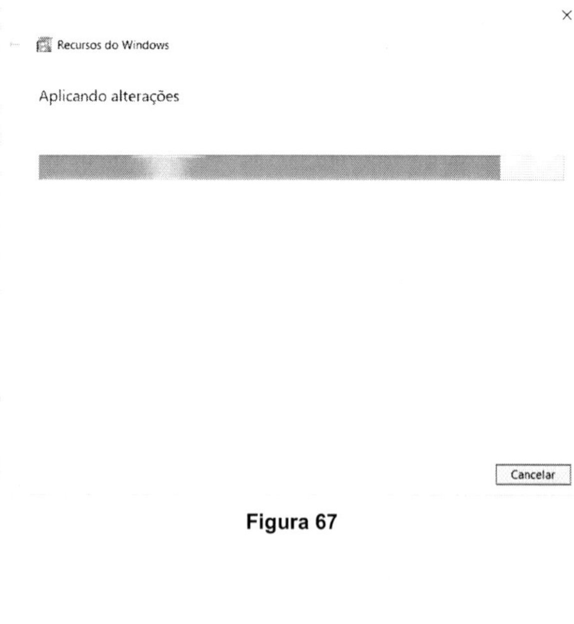

Figura 67

Após a conclusão das alterações, vai aparecer uma janela pedindo para reiniciar o computador, conforme **figura 68**:

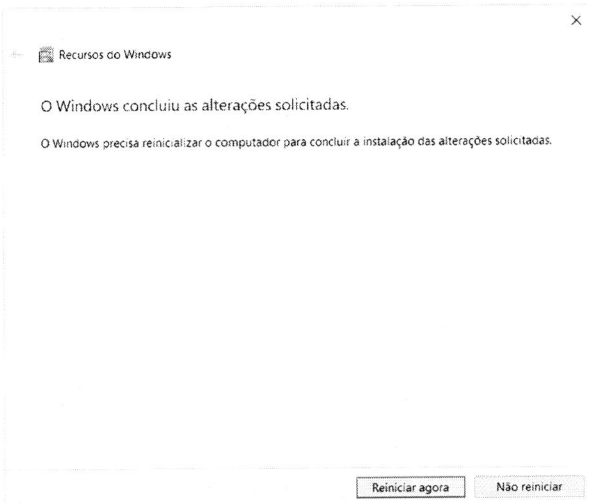

Figura 68

Feche todos os programas que estiverem abertos, em seguida clique no botão **Reiniciar agora**, aguarde o reinício. Após reiniciar, vamos abrir novamente nosso projeto, para isto, basta clicar sobre o ícone do programa, conforme vimos na **figura 3**, veja que agora no item **Open recent**, temos o projeto que criamos anteriormente, conforme vimos na **figura 52**, clique com o botão do mouse sobre o nome do projeto e aguarde a abertura do mesmo. Em seguida, vamos até a janela **Select Device**, clique na setinha para baixo no **ComboBox**, e selecione o item **Nexus 5x Pie 9.0 – API 28(Android 9.0 – API 28)**, conforme **figura 69**:

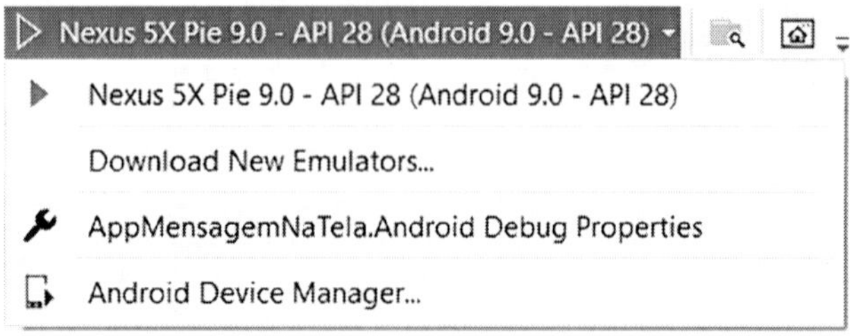

Figura 69

Em seguida, vá para o menu **Debug**, e logo após selecione o item **Start Without Debugging** ou pressione a tecla **Ctrl+F5**, conforme **figura 70**:

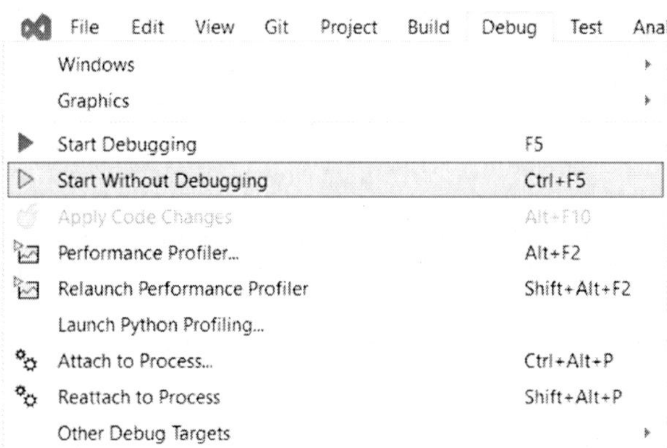

Figura 70

Ou simplesmente clique na setinha verde que fica na janela **Select Device**, conforme **figura 71**:

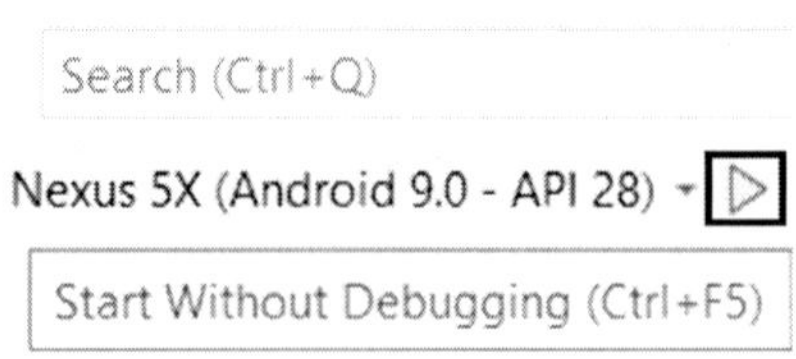

Figura 71

Observe que, no canto inferior esquerdo, aparecerão algumas mensagens de inicialização do emulador, conforme **figura 72:**

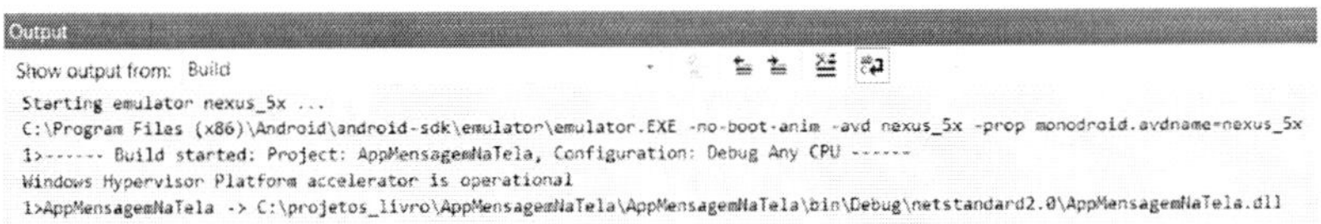

Figura 72

Este processo pode demorar, principalmente na primeira vez que for carregar o emulador, aguarde conforme **figura 73**:

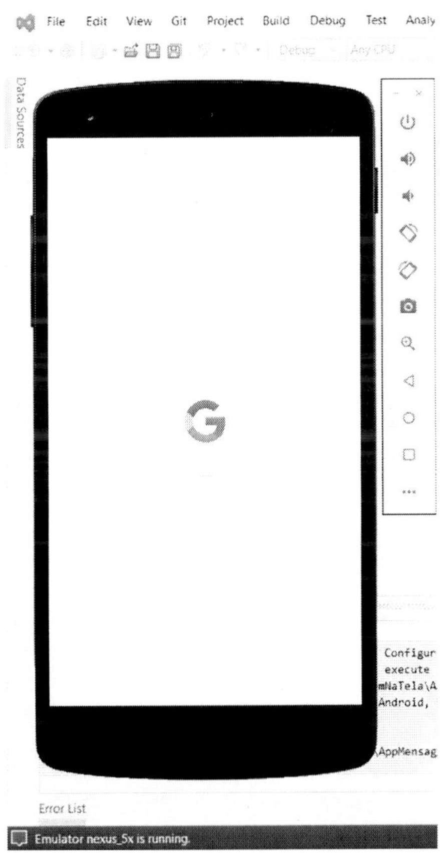

Figura 73

Quando terminar, vai aparecer o emulador com a seguinte mensagem **Ready**, no canto inferior esquerdo e o aplicativo instalado no emulador, conforme **figura 74**:

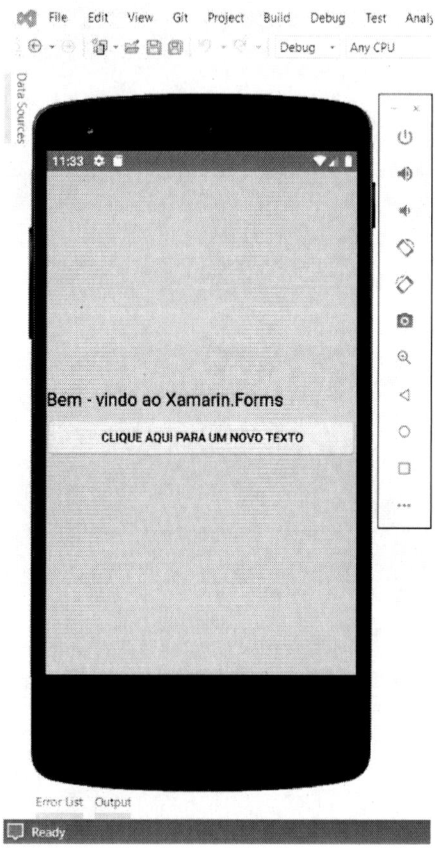

Figura 74

Clique no botão **CLIQUE AQUI PARA UM NOVO TEXTO**, e veja o resultado, conforme **figura 75**:

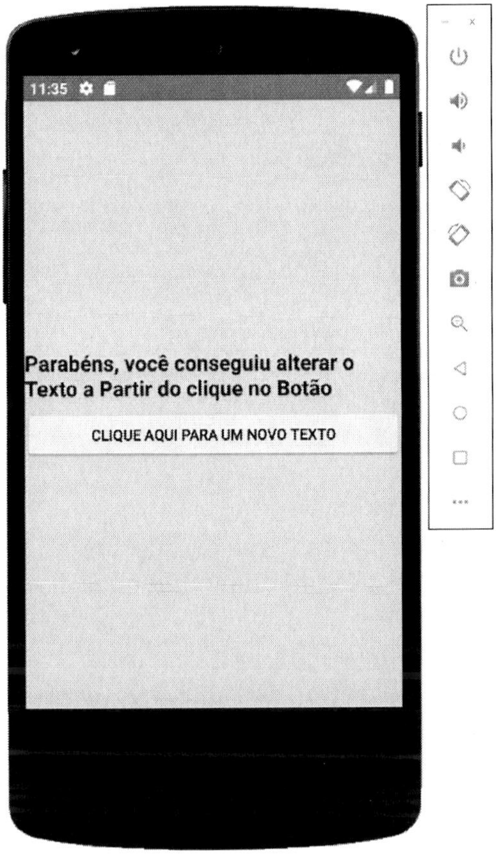

Figura 75

Vamos retornar a **IDE** do **Visual Studio**, é só clicar na área de desenvolvimento do programa e estaremos de volta. Se for usar sempre o emulador, não feche o mesmo, pois com ele aberto a compilação fica mais rápida. Para fechar o emulador, se o mesmo estiver aberto em outra janela, basta clicar no ícone do **emulador**, na barra de ferramentas do **Windows**, e vai aparecer uma miniatura do **emulador**, conforme **figura 76**:

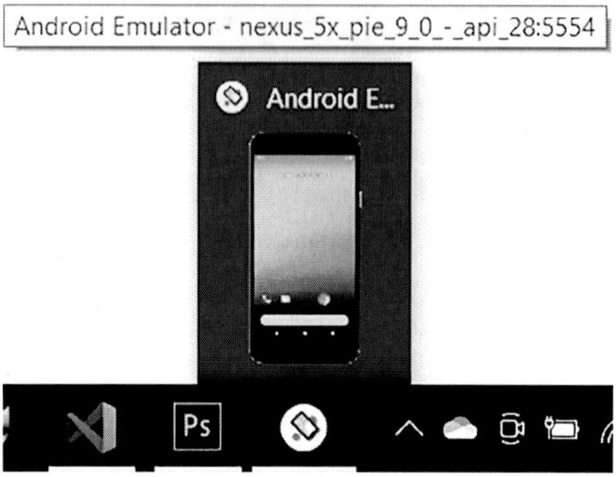

Figura 76

Clique sobre esta miniatura e vamos retornar ao nosso **emulador**, em seguida basta clicar no **X** no canto superior direito do **emulador**, conforme **figura 77**:

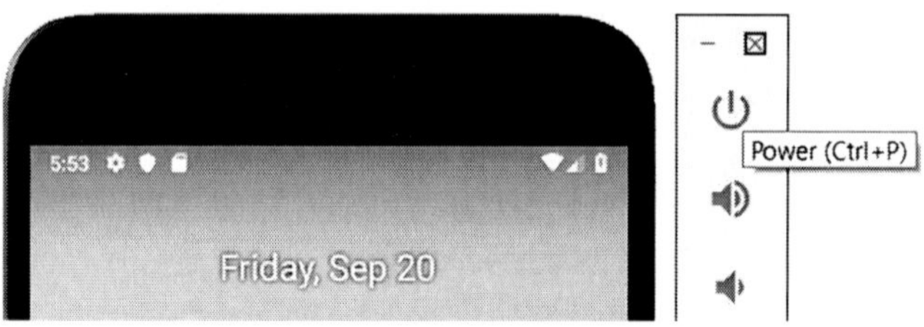

Figura 77

Para abri-lo novamente, basta compilar nosso projeto de novo, para isto, vá para o menu **Debug**, e logo após selecione o item **Start Without Debugging** ou pressione a tecla **Ctrl+F5**, conforme vimos na **figura 70**, ou simplesmente clique na setinha verde que fica na janela **Select Device**, conforme vimos na **figura 71**, e todo o processo irá se repetir. Se por acaso, ao abrir o emulador, acontecer um erro, conforme **figura 78**:

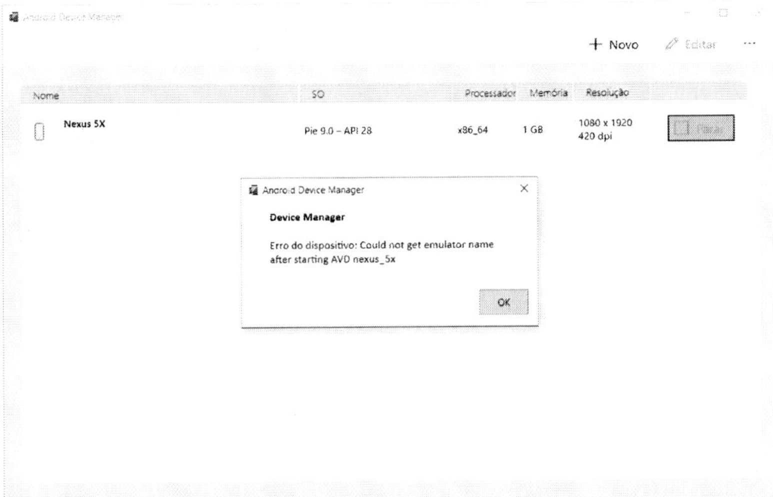

Figura 78

Ou qualquer outro, sugiro excluir o emulador e criar outro, conforme veremos no próximo tópico.

DELETANDO E CRIANDO UM NOVO EMULADOR NO ANDROID

Vamos até o menu **Tools**, e selecione o item **Android**, em seguida, selecione o item **Android Device Manager...**, conforme vimos na **figura 52**. Ou clique no item **Open Android Devicc Manager**, conforme vimos na **figura 53**. Independentemente da forma escolhida e dependendo da configuração do seu **Windows**, pode ser que apareça a janela **Controle de Conta de Usuário**, conforme vimos na **figura 54**. Clique no botão **Sim** e aguarde abrir a janela **Android Device Manager**, conforme vimos na **figura 55.** Com a janela **Android Device Manager** aberta, clique com o botão do mouse sobre o emulador ativo, e selecione o item **Excluir** no menu suspenso, conforme **figura 79**:

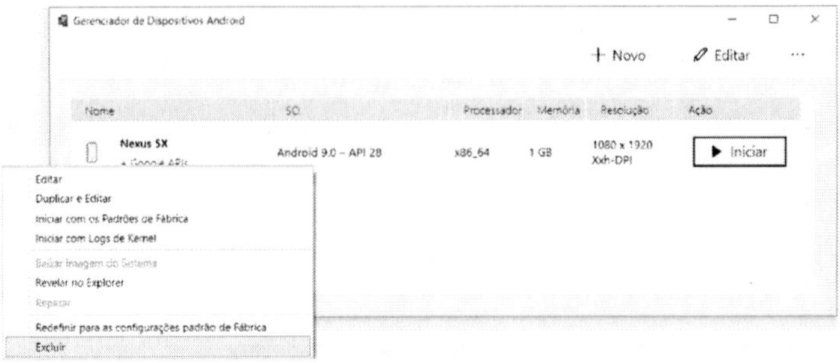

Figura 79

Vai aparecer uma janela perguntando se você quer realmente excluir o emulador, conforme **figura 80**:

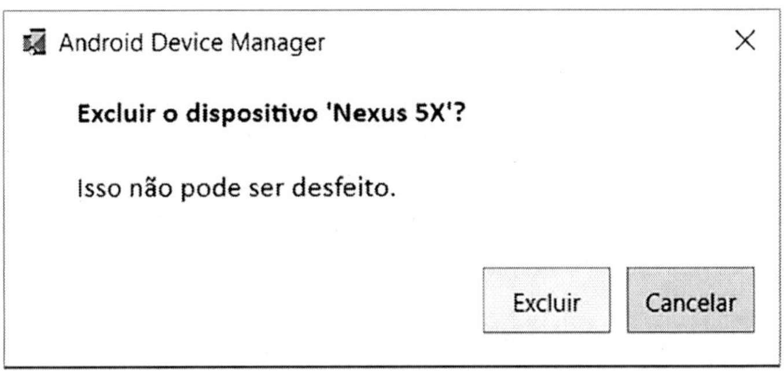

Figura 80

Clique no botão **Excluir**, aguarde até que o emulador seja excluído e teremos a janela **Android Device Manager** vazia novamente, para criar um novo emulador, repita os procedimentos que vimos nas **figuras 52** a **59**. Não instale mais de um emulador, pois sua máquina vai ficar muito lenta. Feche esta janela, basta clicar no **X** no canto superior direito, conforme vimos na **figura 14**. Para evitar esses transtornos, sugiro que você use um smartphone com o sistema operacional **Android** instalado, não precisa ser nenhum smartphone de última geração, pode ser um **Xing ling** qualquer de R$ 300 reais, ou o seu próprio smartphone. A grande vantagem e que teremos nosso aplicativo rodando em um dispositivo real e poderemos ver como ele se comporta no mundo real, veja como fazê-lo no próximo tópico.

CONFIGURANDO O SMARTPHONE PARA MODO DESENVOLVEDOR

Feche o **Visual Studio 2022**, basta clicar no **X** no canto superior direito, conforme vimos na **figura 14**.

Modelo Asus Zenfone 4

Este exemplo é para o modelo **Asus_Z01KD**, com **Android 9.0**, que é o smartphone que uso para testar os meus projetos. Procure na Internet como fazer com o seu modelo de smartphone, mas na maioria das vezes, o procedimento é o mesmo. Na tela inicial, procure um ícone da engrenagem, que são as configurações, conforme **figura 81**:

Figura 81

Pressione o mesmo, na tela **Configurar**, role a tela e procure o item **Sistema**, conforme **figura 82**:

Figura 82

Clique sobre o item **Sistema**, nesta tela, clique sobre o item **Sobre o dispositivo**, conforme **figura 83:**

Figura 83

Nesta tela, role a página e clique sobre o item **Informações do software,** conforme **figura 84**:

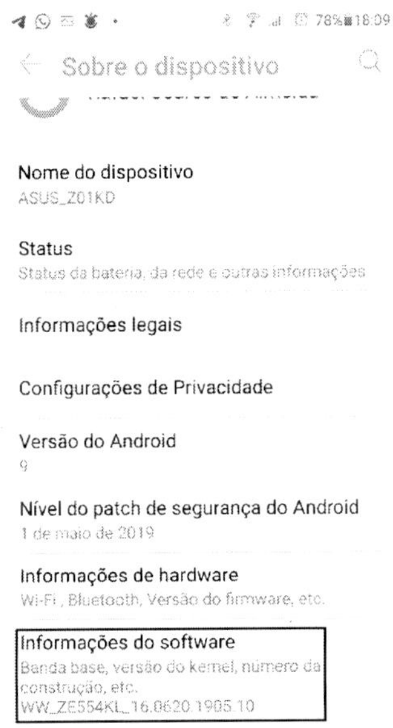

Figura 84

Nesta tela, clique sete vezes sobre o item **Número da versão,** conforme **figura 85**:

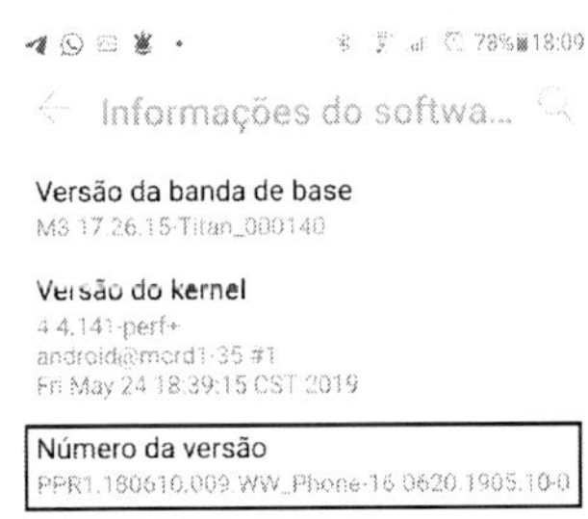

Figura 85

Retorne para a tela **Sistemas**, e veja que agora o item **Opções do desenvolvedor** está ativado, conforme **figura 86**:

Figura 86

Clique sobre o item **Opções do desenvolvedor** e role a tela um pouco e encontre os itens **Depuração USB** e **Verificar apps por USB** e ative-os, para isto, clique sobre o botão que fica do lado direito, e o mesmo deve ficar azulado, conforme **figura 87**:

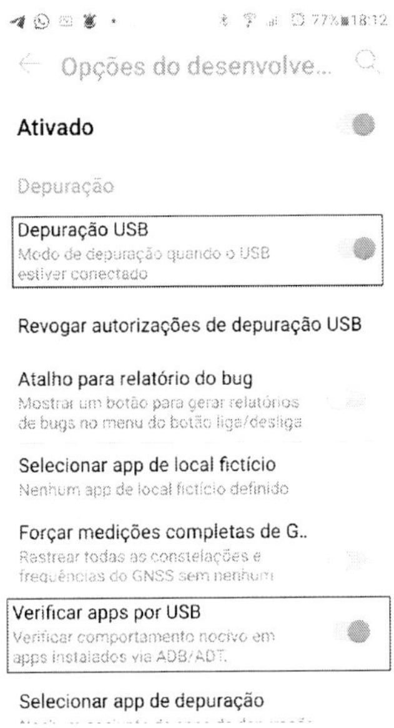

Figura 87

Desta forma seu smartphone estará pronto para receber nossos **Aplicativos** desenvolvidos no **Visual Studio 2022**, para fechar todas estas janelas, pressione o botão do quadrado no painel frontal do seu smartphone, deve aparecer uma janela conforme **figura 88**:

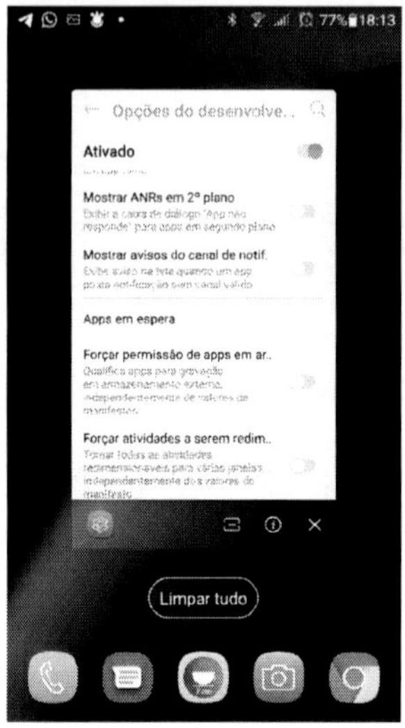

Figura 88

Pressione o botão **Limpar tudo**, em seguida, basta conectar o smartphone na porta **USB** do seu computador e o **Windows** deverá reconhecê-lo automaticamente, conforme **figura 89**:

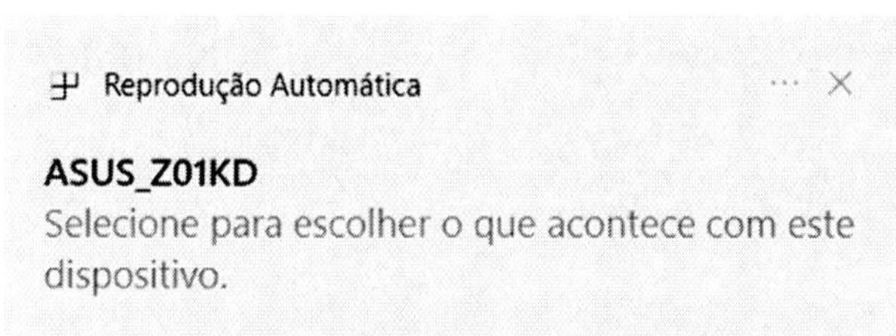

Figura 89

No smartphone, deverá aparecer uma mensagem **Use USB para transf. De arquivo?**, conforme **figura 90**:

Figura 90

Clique no botão **Sim**. Deve aparecer no smartphone uma mensagem **Permitir a depuração USB?**, conforme **figura 91**:

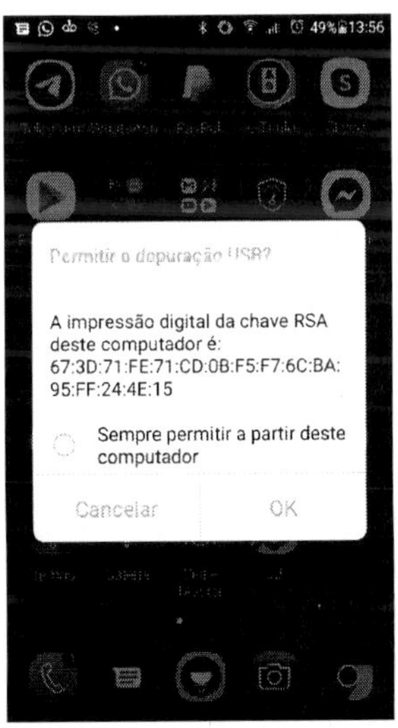

Figura 91

Clique no botão **OK**. Pode ser que esta mensagem apareça mais de uma vez, se você quiser que ela não apareça mais, basta clicar no quadradinho em frente ao item **Sempre permitir a partir deste computador**. Caso isto não aconteça, procure na Internet o driver do seu smartphone e faça a instalação do mesmo. Estamos prontos para utilizar nossos aplicativos desenvolvidos no **Visual Studio 2022** no nosso telefone celular. Vamos retornar para nossa **IDE** do **Visual Studio 2022**, para isto, basta clicar sobre o ícone do programa, conforme vimos na **figura 3**, veja que agora no item **Open recent**, temos o projeto que criamos anteriormente, conforme vimos na **figura 52**. Clique com o botão do mouse sobre o nome do projeto e aguarde a abertura do mesmo. Após a instalação e configuração do smartphone, vamos compilar nosso aplicativo, para isto vamos até à janela **Select Device**, clique na setinha para baixo no **ComboBox**, e veja que agora temos além do **emulador**, nosso smartphone instalado, selecione o item **Asus_Z01KD (Android 9.0 – API 28)**, conforme **figura 92**:

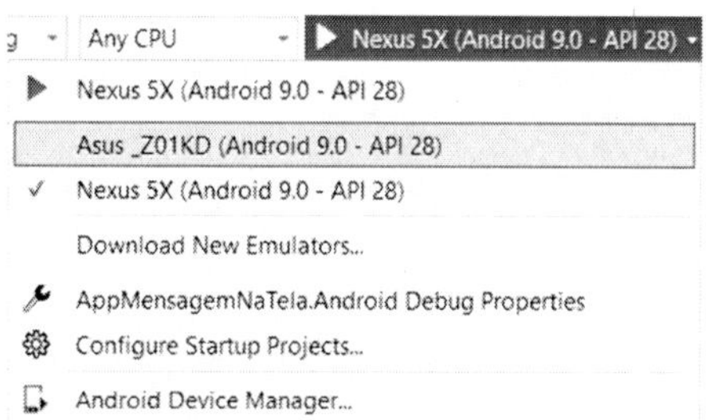

Figura 92

Em seguida, vá para o menu **Debug**, e logo após, selecione o item **Start Without Debugging** ou pressione a tecla **Ctrl+F5**, conforme vimos na **figura 70**, ou simplesmente clique na setinha verde que fica na janela **Select Device**, conforme vimos na **figura 71**, observe que, no canto inferior esquerdo, aparecerão algumas mensagens de inicialização do smartphone, conforme vimos na **figura 72,** este processo é muito mais rápido do que quando usamos o **emulador**. Quando o aplicativo for instalado no smartphone, aparecerá a seguinte mensagem **Ready** com uma tarja laranja, no canto inferior esquerdo, conforme vimos na **figura 74**, a diferença aqui é que a tela do aplicativo vai aparecer no smartphone, conforme **figura 93**:

Figura 93

Clique no botão **CLIQUE AQUI PARA UM NOVO TEXTO**, e veja o resultado, conforme **figura 94**:

Figura 94

Veja que o resultado que obtivemos foi idêntico ao resultado quando usamos o **emulador**. Vamos retornar a **IDE** do **Visual Studio**, é só clicar na área de desenvolvimento do programa e estaremos de volta. Estamos prontos para utilizar nossos aplicativos desenvolvidos no **Visual Studio 2022** no nosso smartphone. Em alguns momentos vamos precisar desinstalar o aplicativo no smartphone ou no emulador, por algum motivo de incompatibilidade ou por alguma alteração não estar sendo processada, veremos como proceder para desinstalar um aplicativo do Smartphone e do emulador, no próximo tópico. A partir deste ponto, vou usar o meu smartphone **Asus_Z01KD**, para compilar os aplicativos. Mas fique à vontade para usar o seu smartphone ou o emulador.

DESINSTALAR UM APLICATIVO DO SMARTPHONE ANDROID

Modelo Asus Zenfone 4

Este tutorial é para o modelo **Asus_Z01KD**, com **Android 9.0**, procure na Internet como fazer com o seu modelo de smartphone, mas na maioria das vezes, o procedimento é o mesmo. Na tela inicial, procure o aplicativo **AppMensagemNaTela**, em seguida, pressione com o dedo o ícone do aplicativo até aparecer um menu de contexto, conforme **figura 95**:

Figura 95

No menu de contexto, pressione com o dedo o item **Desinstalar**, aguarde e deve aparecer uma mensagem **AppMensagemNaTela é parte do seguinte app: AppMensagemNaTela.Android Quer desinstalar este app?**, conforme **figura 96**:

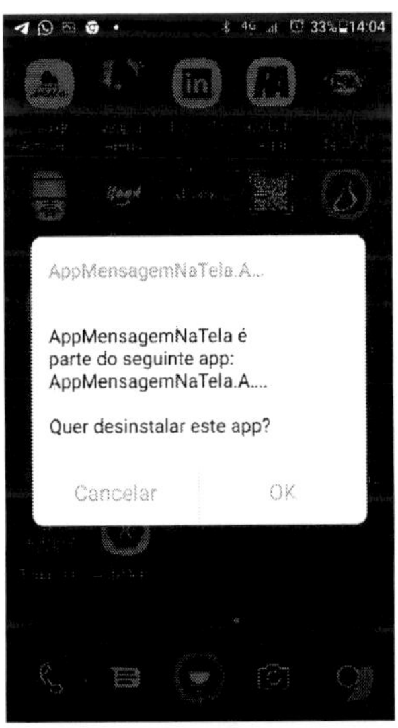

Figura 96

Clique no botão **OK**. Vai aparecer uma mensagem no rodapé da tela dizendo que o app foi desinstalado, conforme **figura 97**:

Figura 97

A outra forma de desinstalar um aplicativo é a seguinte, na tela inicial, procure o aplicativo **AppMensagemNaTela**, em seguida pressione com o dedo o ícone do aplicativo até aparecer um menu de contexto, conforme vimos na **figura 95**, no menu de contexto, pressione com o dedo o item **Informações do app**, vai aparecer a tela **Informações do app**, conforme **figura 98**:

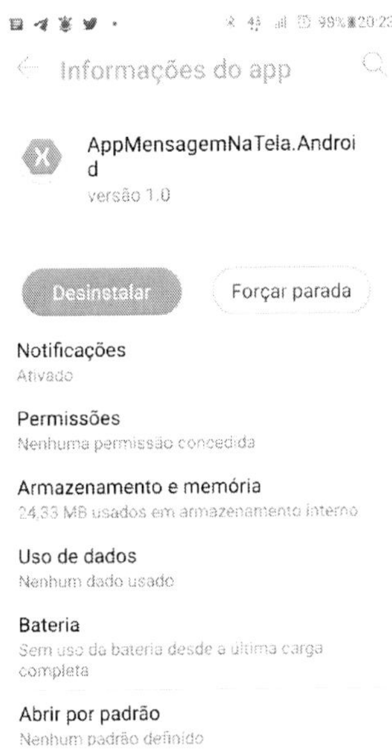

Figura 98

Pressione com o dedo o botão **Desinstalar**, aguarde e deve aparecer uma mensagem **Quer desinstalar este app?**, conforme **figura 99**:

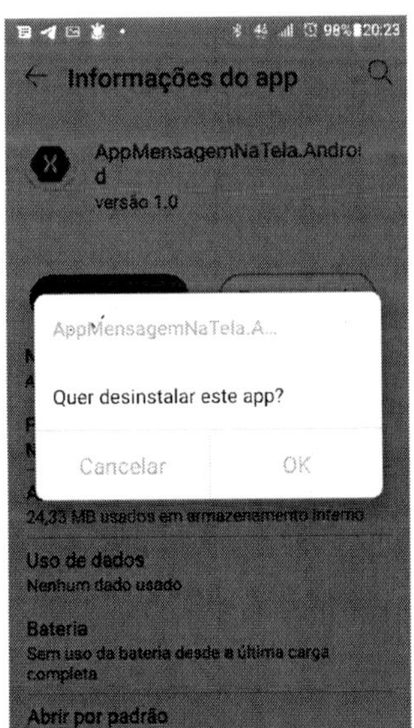

Figura 99

Pressione com o dedo no botão **OK**. Vai aparecer uma mensagem no rodapé da tela dizendo que o app foi desinstalado, conforme vimos na **figura 97**.

COMPILANDO (DEBUGGING) O APLICATIVO UWP

Vamos voltar para nosso projeto **AppMensagemNaTela** no **Visual Studio 2022**, no computador com **Windows**. Se o mesmo estiver fechado, basta clicar sobre o ícone do programa, conforme vimos na **figura 3**, veja que agora no item **Open recent**, temos o projeto que criamos anteriormente, conforme vimos na **figura 50**. Clique com o botão do mouse sobre o nome do projeto e aguarde a abertura do mesmo. Se o mesmo estiver aberto, basta clicar no ícone do **Visual Studio 2022**, na barra de tarefas do **Windows**, e vai aparecer uma miniatura do **Visual Studio 2022**, conforme vimos na **figura 15**, clique sobre esta miniatura e vamos retornar ao **Visual Studio 2022**, agora abra a janela **Solution Explorer**, pressione ao mesmo tempo as teclas **Ctrl+Alt+L**, conforme vimos na **figura 30**, em seguida, selecione o projeto **AppMensagemNaTela.UWP**, clique com o botão do mouse sobre o mesmo e selecione o item **Set as StarUp Project**, conforme vimos na **figura 51**. Observe que o nome do projeto vai ficar em negrito, isto significa que o mesmo está em primeiro plano para ser executado. Agora vamos compilar nosso aplicativo, para isto, vamos até à barra de ferramentas, no item **Solutions Platforms**, clique na setinha para baixo no **ComboBox** e selecione **x86**, conforme **figura 100**:

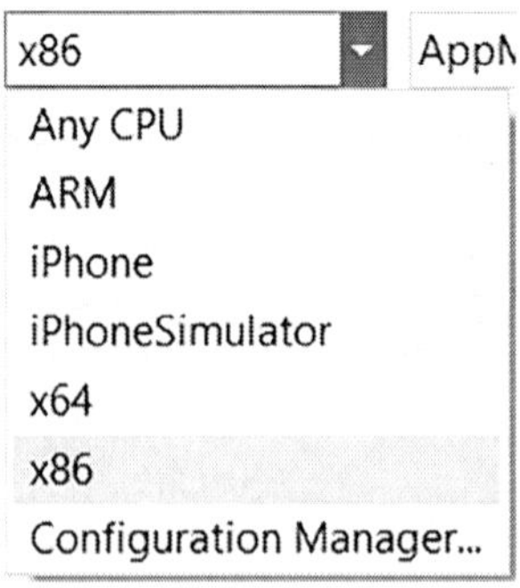

Figura 100

Em seguida, vamos até o item **Select Device**, clique na setinha para baixo no **ComboBox**, e selecione **Local Machine**, conforme **figura 101**:

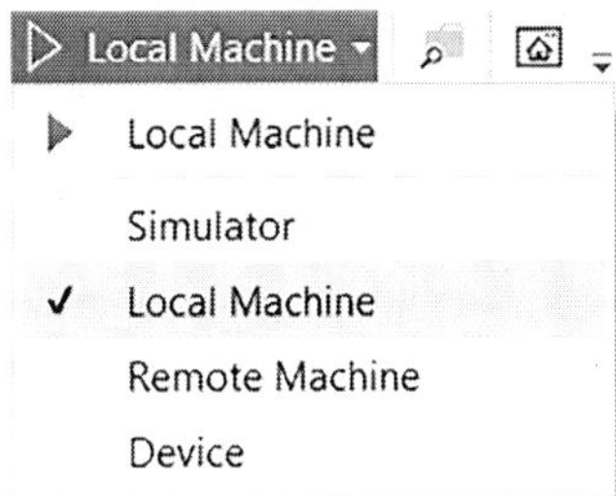

Figura 101

Em seguida, vá para o menu **Debug**, e logo após selecione o item **Start Without Debugging** ou pressione a tecla **Ctrl+F5**, conforme vimos na **figura 69**. Ou simplesmente clique na setinha verde que fica na janela **Select Device**, conforme vimos na **figura 70**. Observe que, no canto inferior esquerdo, aparecerão algumas mensagens de inicialização do emulador, conforme vimos na **figura 71**. Este processo é muito rápido, pois estamos instalando o aplicativo direto no computador. Quando o aplicativo for instalado no computador, aparecerá a seguinte mensagem **Ready** com uma tarja laranja, no canto inferior esquerdo, conforme **figura 102**:

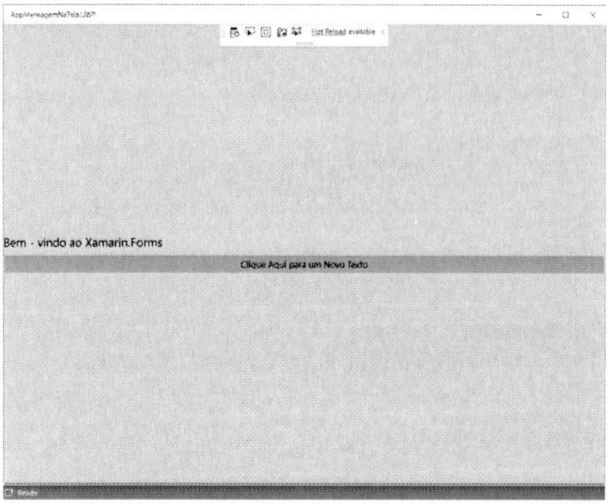

Figura 102

Clique no botão **CLIQUE AQUI PARA UM NOVO TEXTO**, e veja o resultado, conforme **figura 103**:

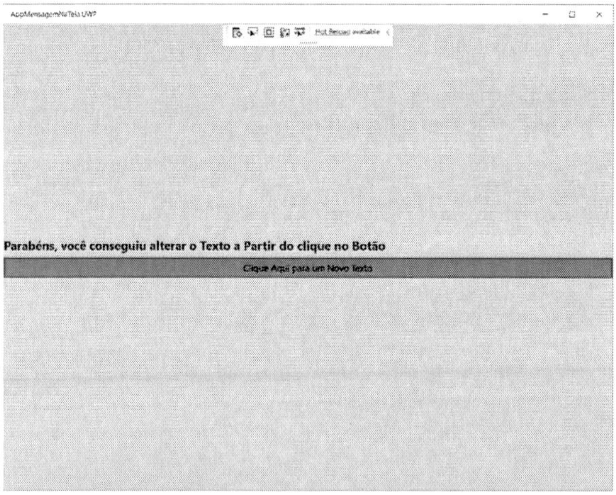

Figura 103

Vamos retornar à **IDE** do **Visual Studio**, é só clicar na área de desenvolvimento do programa e estaremos de volta. Observe que a compilação é muita rápida, pois estamos instalando o aplicativo no **Windows**, no computador. Se você digitar na barra de busca o nome do aplicativo, vai aparecer o mesmo instalado, conforme **figura 104**:

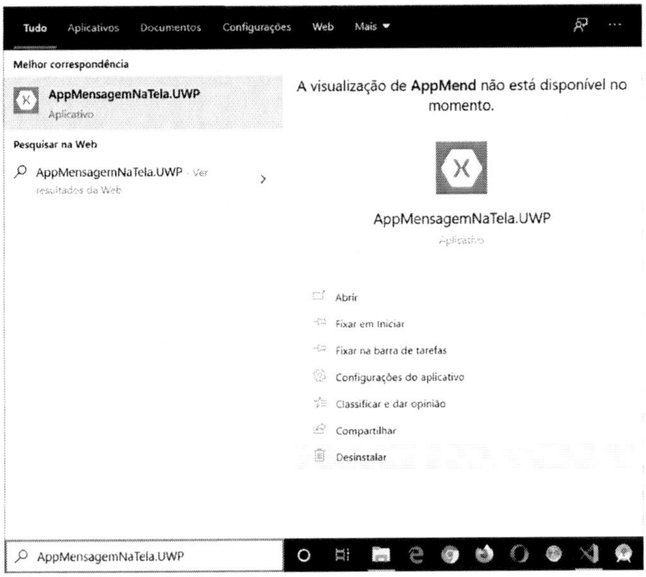

Figura 104

Se clicarmos em **Abrir**, veremos a tela conforme vimos na **figura 146**, clique em **Desinstalar** e aguarde aparecer uma janela perguntando se queremos realmente desinstalar o aplicativo, conforme **figura 105**:

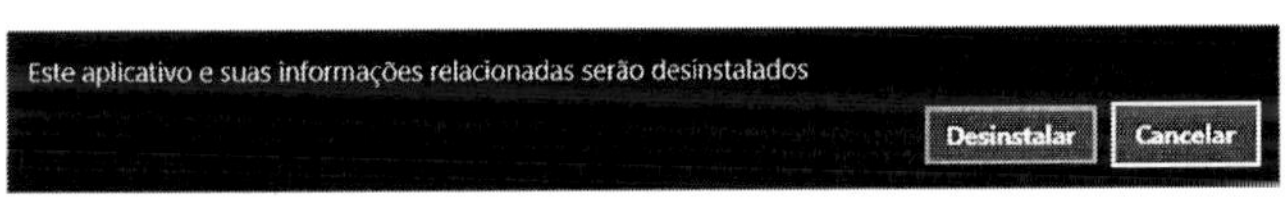

Figura 105

Clique no botão **Desinstalar**, pronto o aplicativo foi removido do computador.

CRIANDO A INTERFACE DO USUÁRIO COM XAML – ZAMMEL

A linguagem **XAML (pronuncia-se zammel)**, é uma linguagem baseada em **XML** criada pela **Microsoft** como uma alternativa ao código de programação para instanciar e inicializar objetos e organizar esses objetos em hierarquias pai-filho. O **XAML** foi adaptado para várias tecnologias no **.NET Framework**, mas encontrou o seu maior utilitário na definição do layout das interfaces do usuário dentro do **Windows Presentation Foundation (WPF)**, do **Silverlight**, do **Windows Runtime** e do **Universal Windows Plataforma (UWP)**. O **XAML** permite aos desenvolvedores definirem interfaces de usuário em aplicativos **Xamarin.Forms** usando marcação em vez de código. Não é obrigatório o uso do **XAML** em um programa **Xamarin.Forms**, conforme vimos no tópico anterior, mas geralmente é mais sucinto e mais visualmente coerente do que o código equivalente em **C#** ou **code-behind**. O **XAML** é adequado para uso com a arquitetura de aplicativo **MVVM (Model-View-ViewModel)**: pois podemos definir a exibição que está vinculada ao código **ViewModel** por meio de associações de dados baseadas em **XAML**. Dentro de um arquivo **XAML**, o desenvolvedor **Xamarin.Forms** pode definir interfaces do usuário usando todas as exibições, layouts e páginas do **Xamarin.Forms**, bem como classes personalizadas. O arquivo **XAML** pode ser compilado ou inserido no executável. De qualquer forma, as informações **XAML** são analisadas no momento da compilação para localizar objetos nomeados e, novamente, em tempo de execução para instanciar e inicializar objetos e para estabelecer links entre esses objetos e o código de programação.

REFERÊNCIA DE CONTROLES

A interface do usuário de um aplicativo **Xamarin.Forms** é construída de objetos que são mapeados para os controles nativos de cada plataforma de destino. Isso permite que aplicativos específicos da plataforma **iOS**, **Android** e a **Plataforma Universal do Windows – UWP**, usem o código **Xamarin.Forms** contido em uma biblioteca do **.NET Standard library**. Os quatro principais grupos de controle usados para criar a interface do usuário de um aplicativo **Xamarin.Forms** são os seguintes:

- **Pages** (Páginas);
- **Layouts**;
- **Views** (Modos de exibição);
- **Cells** (Células).

Uma página **Xamarin.Forms**, geralmente ocupa a tela inteira. A página geralmente contém um layout, que contém visualizações

– (**views**) e possivelmente outros layouts. As células são componentes especializados usados em conexão com o **TableView** e o **ListView**. Um diagrama de classes que mostra a hierarquia de tipos que normalmente são usados para criar uma interface de usuário no **Xamarin.Forms**, conforme **figura 106**:

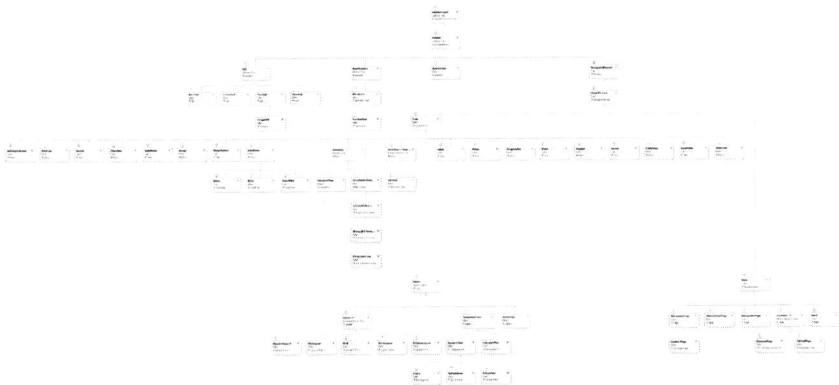

Figura 106

Veremos cada um destes itens nos próximos tópicos.

PÁGINAS DO XAMARIN.FORMS – (XAMARIN.FORMS PAGES)

As páginas **Xamarin.Forms** representam telas (**views**) de aplicativos móveis **cross-platform** ou plataforma cruzada. Todos os tipos de páginas derivam da classe **Page** do **Xamarin.Forms**, vejam o diagrama de classes, conforme **figura 107**:

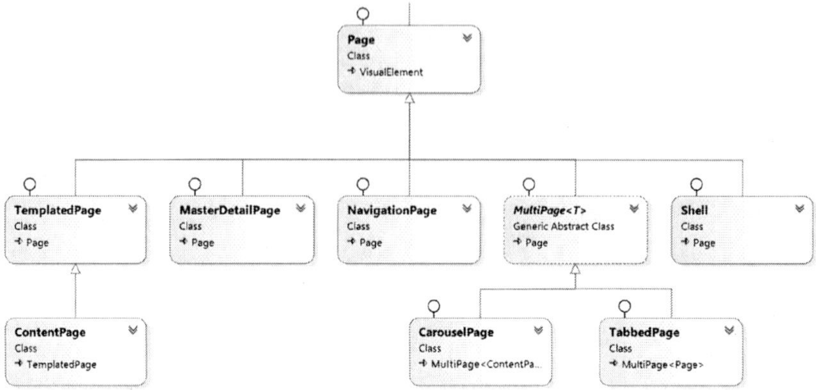

Figura 107

Esses elementos visuais ocupam toda ou a maioria da tela. Um objeto **Page** representa um **ViewController** no **iOS** e uma **Page** na **Plataforma Universal do Windows – UWP**. No **Android**, cada página ocupa a tela como uma **Activity**, mas as páginas **Xamarin.Forms** não são objetos **Activity**. Os tipos mais utilizados são os mostrados na **figura 108**:

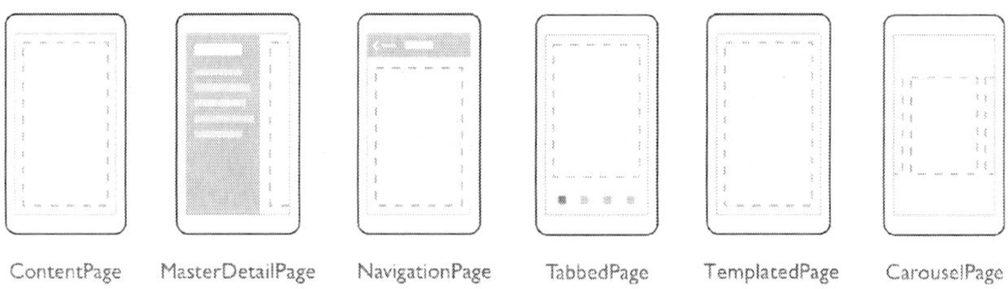

Figura 108

Vamos conhecer cada um deles.

TEMPLATEDPAGE

Uma página que exibe o conteúdo de tela inteira com um modelo de controle é a classe base para uma página do tipo **ContentPage**, ou seja, é a primeira tela que aparece quando criamos e compilamos um projeto em branco, a página **MainPage.xaml**.

CONTENTPAGE

É o tipo de página mais simples e comum, também chamada de página de conteúdo, define a propriedade **Content** como um único objeto de visualização (**View**), que geralmente é um **Layout**, como **StackLayout**, **Grid** ou **ScrollView**. Vamos criar um novo projeto para entendermos estes conceitos, para isto, vamos retornar para a **IDE** do **Visual Studio 2022**, basta clicar no ícone do **Visual Studio 2022**, na barra de tarefas do **Windows**, e vai aparecer uma miniatura do **Visual Studio 2022**, conforme vimos na **figura 15**, se o mesmo estiver fechado, para abrir novamente, basta clicar sobre o ícone do programa que se encontra na barra de tarefas, conforme vimos na **figura 3**, e vai abrir a janela de itens recentes, conforme vimos na **figura 8**, para criar um novo projeto, temos três opções: poderíamos usar na janela de itens recentes a opção **Create a new project**, conforme vimos na **figura 22**, ou clicar no link **Continuar sem código (Continue without code)**, e aguardar a abertura da área do **IDE – Ambiente de Desenvolvimento Integrado do Visual Studio 2022 Community**, em seguida vá até o menu **File**, e selecione o item **New Project...**, ou pressionar ao mesmo tempo as teclas **Ctrl+Shift+N**, conforme vimos na **figura 23**, independentemente da forma escolhida para criar um novo projeto, vai abrir a janela **Create a new Project (Criar um novo projeto)**, no item **All Project type (Todos os Tipos de projeto)**, clique na setinha para baixo e selecione **Mobile**, em seguida, na lista **Filtering by: Mobile (Filtrado por: Mobile)**, selecione o item **Mobile App(Xamarin.Forms)** (**Aplicativo Móvel(Xamarin.Forms)**), conforme vimos na **figura 24**, clique no botão **Next (Próximo)**, e vai abrir a janela **Configure your new Project (Configurar seu novo Projeto)**, conforme vimos na **figura 25**, com a janela **Configure your new Project (Configurar seu novo Projeto)** aberta, no item **Project name:**, digite **AppUsandoContentPage**, no item **Location**, clique no botão com três pontinhos, se quiser pode salvar seu projeto em outro local, por exemplo, em um pendrive. No meu caso, estou direcionando para uma pasta que chamei de **projetos_livro** no meu **C:**, selecione esta pasta e deixe marcado o item **Place solution and project in the same directory**, suas informações devem ficar conforme vimos na **figura 26**, em seguida, clique no botão **Create**. Vai abrir a janela **New Mobile App**, no item **Select a template for your app**, selecione o item **Blank**, no item **I plan to develop for:**, marque as opções **Android** e **Windows(UWP)**, conforme vimos na **figura 27**, clique no botão **Create**, aguarde e veja que vai aparecer a nossa **IDE** ou área de desenvolvimento, conforme vimos na **figura 29**.

Observe que todo projeto **Xamarin.Forms** que criamos, automaticamente já vem com uma página de visualização ou **view**, vinculada, que é o arquivo **MainPage.xaml**, neste projeto não vamos precisar deste arquivo, vamos deletá-lo, para isto, abra a janela **Solution Explorer**, pressione ao mesmo tempo as teclas **Ctrl+Alt+L**, e deve abrir a janela **Solution Explorer** conforme vimos na **figura 30**. Em seguida, abra o projeto **AppUsandoContentPage**, para isto, clique na setinha que tem ao lado do projeto **AppUsandoContentPage**, em seguida, clique com o botão esquerdo do mouse sobre o arquivo **MainPage.xaml**, e selecione o item de menu **Delete**, conforme **figura 109**:

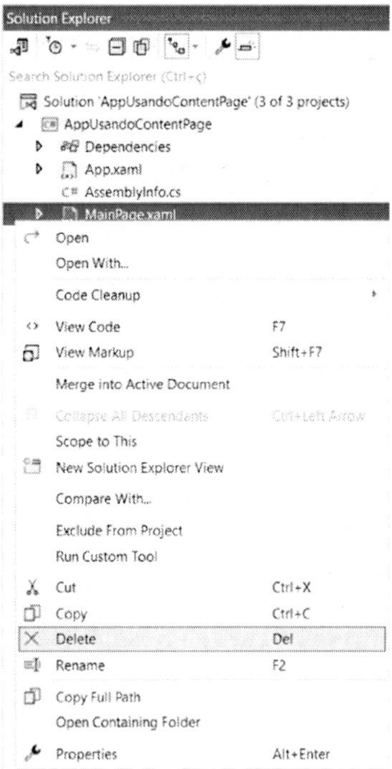

Figura 109

Ou pressione a tecla **Delete** do teclado, vai parecer uma janela perguntando se queremos deletar permanentemente o arquivo, conforme **figura 110**:

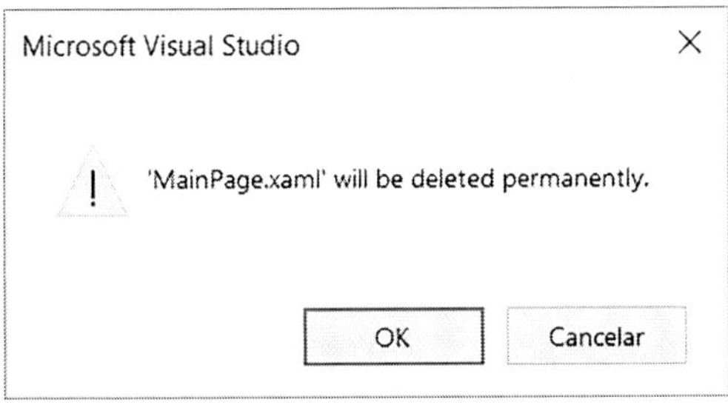

Figura 110

Clique no botão **OK**. Vamos criar uma **pasta(Folder)**, dentro do nosso projeto, chamada **Views**, para isto, abra a janela **Solution Explorer**, pressione ao mesmo tempo as teclas **Ctrl+Alt+L**, e deve abrir a janela **Solution Explorer** conforme vimos na **figura 30**. Em seguida, clique com o botão esquerdo do mouse sobre o projeto **AppUsandoContentPage**, em seguida, selecione o item de menu **Add**, e selecione o item **New Folder**, conforme **figura 111**:

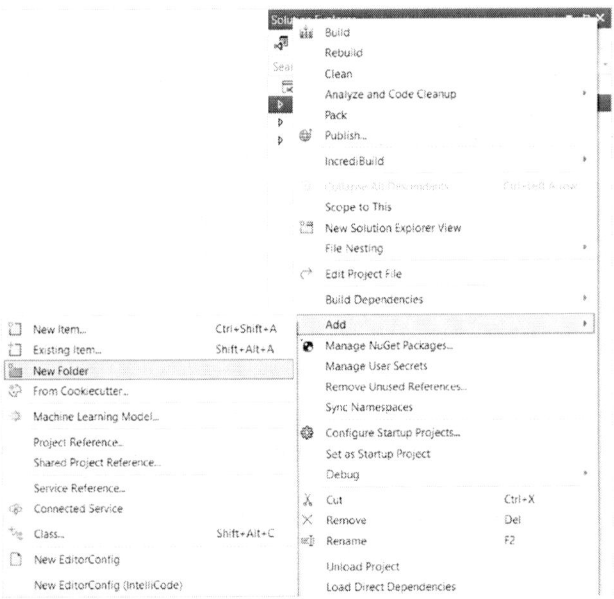

Figura 111

Vai aparecer a pasta com o nome **NewFolder** selecionado, digite **Views,** conforme **figura 112**:

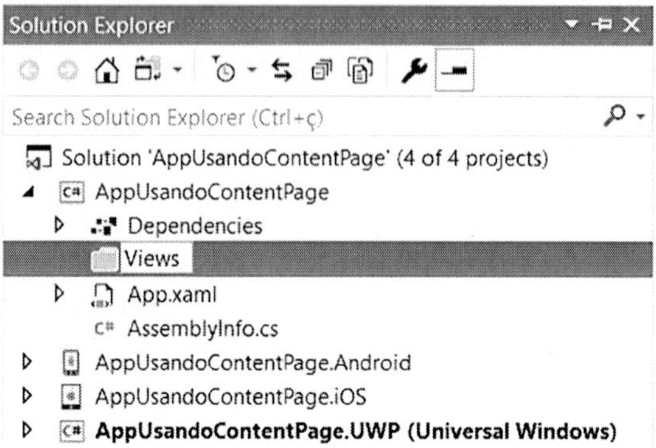

Figura 112

Pressione a tecla **Enter** do teclado. Ainda com a janela **Solution Explorer** aberta, clique com o botão esquerdo do mouse sobre a pasta **Views**, em seguida, selecione o item de menu **Add**, e selecione o item **New Item...**, ou pressione ao mesmo tempo as teclas **Ctrl+Shift+A**, conforme **figura 113**:

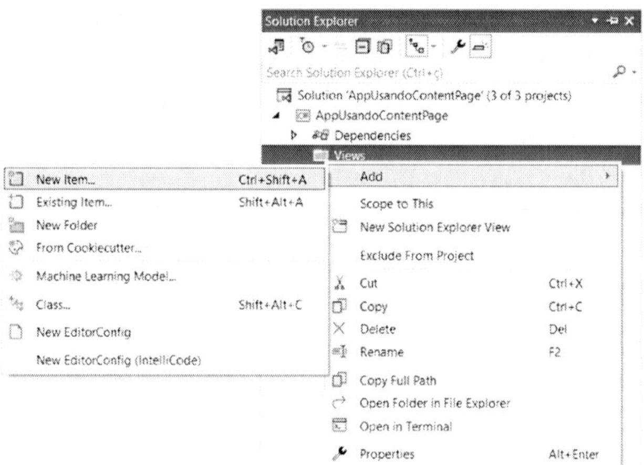

Figura 113

Vai abrir a janela **Add New Item - AppUsandoContentPage**, no menu do lado esquerdo, clique na setinha preta do item **Installed**, para expandi-lo, em seguida, clique na setinha preta do item **C# Items**, e selecione o item **Xamarin.Forms**, no menu do lado direito, selecione o item **Content Page**, no item **Name:**, digite **Conteudo**, conforme **figura 114**:

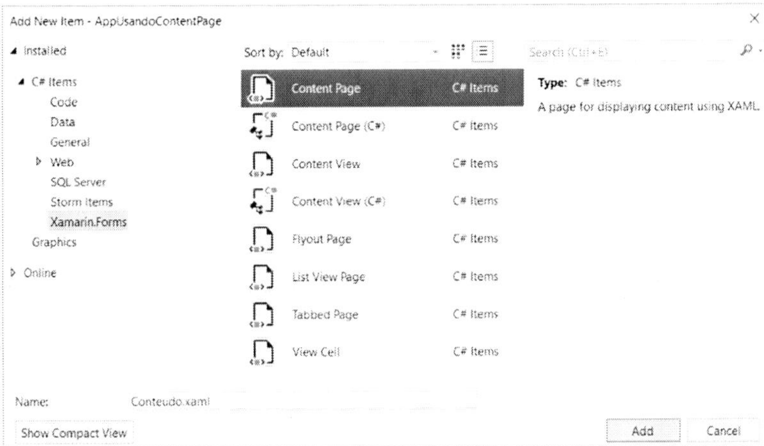

Figura 114

Clique no botão **Add**, e vai abrir o arquivo **Conteudo.xaml**, conforme **figura 115**:

Figura 115

Observe a **linha 2**, já tem a **tag ContentPage** por padrão. Isto vai ocorrer em todos os projetos que criarmos com o **Xamarin.Forms**. Vamos alterar este código, pressione ao mesmo tempo as teclas **Ctrl+A** e vai selecionar todo o código, conforme **figura 116**:

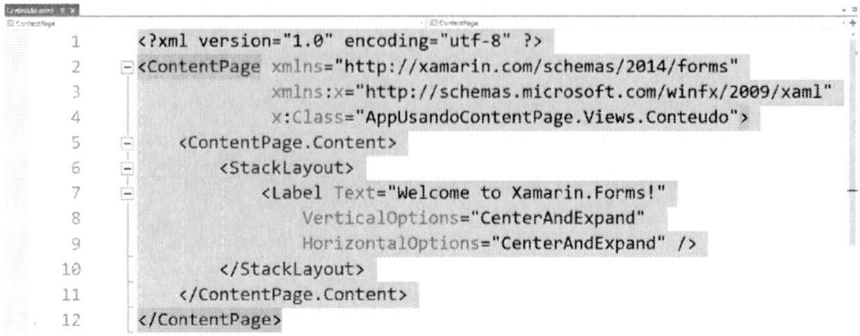

Figura 116

Pressione a tecla **Delete** do teclado, no local onde o cursor do mouse está piscando, na **linha 1**, digite o código abaixo:

```
<?xml version="1.0" encoding="utf-8" ?>
<ContentPage xmlns="http://xamarin.com/schemas/2014/forms"
             xmlns:x="http://schemas.microsoft.com/winfx/2009/
xaml"
             x:Class="AppUsandoContentPage.Views.Conteudo"
             Title="Usando ContentPage"
             Padding="10"
             BackgroundColor="Bisque">

    <StackLayout>
        <Label
            Text="ContentPage"
            FontSize="40"
            FontAttributes="Bold"
            HorizontalOptions="Center" />
        <Label
            Text="ContentPage é o tipo mais simples de página."
            FontSize="Large" />
        <Label
            Text= "O conteúdo de uma ContentPage geralmente é
um layout de algum tipo que pode ser pai de vários filhos."
            FontSize="Large" />
        <Label
            Text="Este ContentPage contém um StackLayout, que
por sua vez contém quatro labels (views) visualizações."
            FontSize="Large" />
    </StackLayout>
</ContentPage>
```

Salve seu projeto, conforme vimos nas **figuras 48 e 49**. Para compilar nosso aplicativo, vamos fazer uma alteração no arquivo **App.xaml.cs (code-behind)**, para isto abra a janela **Solution Explorer**, pressione ao mesmo tempo as teclas **Ctrl+Alt+L**, e deve abrir a janela **Solution Explorer** conforme vimos na **figura 30**. Em seguida, abra o projeto **AppUsandoContentPage**, para isto, clique na setinha que tem ao lado do projeto **AppUsandoContentPage**, em seguida, clique na setinha que tem ao lado do arquivo **App.xaml**, em seguida, clique com o botão do mouse sobre o arquivo **App.xaml.cs**, selecione o item **View Code** ou pressione a tecla **F7,** conforme vimos na **figura 44**. Clicar duas vezes com o botão do mouse sobre o arquivo **App.xaml.cs**, tem o mesmo efeito. Vai abrir a janela de código do arquivo **App.xaml.cs**, conforme vimos na **figura 45**. Vamos alterar o código, para isto, posicione o cursor do mouse no início da **linha 13** e pressione a tecla **Shift+Setinha Direita** até o final da **linha 13**, selecionando-a, veja como ficou conforme **figura 117**:

```
App.xaml.cs  Conteudo.xaml
AppUsandoContentPage          AppUsandoContentPage.App
1   using System;
2   using Xamarin.Forms;
3   using Xamarin.Forms.Xaml;
4
5   namespace AppUsandoContentPage
6   {
        7 references
7       public partial class App : Application
8       {
            3 references
9           public App()
10          {
11              InitializeComponent();
12
13              MainPage = new MainPage();
14          }
```

Figura 117

Pressione a tecla **Delete** do teclado, no local onde o cursor do mouse está piscando, na **linha 13**, conforme **figura 118**:

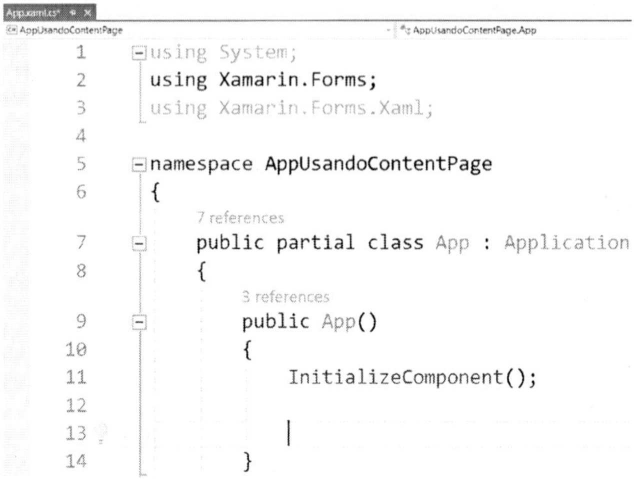

Figura 118

Digite o código abaixo:

```
MainPage = new Conteudo();
```

Veja como ficou, conforme **figura 119**:

Figura 119

Pode ser que apareça um erro, o arquivo **Conteudo.xaml** vai ficar sublinhado de vermelho, pois não falamos para o **C#** onde está localizado, para corrigir este erro, caso ele apareça, é muito fácil, veja que temos um ícone de uma lâmpada amarela no início da **linha 13**, clique com o mouse sobre esta lâmpada e veja que vai aparecer uma setinha para baixo, clique nesta setinha e selecione o item **using AppUsandoContentPage.Views**, conforme **figura 120**:

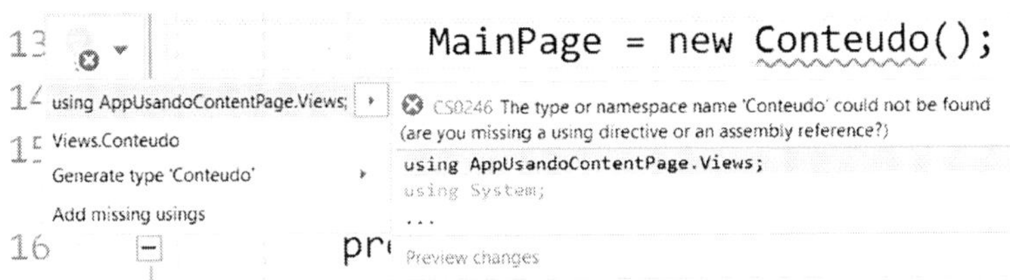

Figura 120

Isto é o caminho onde o arquivo está guardado. Veja que na **linha 1**, pareceu a **using**, conforme **figura 121**:

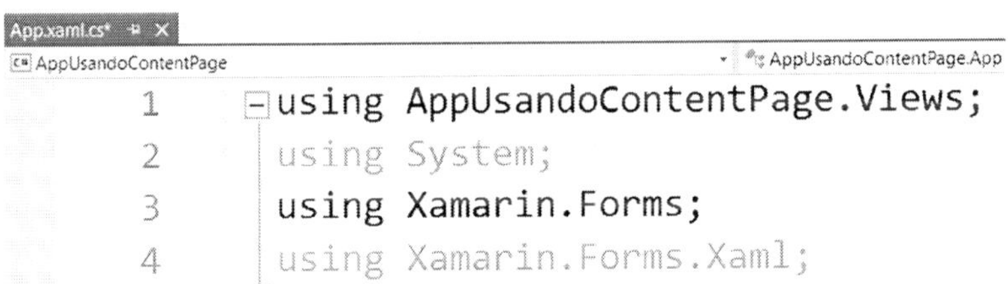

Figura 121

Salve seu projeto, conforme vimos nas **figuras 48 e 49**. Pronto, agora podemos compilar nosso **App** no **Android**, repita o procedimento que vimos neste **Capítulo**, nos seguintes tópicos: **Criando a Interface do Usuário com C# (C Sharp) – Code-behind**, **Compilando (Debugging) o Aplicativo Android** e **Instalando o Emulador do Android**. Para usar um smartphone **Android**, veja neste **Capítulo**, o seguinte tópico: **Configurando o Smartphone para Modo Desenvolvedor**, a tela do aplicativo vai aparecer no smartphone, conforme **figura 122**:

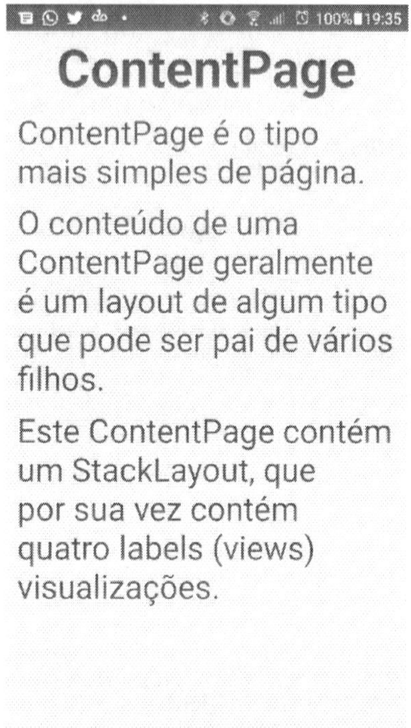

Figura 122

Vamos retornar a **IDE** do **Visual Studio**, é só clicar na área de desenvolvimento do programa e estaremos de volta. Agora vamos compilar o nosso projeto no **UWP**, conforme vimos neste **Capítulo**, nos tópicos **Criando a Interface do Usuário com C# (C Sharp) – Code-behind** e **Compilando (Debugging) o Aplicativo UWP**. Este processo é muito rápido, pois estamos instalando o aplicativo direto no computador. Quando o aplicativo for instalado no computador, aparecerá a seguinte mensagem **Ready** com uma tarja laranja, no canto inferior esquerdo, conforme **figura 123**:

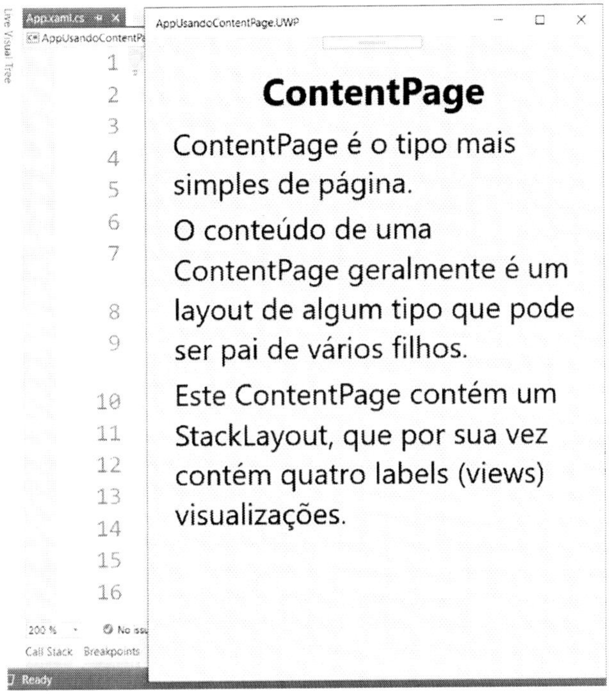

Figura 123

Vamos retornar a **IDE** do **Visual Studio**, é só clicar na área de desenvolvimento do programa e estaremos de volta. Observe que a compilação é muita rápida, pois estamos instalando o aplicativo no **Windows**, no computador. E também temos diferenças gráficas entre uma plataforma e outra, que vamos tratar mais adiante.

CarouselPage

É uma página onde os usuários podem navegar de um lado para o outro, passando o dedo para exibir páginas de conteúdo, como uma galeria. Cada página de conteúdo, é uma **ContentPage**, desta forma começamos a perceber a relação entre este tipo de página e os outros tipos. Vamos criar um novo projeto para entendermos estes conceitos, para isto, vamos retornar para a **IDE** do **Visual Studio 2022**, basta clicar no ícone do **Visual Studio 2022**, na barra de tarefas do **Windows**, e vai aparecer uma miniatura do **Visual Studio 2022**, conforme vimos na **figura 15**, se o mesmo estiver fechado, para abrir novamente, basta clicar sobre o ícone do programa que se encontra na barra de tarefas, conforme vimos na **figura 3**, e vai abrir a janela de itens recentes, conforme vimos na **figura 8**, para criar um novo projeto, temos três opções: poderíamos usar na janela de itens recentes a opção **Create a new project**, conforme vimos na **figura 22**, ou clicar no link **Continuar sem código (Continue without code)**, e aguardar a abertura da área do **IDE – Ambiente de Desenvolvimento Integrado do Visual Studio 2022 Community**, em seguida vá até o menu **File**, e selecione o item **New Project...**, ou pressionar ao mesmo tempo as teclas **Ctrl+Shift+N**, conforme vimos na **figura 23**, independentemente da forma escolhida para criar um novo projeto, vai abrir a janela **Create a new Project (Criar um novo projeto)**, no item **All Project type (Todos os Tipos de projetos)**, clique na setinha para baixo e selecione **Mobile**, em seguida, na lista **Filtering by: Mobile (Filtrado por: Mobile)**, selecione o item **Mobile App(Xamarin.Forms)** (**Aplicativo Móvel(Xamarin.Forms)**), conforme vimos na **figura 24**, clique no botão **Next (Próximo)**, e vai abrir a janela **Configure your new Project (Configurar seu novo Projeto)**, conforme vimos na **figura 25**, com a janela **Configure your new Project (Configurar seu novo Projeto)** aberta, no item **Project name:**, digite **AppUsandoCarouselPage**, no item **Location**, clique no botão com três pontinhos, se quiser pode salvar seu projeto em outro local, por exemplo, em um pendrive. No meu caso, estou direcionando para uma pasta que chamei de **projetos_livro** no meu **C:**, selecione esta pasta e deixe marcado o item **Place solution and project in the same directory**, suas informações devem ficar conforme vimos na **figura 26**, em seguida, clique no botão **Create**. Vai abrir a janela **New Mobile App**, no item **Select a template for your app**, selecione o item **Blank**, no item **I plan to develop for:**, marque as opções **Android** e **Windows(UWP)**, conforme vimos na **figura 27**, clique no botão **Create**, aguarde e veja que vai aparecer a nossa **IDE** ou área de desenvolvimento, conforme vimos na **figura 29**. Observe que todo projeto **Xamarin.Forms** que criamos, automaticamente já vem com uma página de visualização ou **view**, vinculada, que é o arquivo **MainPage.xaml**, neste projeto não vamos precisar deste arquivo, vamos deletá-lo, para isto, abra a janela **Solution Explorer**, pressione ao mesmo tempo as teclas **Ctrl+Alt+L**, e deve abrir a janela **Solution Explorer** conforme vimos na **figura 30**. Em seguida, abra o projeto **AppUsandoCarouselPage**, para isto, clique na setinha que tem ao lado do projeto **AppUsandoCarouselPage**, em seguida, clique com o botão esquerdo do mouse sobre o arquivo **MainPage.xaml**, e selecione o item de menu **Delete**, conforme vimos na **figura 109**. Ou pressione a tecla **Delete** do teclado, vai parecer uma janela perguntando se queremos deletar permanentemente o arquivo, conforme vimos na **figura 110**, clique no botão **OK**. Vamos criar uma **pasta(Folder)**, dentro do nosso projeto, chamada **Views**, para isto, abra a janela **Solution Explorer**, pressione ao mesmo tempo as teclas **Ctrl+Alt+L**, e deve abrir a janela **Solution Explorer** conforme vimos na **figura 30**. Em seguida, clique com o botão esquerdo do mouse sobre o projeto **AppUsandoCarouselPage**, em seguida, selecione o item de menu **Add**, e selecione o item **New Folder**, conforme vimos na **figura 111**. Vai aparecer a pasta com o nome **NewFolder** selecionado, digite **Views,** conforme vimos na **figura 112**. Pressione a tecla **Enter** do teclado. Ainda com a janela **Solution Explorer** aberta, clique com o botão esquerdo do mouse sobre a pasta **Views**, em seguida, selecione o item de menu **Add**, e selecione o item **New Item...**, ou pressione ao mesmo tempo as teclas **Ctrl+Shift+A**, conforme vimos na **figura 113**. Vai abrir a janela **Add New Item - AppUsandoCarouselPage**, no menu do lado esquerdo, clique na setinha preta do item **Installed**, para expandi-lo, em seguida, clique na setinha preta do item **C# Items**, e selecione o item **Xamarin.Forms**, no menu do lado direito, selecione o item **Content Page**, no item **Name:**, digite **Principal**, conforme vimos na **figura 114**. Clique no botão **Add**, e vai abrir o arquivo **Principal.xaml**, conforme vimos na **figura 115**. Repita o procedimento anterior e crie mais três páginas, que vamos chamar de **Pagina1**, **Pagina2** e **Pagina3**. Veja como ficou a pasta **Views**, conforme **figura 124**:

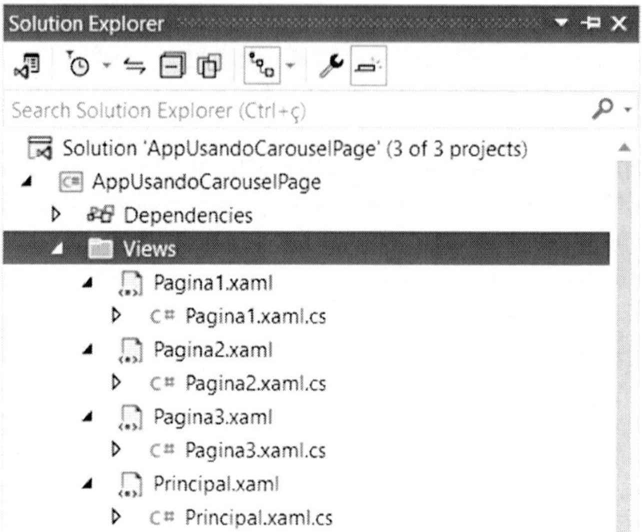

Figura 124

Vejam que os arquivos estão abertos em abas, conforme **figura 125**:

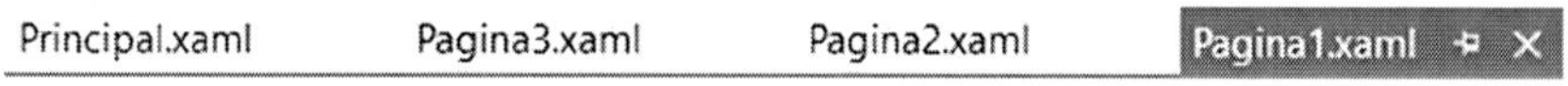

Figura 125

Para abrir qualquer um dos arquivos, basta clicar sobre o nome do mesmo dentro da pasta **Views**, ou simplesmente clicar na aba com o nome do arquivo, conforme vimos na **figura 125**. Vamos abrir o arquivo **Pagina1.xaml**, para isto escolha uma das formas para abri-lo, conforme vimos nas **figuras 124** e **125**, observe a **linha 2**, já tem a tag **ContentPage** por padrão. Isto vai ocorrer em todos os projetos que criarmos com o **Xamarin.Forms**. Vamos alterar este código, pressione ao mesmo tempo as teclas **Ctrl+A** e vai selecionar todo o código, conforme vimos na **figura 116**. Pressione a tecla **Delete** do teclado, no local onde o cursor do mouse está piscando, na **linha 1**, digite o código abaixo:

```
<?xml version="1.0" encoding="utf-8" ?>
<ContentPage xmlns="http://xamarin.com/schemas/2014/forms"
             xmlns:x="http://schemas.microsoft.com/winfx/2009/
xaml"
```

```
            x:Class="AppUsandoCarouselPage.Views.Pagina1"
            BackgroundColor="DarkViolet">

    <ContentPage.Content>
        <StackLayout VerticalOptions="CenterAndExpand">
            <Label Text="Página 1" TextColor="Violet"
FontAttributes="Bold"
                HorizontalOptions="CenterAndExpand" />
            <Image Source="xamarin1.png"/>
        </StackLayout>
    </ContentPage.Content>
</ContentPage>
```

Salve seu projeto, conforme vimos nas **figuras 48 e 49**. Observe que na **linha 11**, temos uma chamada para uma imagem do tipo **png**, não vou entrar em detalhes sobre imagens, pois veremos mais adiante, baixe três imagens no seu computador da logo da **Xamarin**, do tipo **png**, com as seguintes dimensões: **largura 289 pixels (10,2 cm)** e **altura 289 pixels (10,2 cm)** e cores diferentes. Use o seu editor de imagens preferido para fazer estas alterações. Feito isto, vá até a pasta onde você salvou suas imagens, selecione as imagens, para isto, basta pressionar ao mesmo tempo as teclas **Ctrl+A**, em seguida, clique com o botão esquerdo do mouse sobre a seleção, e selecione o item de menu **Copiar**, ou pressione ao mesmo tempo as teclas **Ctrl+C**, conforme **figura 126**:

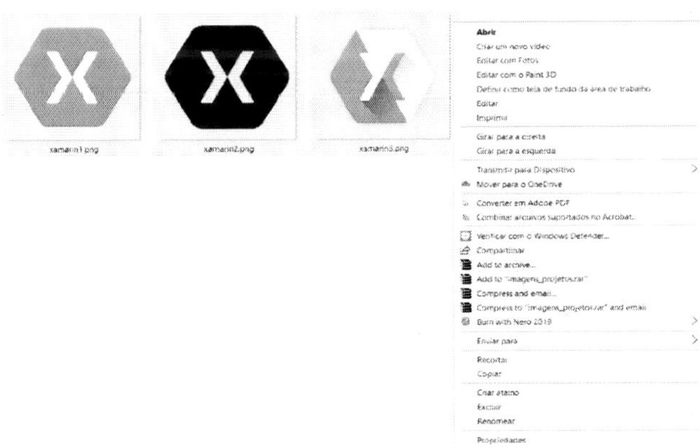

Figura 126

Em seguida, vamos colar estas imagens nos projetos **Android**, e **UWP**. Vamos colar as imagens no projeto **Android**, para isto abra a janela **Solution Explorer**, pressione ao mesmo tempo as teclas **Ctrl+Alt+L**, e deve abrir a janela **Solution Explorer** conforme vimos na **figura 30**. Em seguida, abra o projeto **AppUsandoCarouselPage. Android**, clicando na setinha que tem ao lado do nome do mesmo, em seguida, abra a pasta **Resources**, clicando na setinha que tem ao lado do nome da mesma, em seguida, clique com o botão esquerdo do mouse sobre a pasta **drawable**, e selecione o item de menu **Paste**, ou pressione ao mesmo tempo as teclas **Ctrl+V**, conforme **figura 127**:

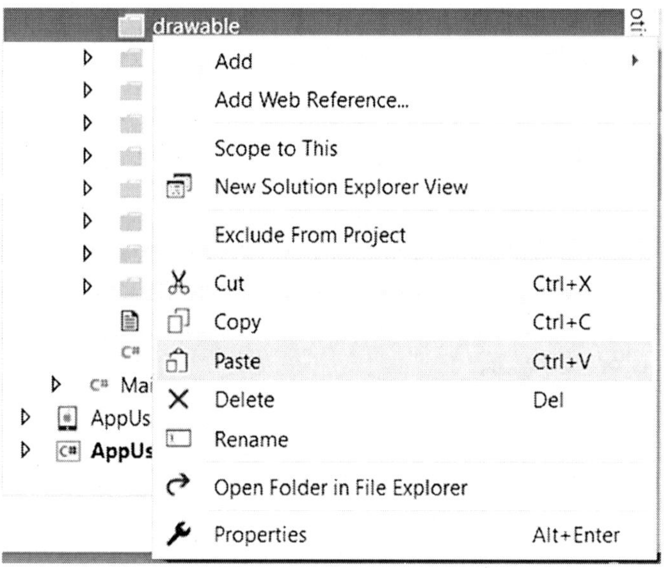

Figura 127

Para saber se a imagem foi copiada para o projeto, basta passar o botão do mouse sobre a mesma, e vai aparecer uma miniatura da imagem, conforme **figura 128**:

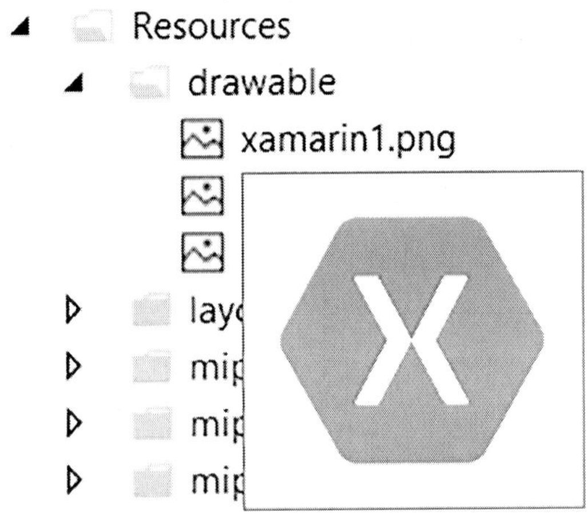

Figura 128

Em seguida, vamos colar estas imagens no projeto **UWP,** para isto, abra a janela **Solution Explorer**, pressione ao mesmo tempo as teclas **Ctrl+Alt+L**, e deve abrir a janela **Solution Explorer** conforme vimos na **figura 30**. Em seguida, clique com o botão esquerdo do mouse sobre o projeto **AppUsandoCarouselPage.UWP** e selecione o item de menu **Paste**, ou pressione ao mesmo tempo as teclas **Ctrl+V**, conforme vimos na **figura 127**. Para saber se a imagem foi copiada para o projeto, basta passar o botão do mouse sobre a mesma, e vai aparecer uma miniatura da imagem, conforme vimos na **figura 128**. Salve seu projeto, conforme vimos nas **figuras 48 e 49**. Toda vez que formos trabalhar com imagens, repita este procedimento para copiar e colar as mesmas em todos os projetos. Vamos abrir o arquivo **Pagina2.xaml**, para isto, escolha uma das formas para abri-lo, conforme vimos nas **figuras 124** e **125**, observe a **linha 2**, já tem a tag **ContentPage** por padrão. Isto vai ocorrer em todos os projetos que criarmos com o **Xamarin.Forms**. Vamos alterar este código, pressione ao mesmo tempo as teclas **Ctrl+A** e vai selecionar todo o código, conforme vimos na **figura 116**. Pressione a tecla **Delete** do teclado, no local onde o cursor do mouse está piscando, na **linha 1**, digite o código abaixo:

```
<?xml version="1.0" encoding="utf-8" ?>
<ContentPage xmlns="http://xamarin.com/schemas/2014/forms"
             xmlns:x="http://schemas.microsoft.com/winfx/2009/
xaml"
             x:Class="AppUsandoCarouselPage.Views.Pagina2">
```

```
    <ContentPage.Content>
        <StackLayout VerticalOptions="CenterAndExpand">
            <Label Text="Página 2" FontAttributes="Bold"
                HorizontalOptions="CenterAndExpand" />
            <Image Source="xamarin2.png"/>
        </StackLayout>
    </ContentPage.Content>
</ContentPage>
```

Salve seu projeto, conforme vimos nas figuras 48 e 49. Vamos abrir o arquivo Pagina3.xaml, para isto escolha uma das formas para abri-lo, conforme vimos nas figuras 124 e 125, observe a linha 2, já tem a tag ContentPage por padrão. Isto vai ocorrer em todos os projetos que criarmos com o Xamarin.Forms. Vamos alterar este código, pressione ao mesmo tempo as teclas Ctrl+A e vai selecionar todo o código, conforme vimos na figura 116. Pressione a tecla Delete do teclado, no local onde o cursor do mouse está piscando, na linha 1, digite o código abaixo:

```
<?xml version="1.0" encoding="utf-8" ?>
<ContentPage xmlns="http://xamarin.com/schemas/2014/forms"
             xmlns:x="http://schemas.microsoft.com/winfx/2009/
xaml"
             x:Class="AppUsandoCarouselPage.Views.Pagina3"
             BackgroundColor="DarkGoldenrod">

    <ContentPage.Content>
        <StackLayout VerticalOptions="CenterAndExpand">
            <Label Text="Página 3" TextColor="Gold"
FontAttributes="Bold"
                HorizontalOptions="CenterAndExpand" />
            <Image Source="xamarin3.png"/>
        </StackLayout>
    </ContentPage.Content>
</ContentPage>
```

Salve seu projeto, conforme vimos nas **figuras 48 e 49**. Vamos abrir o arquivo **Principal.xaml**, para isto escolha uma das formas para abri-lo, conforme vimos nas **figuras 124** e **125**, observe a **linha 2**, já tem a tag **ContentPage** por padrão. Isto vai ocorrer em todos os projetos que criarmos com o **Xamarin.Forms**. Vamos alterar este código, pois vamos transformá-lo em uma página do tipo **CarouselPage**, onde o usuário vai navegar com os dedos, para frente e para trás, mostrando as páginas 1, 2 e 3 que criamos. Para isto, pressione ao mesmo tempo as teclas **Ctrl+A** e vai selecionar todo o código, conforme vimos na **figura 116**. Pressione a tecla **Delete** do teclado, no local onde o cursor do mouse está piscando, na **linha 1**, digite o código abaixo:

```
<?xml version="1.0" encoding="utf-8" ?>
<CarouselPage xmlns="http://xamarin.com/schemas/2014/forms"
                    xmlns:x="http://schemas.microsoft.com/
winfx/2009/xaml"
                    x:Class="AppUsandoCarouselPage.Views.
Principal">

    <ContentPage Padding="30">
        <Label Text="Página 1" FontAttributes="Bold" />
    </ContentPage>
    <ContentPage Padding="30">
        <Label Text="Página 2" FontAttributes="Bold" />
    </ContentPage>
    <ContentPage Padding="30">
        <Label Text="Página 3" FontAttributes="Bold" />
    </ContentPage>
</CarouselPage>
```

Observe que na **linha 2**, agora temos uma **tag CarouselPage**, neste código vão ser criadas três páginas do tipo **ContentPage** em branco. Outro detalhe, quando mudamos o tipo de página no elemento filho, temos que mudar também no elemento pai, pois se não o fizermos, o elemento filho não herda do elemento pai. Para isto, abra o arquivo **Principal.xaml.cs (code-behind)**, para isto abra a janela **Solution Explorer**, pressione ao mesmo tempo as teclas **Ctrl+Alt+L**, e deve abrir a janela **Solution Explorer** conforme vimos na **figura 30**. Em seguida, abra o projeto **AppUsandoCarouselPage**, para isto clique na setinha que tem ao lado do projeto **AppUsandoCarouselPage**, em seguida, clique na setinha que tem ao lado da pasta **Views**, em seguida, clique na setinha que tem ao lado do arquivo **Principal.xaml**, em seguida, clique com o botão do mouse sobre o arquivo **Principal.xaml.cs**, selecione o item **View Code** ou pressione a tecla **F7,** conforme vimos na **figura 44**. Clicar duas vezes com o botão do mouse sobre o arquivo **Principal.xaml.cs**, tem o mesmo efeito. Vai abrir a janela de código do arquivo **Principal.xaml.cs**, conforme **figura 129**:

```
1  using System;
2  using System.Collections.Generic;
3  using System.Linq;
4  using System.Text;
5  using System.Threading.Tasks;
6
7  using Xamarin.Forms;
8  using Xamarin.Forms.Xaml;
9
10 namespace AppUsandoCarouselPage.Views
11 {
12     [XamlCompilation(XamlCompilationOptions.Compile)]
13     public partial class Principal : ContentPage
14     {
15         public Principal()
16         {
17             InitializeComponent();
18         }
19     }
20 }
```

Figura 129

Observe o erro na **linha 13**, o que está ocorrendo é o que falei, a classe filha **Principal**, está herdando da classe pai **ContentPage**, e não de **CarouselPage**, vamos mudar isto, basta selecionar o **ContentPage** na **linha 13**, conforme **figura 130**:

```
13     public partial class Principal : ContentPage
```

Figura 130

Pressionar a tecla **Delete** do teclado, e digite **CarouselPage**, veja como ficou, conforme **figura 131**:

```
13     public partial class Principal : CarouselPage
```

Figura 131

Veja que agora o erro desapareceu. Salve seu projeto, conforme vimos nas **figuras 48 e 49**. Para testar esta página, e fazer a compilação, vamos fazer uma alteração no arquivo **App.xaml.cs (code-behind)**, para isto, abra a janela **Solution Explorer**, pressione ao mesmo tempo as teclas **Ctrl+Alt+L**, e deve abrir a janela **Solution Explorer** conforme vimos na **figura 30**. Em seguida, abra o projeto **AppUsandoCarouselPage**, para isto, clique na setinha que tem ao lado do projeto **AppUsandoCarouselPage**, em seguida, clique na setinha que tem ao lado do arquivo **App.xaml**, em seguida, clique com o botão do mouse sobre o arquivo **App.xaml.cs**, selecione o item **View Code** ou pressione a tecla **F7,** conforme vimos na **figura 44**. Clicar duas vezes com o botão do mouse sobre o arquivo **App.xaml.cs**, tem o mesmo efeito. Vai abrir a janela de código do arquivo **App.xaml.cs**, conforme vimos na **figura 45**. Vamos alterar o código, para isto, posicione o cursor do mouse no início da **linha 13** e pressione a tecla **Shift+Setinha Direita** até o final da **linha 13**, selecionando-a, veja como ficou conforme vimos na **figura 117**. Pressione a tecla **Delete** do teclado, no local onde o cursor do mouse está piscando, na **linha 13**, conforme vimos na **figura 118**. Digite o código abaixo:

```
MainPage = new Principal();
```

Salve seu projeto, conforme vimos nas **figuras 48 e 49**. Pronto, agora podemos compilar nosso **App** no **Android**, repita o procedimento que vimos neste **Capítulo**, nos seguintes tópicos: **Criando a Interface do Usuário com C# (C Sharp) – Code-behind**, **Compilando (Debugging) o Aplicativo Android** e **Instalando o Emulador do Android**. Para usar um smartphone **Android**, veja neste **Capítulo**, o seguinte tópico: **Configurando o Smartphone para Modo Desenvolvedor**, a tela do aplicativo vai aparecer no smartphone, conforme **figura 132**:

Figura 132

Não é isso que deveria acontecer, queremos exibir as três páginas que criamos, para isto, temos duas formas de fazê-lo, criar as páginas no arquivo **Principal.xaml** ou chamar as páginas que criamos na pasta **Views**, fica a seu critério a melhor forma de fazê-lo, isto se chama técnicas de programação. Vamos retornar a **IDE** do **Visual Studio**, é só clicar na área de desenvolvimento do programa e estaremos de volta. Agora, vamos retornar ao arquivo **Principal.xaml**, para isto, escolha uma das formas para abri-lo, conforme vimos nas **figuras 124** e **125**. Vamos alterar este código para criar as páginas **1**, **2** e **3**. Para isto, pressione ao mesmo tempo as teclas **Ctrl+A** e vai selecionar todo o código, conforme vimos na **figura 116**. Pressione a tecla **Delete** do teclado, no local onde o cursor do mouse está piscando, na **linha 1**, digite o código abaixo:

```
<?xml version="1.0" encoding="utf-8" ?>
<CarouselPage xmlns="http://xamarin.com/schemas/2014/forms"
                xmlns:x="http://schemas.microsoft.com/
winfx/2009/xaml"
                x:Class="AppUsandoCarouselPage.Views.
Principal">

    <ContentPage BackgroundColor="DarkViolet" Padding="30">
        <StackLayout VerticalOptions="CenterAndExpand">
            <Label Text="Página 1" TextColor="Violet"
FontAttributes="Bold"
                HorizontalOptions="CenterAndExpand" />
            <Image Source="xamarin1.png"/>
        </StackLayout>
    </ContentPage>
    <ContentPage Padding="30">
        <StackLayout VerticalOptions="CenterAndExpand">
            <Label Text="Página 2" FontAttributes="Bold"
                HorizontalOptions="CenterAndExpand" />
            <Image Source="xamarin2.png"/>
        </StackLayout>
    </ContentPage>
    <ContentPage BackgroundColor="DarkGoldenrod" Padding="30">
        <StackLayout VerticalOptions="CenterAndExpand">
            <Label Text="Página 3" TextColor="Gold"
FontAttributes="Bold"
                HorizontalOptions="CenterAndExpand" />
            <Image Source="xamarin3.png"/>
        </StackLayout>
    </ContentPage>
</CarouselPage>
```

Salve seu projeto, conforme vimos nas **figuras 48 e 49**. Vamos compilar nosso **App** no **Android**, para isto, repita o procedimento que vimos neste **Capítulo**, nos seguintes tópicos: **Criando a Interface do Usuário com C# (C Sharp) – Code-behind**, **Compilando (Debugging) o Aplicativo Android** e **Instalando o Emulador do Android**. Para usar um smartphone **Android**, veja neste **Capítulo**, o seguinte tópico: **Configurando o Smartphone para Modo Desenvolvedor**, a tela do aplicativo vai aparecer no smartphone, conforme **figura 133**:

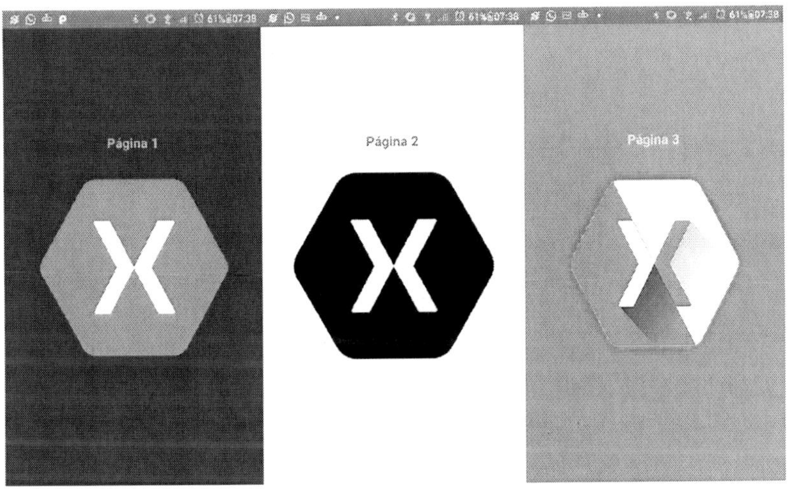

Figura 133

Arraste com o dedo, da direita para a esquerda, para navegar entre as páginas. Vamos retornar a **IDE** do **Visual Studio**, é só clicar na área de desenvolvimento do programa e estaremos de volta. Agora vamos compilar o nosso projeto no **UWP**, conforme vimos neste **Capítulo**, nos tópicos **Criando a Interface do Usuário com C# (C Sharp) – Code-behind** e **Compilando (Debugging) o Aplicativo UWP**. Este processo é muito rápido, pois estamos instalando o aplicativo direto no computador. Quando o aplicativo for instalado no computador, aparecerá a seguinte mensagem **Ready** com uma tarja laranja, no canto inferior esquerdo, conforme **figura 134**:

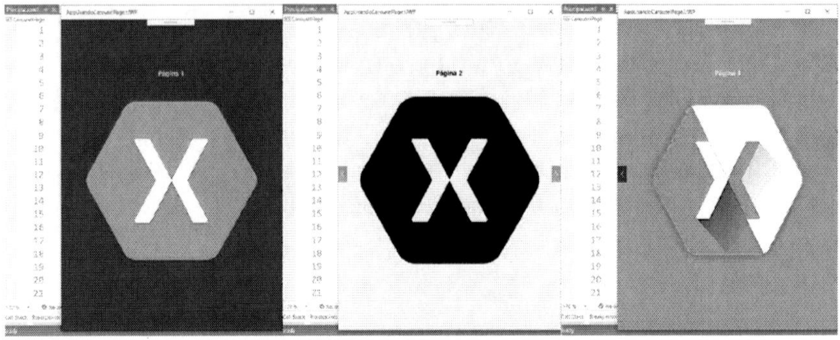

Figura 134

Clique com o mouse sobre a setinha que aparece nas laterais, para navegar entre as páginas. Vamos retornar a **IDE** do **Visual Studio**, é só clicar na área de desenvolvimento do programa e estaremos de volta. Observe que a compilação é muita rápida, pois estamos instalando o aplicativo no **Windows**, no computador. E também temos diferenças gráficas entre uma plataforma e outra, que vamos tratar mais adiante. A outra forma, é criar um caminho até a pasta **Views**, para exibir as três páginas que criamos, vamos retornar ao arquivo **Principal.xaml**, para isto, escolha uma das formas para abri-lo, conforme vimos nas **figuras 124** e **125**. Vamos alterar este código para mostrar as páginas 1, 2 e 3 que criamos. Para isto, posicione o cursor do mouse no início da **linha 6** e pressione a tecla **Shift+Setinha Direita** até o final da **linha 26**, selecionando-as, veja como ficou, conforme vimos na **figura 117**, pressione a tecla **Delete** do teclado, e o cursor do mouse vai ficar piscando, na **linha 6**, conforme vimos na **figura 118**. Agora posicione o cursor do mouse no final da **linha 3**, e pressione a tecla **Enter** do teclado, veja que o cursor do mouse vai ficar posicionado na **linha 4**, conforme **figura 135**:

```
1    <?xml version="1.0" encoding="utf-8" ?>
2    <CarouselPage xmlns="http://xamarin.com/schemas/2014/forms"
3                  xmlns:x="http://schemas.microsoft.com/winfx/2009/xaml"
4                  
5                  x:Class="AppUsandoCarouselPage.Views.Principal">
6    
7    
8    </CarouselPage>
```

Figura 135

Nesta linha, vamos criar uma **tag**, chamada **abrirPagina**, que vai direcionar o caminho para a pasta **Views**, para isto, digite o código abaixo:

```
xmlns:abrirPagina="clr-namespace:AppUsandoCarouselPage.Views"
```

Agora posicione o cursor do mouse no início da **linha 7**, e comece a digitar o nome da **tag** que acabamos de criar, **<abrirPagina**, veja que ele já mostra as páginas que estão na pasta **Views**, conforme **figura 136**:

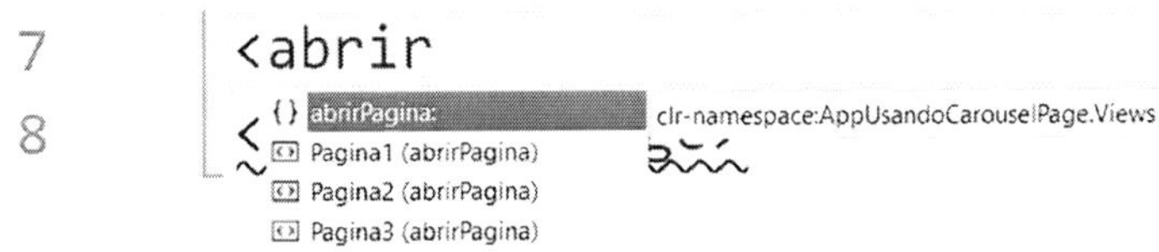

Figura 136

Selecione **Pagina1 (abrirPagina)**, e em seguida, feche a **tag** com **/>**, repita o procedimento para as páginas 2 e 3, no final, seu código deve ficar conforme **figura 137**:

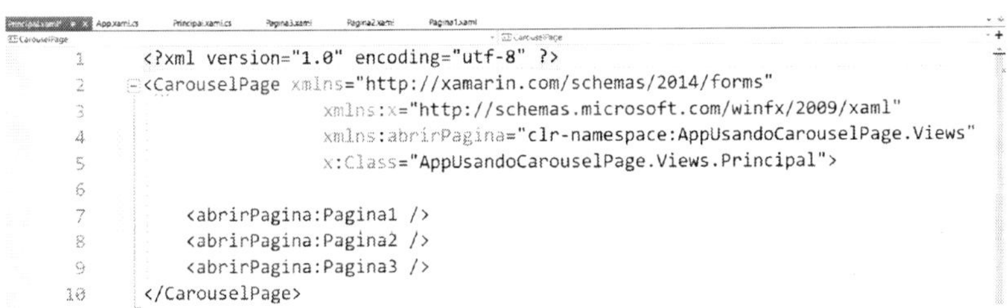

Figura 137

Salve seu projeto, conforme vimos nas **figuras 48 e 49**. Veja o código completo:

```
<?xml version="1.0" encoding="utf-8" ?>
<CarouselPage xmlns="http://xamarin.com/schemas/2014/forms"
              xmlns:x="http://schemas.microsoft.com/winfx/2009/
xaml"
              xmlns:abrirPagina="clr-
namespace:AppUsandoCarouselPage.Views"
              x:Class="AppUsandoCarouselPage.Views.Principal">
```

```
    <abrirPagina:Pagina1 />
    <abrirPagina:Pagina2 />
    <abrirPagina:Pagina3 />
</CarouselPage>
```

Compile novamente no **Android** e **UWP**, e veja que vamos ter as mesmas telas que vimos nas figuras **178** a **180**.

NavigationPage

Gerencia a navegação entre páginas usando uma arquitetura baseada em pilha. Ao usar a navegação de página em seu aplicativo, uma instância da página inicial deve ser passada para o construtor de um objeto **NavigationPage**. Na barra de navegação hierárquica, a classe **NavigationPage** é usada para navegar por meio de uma pilha de objetos **ContentPage**. A classe **NavigationPage** fornece uma experiência de navegação hierárquica em que o usuário é capaz de navegar pelas páginas, para frente e para trás, conforme desejado, esta classe implementa a navegação como uma pilha **UEPS (último a entrar, primeiro a sair)** de objetos de página, veremos como usar a classe **NavigationPage** para realizar a navegação em uma pilha de páginas. Para ir de uma página para outra, um aplicativo enviará pelo método **push** uma nova página para a pilha de navegação, na qual ela se tornará a página ativa, conforme mostrado no diagrama da **figura 138**:

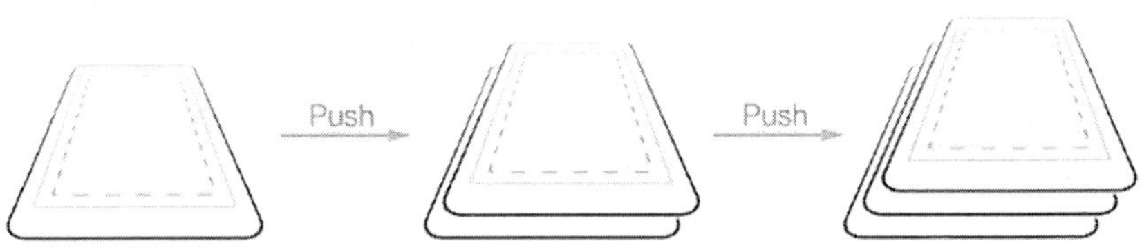

Figura 138

Para voltar à página anterior, o aplicativo removerá a página atual da pilha de navegação e, em seguida, a nova página de nível superior se tornará a página ativa, conforme mostrado no diagrama da **figura 139**:

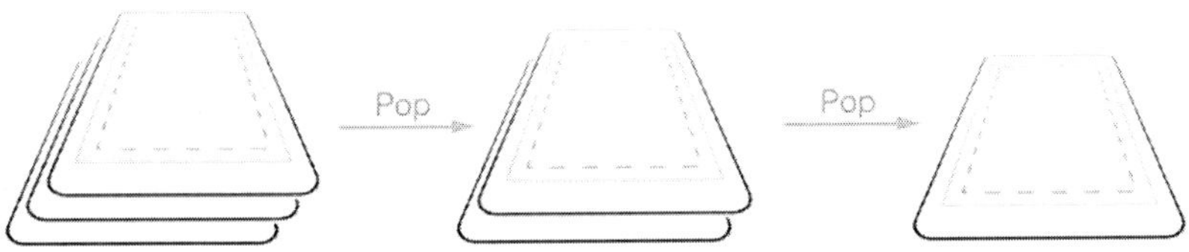

Figura 139

Os métodos **Pop** e **Push**, de navegação são expostos pela propriedade **Navigation** em qualquer tipo derivado de **Page**. Esses métodos possibilitam enviar páginas por **push** ou **pop**, para a pilha de navegação, remover páginas da pilha de navegação e executar a manipulação da pilha, veremos cada um deles no decorrer deste tópico. O layout de um **NavigationPage** depende da plataforma:

- No **iOS**, há uma barra de navegação na parte superior da página que exibe um título e que tem um botão **Voltar** que leva à página anterior.
- No **Android**, há uma barra de navegação na parte superior da página que exibe um título, um ícone e um botão **Voltar** que leva à página anterior. O ícone é definido no atributo [**Activity**] da classe **MainActivity** no projeto específico da plataforma **Android**.
- Na **UWP – Plataforma Universal do Windows** há uma barra de navegação na parte superior da página que exibe um título.

Em todas as plataformas, o valor da propriedade **Page.Title** será exibido como o título da página. Recomenda-se que um **NavigationPage** seja preenchido somente com instâncias de **ContentPage**. Vamos criar um novo projeto para entendermos estes conceitos, para isto, vamos retornar para a **IDE** do **Visual Studio 2022**, basta clicar no ícone do **Visual Studio 2022**, na barra de tarefas do **Windows**, e vai aparecer uma miniatura do **Visual Studio 2022**, conforme vimos na **figura 15**, se o mesmo estiver fechado, para abrir novamente, basta clicar sobre o ícone do programa que se encontra na barra de tarefas, conforme vimos na **figura 3**, e vai abrir a janela de itens recentes, conforme vimos na **figura 8**, para criar um novo projeto, temos três opções: poderíamos usar na janela de itens recentes a opção **Create a new project**, conforme vimos na **figura 22**, ou clicar no link **Continuar sem código (Continue without code)**, e aguardar a abertura da área do **IDE – Ambiente de Desenvolvimento Integrado do Visual Studio 2022 Community**, em seguida vá até o menu **File**, e selecione o item **New Project...**, ou pressionar ao mesmo tempo as teclas **Ctrl+Shift+N**, conforme vimos na **figura 23**, independentemente da forma escolhida para criar um novo projeto, vai abrir a janela **Create a new Project (Criar um novo projeto)**, no item **All Project type (Todos os Tipos de projetos)**, clique na setinha para baixo e selecione **Mobile**, em seguida, na lista **Filtering by: Mobile (Filtrado por: Mobile)**, selecione o item **Mobile App(Xamarin.Forms)** (**Aplicativo Móvel(Xamarin.Forms)**), conforme vimos na **figura 24**, clique no botão **Next (Próximo)**, e vai abrir a janela **Configure your new Project (Configurar seu novo Projeto)**, conforme vimos na **figura 25**, com a janela **Configure your new Project (Configurar seu novo Projeto)** aberta, no item **Project name:**, digite **AppUsandoNavigationPage**, no item **Location**, clique no botão com três pontinhos, se quiser pode salvar seu projeto em outro local, por exemplo, em um pendrive. No meu caso, estou direcionando para uma pasta que chamei de **projetos_livro** no meu **C:**, selecione esta pasta e deixe marcado o item **Place solution and project in the same directory**, suas informações devem ficar conforme vimos na **figura 26**, em seguida, clique no botão **Create**. Vai abrir a janela **New Mobile App**, no item **Select a template for your app**, selecione o item **Blank**, no item **I plan to develop for:**, marques as opções **Android** e **Windows(UWP)**, conforme vimos na **figura 27**, clique no botão **Create**, aguarde e veja que vai aparecer a nossa **IDE** ou área de desenvolvimento, conforme vimos na **figura 28**.

Observe que todo projeto **Xamarin.Forms** que criamos, automaticamente já vem com uma página de visualização ou **view**, vinculada, que é o arquivo **MainPage.xaml**, neste projeto não vamos precisar deste arquivo, vamos deletá-lo, para isto, abra a janela **Solution Explorer**, pressione ao mesmo tempo as teclas **Ctrl+Alt+L**, e deve abrir a janela **Solution Explorer** conforme vimos na **figura 30**. Em seguida, abra o projeto **AppUsandoNavigationPage**, para isto, clique na setinha que tem ao lado do projeto **AppUsandoNavigationPage**, em seguida, clique com o botão esquerdo do mouse sobre o arquivo **MainPage.xaml**, e selecione o item de menu **Delete**, conforme vimos na **figura 109**. Ou pressione a tecla **Delete** do teclado, vai parecer uma janela perguntando se queremos deletar permanentemente o arquivo, conforme vimos na **figura 110**, clique no botão **OK**. Vamos criar uma **pasta(Folder)**, dentro do nosso projeto chamada **Views**, para isto, abra a janela **Solution Explorer**, pressione ao mesmo tempo as teclas **Ctrl+Alt+L**, e deve abrir a janela **Solution Explorer** conforme vimos na **figura 30**. Em seguida, clique com o botão esquerdo do mouse sobre o projeto **AppUsandoNavigationPage**, em seguida, selecione o item de menu **Add**, e selecione o item **New Folder**, conforme vimos na **figura 111**. Vai aparecer a pasta com o nome **NewFolder** selecionado, digite **Views,** conforme vimos na **figura 112**. Pressione a tecla **Enter** do teclado. Ainda com a janela **Solution Explorer** aberta, clique com o botão esquerdo do mouse sobre a pasta **Views**, em seguida, selecione o item de menu **Add**, e selecione o item **New Item...**, ou pressione ao mesmo tempo as teclas **Ctrl+ Shift+A**, conforme vimos na **figura 113**. Vai abrir a janela **Add New Item - AppUsandoNavigationPage**, no menu do lado esquerdo, clique na setinha preta do item **Installed**, para expandi-lo, em seguida, clique na setinha preta do item **C# Items**, e selecione o item **Xamarin. Forms**, no menu do lado direito, selecione o item **Content Page**, no item **Name:**, digite **Principal**, conforme vimos na **figura 114**. Clique no botão **Add**, e vai abrir o arquivo **Principal.xaml**, conforme vimos na **figura 115**, esta é a primeira página adicionada a uma pilha de navegação, e é conhecida como a página raiz do aplicativo. Repita o procedimento anterior e crie mais duas **páginas, que vamos chamar de Pagina1** e **Pagina2**. Veja que os arquivos estão abertos em abas, conforme vimos na **figura 125**. Para abrir qualquer um dos arquivos, basta clicar sobre o nome do mesmo dentro da pasta **Views**, ou simplesmente clicar na aba com o nome do arquivo, conforme vimos na **figura 125**. Vamos abrir o arquivo **Principal.xaml**, para isto, escolha uma das formas para abri-lo, conforme vimos nas **figuras 124** e **125**, observe a **linha 2**, já tem a tag **ContentPage** por padrão. Isto vai ocorrer em todos os projetos que criarmos com o **Xamarin.Forms**. Vamos alterar este código, para isto, pressione ao mesmo tempo as teclas **Ctrl+A** e vai selecionar todo o código, conforme vimos na **figura 116**. Pressione a tecla **Delete** do teclado, no local onde o cursor do mouse está piscando, na **linha 1**, digite o código abaixo:

```
<?xml version="1.0" encoding="utf-8" ?>
<ContentPage xmlns="http://xamarin.com/schemas/2014/forms"
             xmlns:x="http://schemas.microsoft.com/winfx/2009/
xaml"
             x:Class="AppUsandoNavigationPage.Views.Principal"
             Title="Título da Página Principal"
             BackgroundColor="DarkViolet">
```

```
    <ContentPage.Content>
        <StackLayout VerticalOptions="CenterAndExpand">
            <Label Text="Eu sou a página Raiz, do tipo
ContentPage" TextColor="Violet" FontAttributes="Bold"
                HorizontalOptions="CenterAndExpand" />
            <Button Text="Chamar Página 1"
Clicked="IrPagina1"/>
            <Image Source="xamarin1.png"/>
        </StackLayout>
    </ContentPage.Content>
</ContentPage>
```

Salve seu projeto, conforme vimos nas **figuras 48 e 49**. Observem que na **linha 12**, temos um método **Clicked**, com um evento chamado **IrPagina1**, temos que criar este método no arquivo **Principal.xaml.cs (code-behind)**, para isto, selecione o evento **IrPagina1**, na **linha 12**, clique com o botão esquerdo do mouse sobre a seleção, e selecione o item **Go To Definition**, ou pressione a tecla **F12**, conforme **figura 140**:

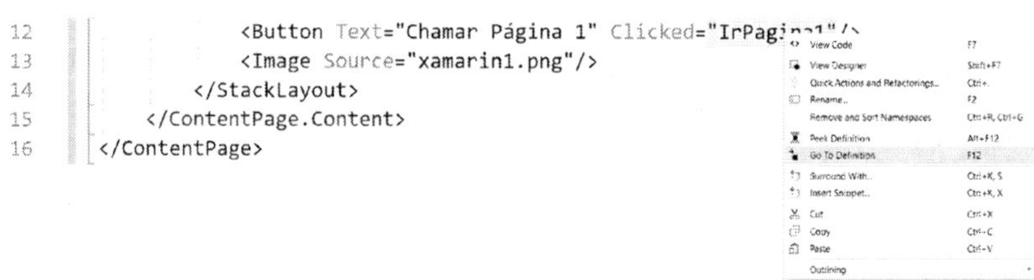

Figura 140

Vai abrir a janela de código **behind** do arquivo **Principal.xaml.cs**, com o cursor do mouse piscando na **linha 22**, dentro do evento **IrPagina1** já criado, conforme **figura 141**:

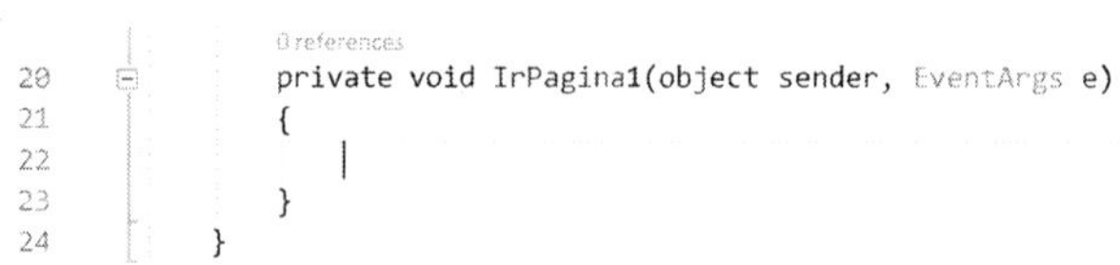

Figura 141

No local onde o cursor do mouse está piscando, na **linha 22**, digite o código abaixo:

```
//Esta estrutura de navegação, mantém o histórico de páginas
que foram abertas
            Navigation.PushAsync(new Pagina1());
```

Observe que na **linha 13**, no arquivo **Principal.xaml**, temos uma chamada para uma imagem do tipo **png**, baixe esta imagem no seu computador. Feito isto, vamos colar estas imagens nos projetos **Android** e **UWP**, conforme vimos nas figuras **127** e **128**, do subtópico **CarouselPage**. Salve seu projeto, conforme vimos nas **figuras 48 e 49**. Vamos abrir o arquivo **Pagina1.xaml**, para isto escolha uma das formas para abri-lo, conforme vimos nas **figuras 124** e **125**, observem a **linha 2**, já tem a tag **ContentPage** por padrão. Isto vai ocorrer em todos os projetos que criarmos com o **Xamarin.Forms**. Vamos alterar este código, pressione ao mesmo tempo as teclas **Ctrl+A** e vai selecionar todo o código, conforme vimos na **figura 116**. Pressione a tecla **Delete** do teclado, no local onde o cursor do mouse está piscando, na **linha 1**, digite o código abaixo:

```
<?xml version="1.0" encoding="utf-8" ?>
<ContentPage xmlns="http://xamarin.com/schemas/2014/forms"
             xmlns:x="http://schemas.microsoft.com/winfx/2009/
xaml"
             x:Class="AppUsandoNavigationPage.Views.Pagina1"
             Title="Título da Página 1">

    <ContentPage.Content>
        <StackLayout VerticalOptions="CenterAndExpand">
            <Label Text="Eu sou a Página 1, também do tipo
ContentPage"
                HorizontalOptions="CenterAndExpand" />
            <Image Source="xamarin2.png"/>
        </StackLayout>
    </ContentPage.Content>
</ContentPage>
```

Salve seu projeto, conforme vimos nas **figuras 48 e 49**. Para compilar nosso aplicativo, vamos fazer uma alteração no arquivo **App.xaml.cs (code-behind)**, para isto, abra a janela **Solution Explorer**, pressione ao mesmo tempo as teclas **Ctrl+Alt+L**, e deve abrir a janela **Solution Explorer** conforme vimos na **figura 30**. Em seguida, abra o projeto **AppUsandoNavigationPage**, para isto, clique na setinha que tem ao lado do projeto **AppUsandoNavigationPage**, em seguida, clique na setinha que tem ao lado do arquivo **App.xaml**, em seguida, clique com o botão do mouse sobre o arquivo **App.xaml.cs**, selecione o item **View Code** ou pressione a tecla **F7,** conforme vimos na **figura 46**. Clicar duas vezes com o botão do mouse sobre o arquivo **App.xaml.cs**, tem o mesmo efeito. Vai abrir a janela de código do arquivo **App.xaml.cs**, conforme vimos na **figura 48**. Vamos alterar o código, para isto, posicione o cursor do mouse no início da **linha 13** e pressione a tecla **Shift+Setinha Direita** até o final da **linha 13**, selecionando-a, veja como ficou conforme vimos na **figura 117**, pressione a tecla **Delete** do teclado, no local onde o cursor do mouse está piscando, na **linha 13**, conforme vimos na **figura 118**, digite o código abaixo:

```
App.Current.MainPage = new NavigationPage(new Principal()) {
BarBackgroundColor = Color.Violet};
```

Veja como ficou, conforme **figura 142**:

```
5   namespace AppUsandoNavigationPage
6   {
7       public partial class App : Application
8       {
9           public App()
10          {
11              InitializeComponent();
12
13              App.Current.MainPage = new NavigationPage(new Principal()) { BarBackgroundColor = Color.Violet };
14          }
15
16          protected override void OnStart()
17          {
18          }
19
20          protected override void OnSleep()
21          {
22          }
23
24          protected override void OnResume()
25          {
26          }
27      }
28  }
```

Figura 142

Observe que temos um erro, pois não falamos para o **C#** onde está localizado o arquivo **Principal.xaml**, por este motivo está sublinhado de vermelho, para corrigir este erro é muito fácil, veja que temos um ícone de uma lâmpada amarela no início da **linha 13**, clique com o mouse sobre esta lâmpada e veja que vai aparecer uma setinha para baixo, clique nesta setinha e selecione o item **using AppUsandoNavigationPage.Views**, conforme vimos na **figura 120**, isto é o caminho onde o arquivo está guardado. Veja que na **linha 1**, pareceu uma nova **using**, conforme vimos na **figura 121**. Salve seu projeto, conforme vimos nas **figuras 48 e 49**. Este comando vai chamar a página corrente do aplicativo e vai aplicar a cor de fundo **Violet**, no **ToolBar** do aplicativo. Pronto, agora podemos compilar nosso **App** no **Android**, repita o procedimento que vimos neste **Capítulo**, os seguintes tópicos: **Criando a Interface do Usuário com C# (C Sharp) – Code-behind**, **Compilando (Debugging) o Aplicativo Android** e **Instalando o Emulador do Android**. Para usar um smartphone **Android**, veja neste **Capítulo**, o seguinte tópico: **Configurando o Smartphone para Modo Desenvolvedor**, a tela do aplicativo vai aparecer no smartphone, conforme **figura 143**:

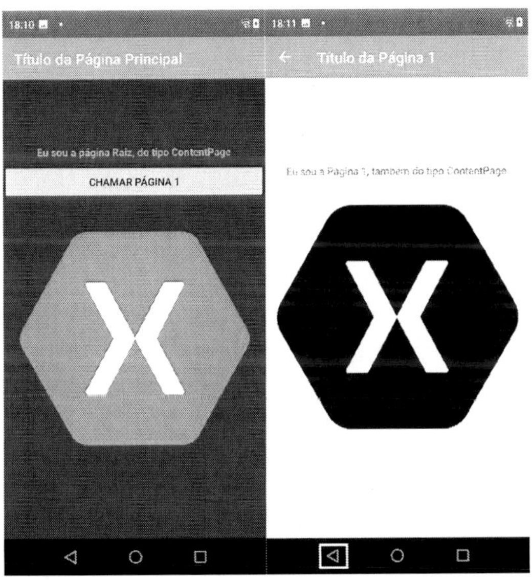

Figura 143

Clique no link **Chamar Página 1**, observe que na página 1, ao lado do título tem uma setinha apontando para a esquerda, clique nesta setinha para voltar para a página principal. Vamos retornar a **IDE** do **Visual Studio**, é só clicar na área de desenvolvimento do programa e estaremos de volta.

Agora vamos compilar o nosso projeto no **UWP**, conforme vimos neste **Capítulo**, nos tópicos **Criando a Interface do Usuário com C# (C Sharp) – Code-behind** e **Compilando (Debugging) o Aplicativo UWP**. Este processo é muito rápido, pois estamos instalando o aplicativo direto no computador. Quando o aplicativo for instalado no computador, aparecerá a seguinte mensagem **Ready** com uma tarja laranja, no canto inferior esquerdo, conforme **figura 144**:

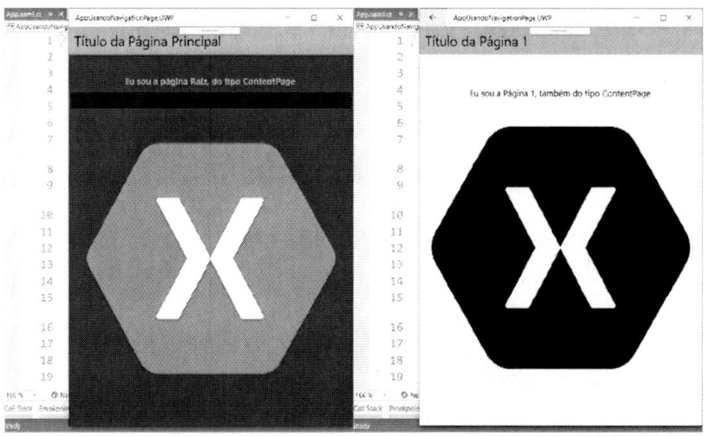

Figura 144

Clique no botão **Chamar Página 1**, observe que na página 1, na barra de título do aplicativo, tem uma setinha apontando para a esquerda, clique nesta setinha para voltar para a página principal. Vamos retornar a **IDE** do **Visual Studio**, é só clicar na área de desenvolvimento do programa e estaremos de volta. Observe que a compilação é muita rápida, pois estamos instalando o aplicativo no **Windows**, no computador. E também temos diferenças gráficas entre uma plataforma e outra, que vamos tratar mais adiante. Veremos no próximo tópico, a classe **ToolbarItem**, um recurso bastante utilizado no **NavigationPage**.

ToolbarItem

É um tipo especial de botão que pode ser adicionado à coleção de **ToolbarItems** de um objeto **Page**, sendo que cada objeto aparecerá como um botão na barra de navegação do aplicativo. Uma instância de **ToolbarItem** pode ter um ícone e aparecer como um item de menu primário ou secundário. A classe de **ToolbarItem** herda de **MenuItem**. Para isto, vamos retornar a nossa página **Principal.xaml**, do projeto **AppUsandoNavigationPage**, para isto, escolha uma das formas para abri-lo, conforme vimos nas **figuras 124 e 125**, vamos alterar este código, para isto, pressione ao mesmo tempo as teclas **Ctrl+A** e vai selecionar todo o código, conforme vimos na **figura 116**. Pressione a tecla **Delete** do teclado, no local onde o cursor do mouse está piscando, na **linha 1**, digite o código abaixo:

```
<?xml version="1.0" encoding="utf-8" ?>
<ContentPage xmlns="http://xamarin.com/schemas/2014/forms"
             xmlns:x="http://schemas.microsoft.com/winfx/2009/
xaml"
             x:Class="AppUsandoNavigationPage.Views.Principal"
             Title="Título da Página Principal"
             BackgroundColor="DarkViolet">

    <ContentPage.ToolbarItems>
        <ToolbarItem Text="Pesquisar" Order="Primary"
Priority="0" Clicked="msgPesquisar" />
        <ToolbarItem Text="Configurar" Order="Primary"
Priority="1" Clicked="msgConfigurar" />
        <ToolbarItem Text="Ajuda" Order="Primary" Priority="2"
Clicked="msgAjuda" />
    </ContentPage.ToolbarItems>
    <ContentPage.Content>
        <StackLayout VerticalOptions="CenterAndExpand" >
            <Label Text="Eu sou a página Raiz, do tipo
ContentPage" TextColor="Violet" FontAttributes="Bold"
                HorizontalOptions="CenterAndExpand" />
            <Button Text="Chamar Página 1"
Clicked="IrPagina1"/>
            <Image Source="xamarin1.png"/>
        </StackLayout>
    </ContentPage.Content>
</ContentPage>
```

Salve seu projeto, conforme vimos nas **figuras 48 e 49**. Observe as **linhas 8** a **12**, nestas linhas é que criamos nosso **ToolbarItem**, e definimos as seguintes propriedades:

- **Text**: é o texto a ser exibido no menu, se usado junto com a propriedade **IconImageSource**, o ícone tem prioridade, e o texto não será exibido.

- **Order**: é um valor de enumeração **ToolbarItemOrder** que determina se a instância de **ToolbarItem** é exibida no menu primário **(Primary)**, ou secundário **(Secondary)**.
- **Priority**: é um valor do tipo **inteiro (integer)** que determina a ordem de exibição dos itens na coleção do **ToolbarItems** de um objeto **Page**.
- **Clicked**: dispara um evento quando um item da **Toolbar** for tocado ou clicado.

Observe que na **linha 9**, temos um método **Clicked**, com um evento chamado **msgPesquisar**, temos que criar este método no arquivo **Principal.xaml.cs (code-behind)**, para isto, selecione o evento **msgPesquisar**, na **linha 9**, clique com o botão esquerdo do mouse sobre a seleção, e selecione o item **Go To Definition**, ou pressione a tecla **F12**, conforme vimos na **figura 140**, vai abrir a janela de código **behind** do arquivo **Principal.xaml.cs**, com o cursor do mouse piscando na **linha 28**, dentro do evento **msgPesquisar** já criado, conforme vimos na **figura 141**, no local onde o cursor do mouse está piscando, na **linha 28**, digite o código abaixo:

```
DisplayAlert("Pesquisar","Menu Pesquisar Ativado !!!!","OK");
```

Salve seu projeto, conforme vimos nas **figuras 48 e 49**. Vamos retornar a nossa página **Principal.xaml**, para isto, escolha uma das formas para abri-lo, conforme vimos nas **figuras 124 e 125**, e vamos repetir o procedimento acima para o evento da **linha 10**, para isto, selecione o evento **msgConfigurar**, na **linha 10**, clique com o botão esquerdo do mouse sobre a seleção, e selecione o item **Go To Definition**, ou pressione a tecla **F12**, conforme vimos na **figura 140**, vai abrir a janela de código **behind** do arquivo **Principal.xaml.cs**, com o cursor do mouse piscando na **linha 33**, dentro do evento **msgConfigurar** já criado, conforme vimos na **figura 141**, no local onde o cursor do mouse está piscando, na **linha 33**, digite o código abaixo:

```
DisplayAlert("Configurar","Menu Configurar Ativado !!!!","OK");
```

Salve seu projeto, conforme vimos nas **figuras 48 e 49**. Vamos retornar a nossa página **Principal.xaml**, para isto, escolha uma das formas para abri-lo, conforme vimos nas **figuras 124 e 125**, e vamos repetir o procedimento acima para o evento da **linha 11**, para isto, selecione o evento **msgAjuda**, na **linha 11**, clique com o botão esquerdo do mouse sobre a seleção, e selecione o item **Go To Definition**, ou pressione a tecla **F12**, conforme vimos na **figura 140**, vai abrir a janela de código **behind** do arquivo **Principal.xaml.cs**, com o cursor do mouse piscando na **linha 38**, dentro do evento **msgAjuda** já criado, conforme vimos na **figura 141**, no local onde o cursor do mouse está piscando, na **linha 38**, digite o código abaixo:

```
DisplayAlert("Ajuda","Menu Ajuda Ativado !!!!","OK");
```

Salve seu projeto, conforme vimos nas **figuras 48 e 49**. Agora podemos compilar nosso **App** no **Android**, repita o procedimento que vimos neste **Capítulo**, nos seguintes tópicos: **Criando a Interface do Usuário com C# (C Sharp) – Code-behind**, **Compilando (Debugging) o Aplicativo Android** e **Instalando o Emulador do Android**. Para usar um smartphone **Android**, veja neste **Capítulo**, o seguinte tópico: **Configurando o Smartphone para Modo Desenvolvedor**, a tela do aplicativo vai aparecer no smartphone, conforme **figura 145**:

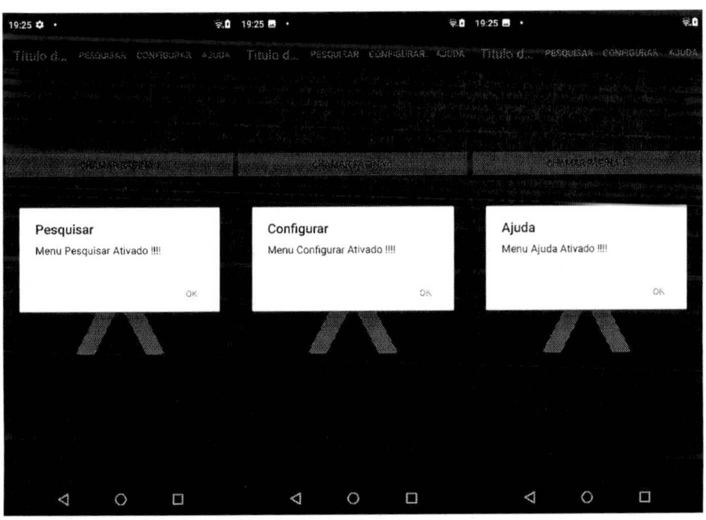

Figura 145

Observe que o título vai ficar encoberto pelos itens de menu, isto acontece porque os itens estão sendo exibidos no menu primário, para mudar isto, devemos deixar no menu secundário. Clique nos itens de menu, e vão aparecer as mensagens referentes aos eventos de cada um deles, clique no botão **OK** para retornar a tela principal. Vamos retornar a **IDE** do **Visual Studio**, é só clicar na área de desenvolvimento do programa e estaremos de volta. Agora vamos compilar o nosso projeto no **UWP**, conforme vimos neste **Capítulo**, nos tópicos **Criando a Interface do Usuário com C# (C Sharp) – Code-behind** e **Compilando (Debugging) o Aplicativo UWP**. Este processo é muito rápido, pois estamos instalando o aplicativo direto no computador. Quando o aplicativo for instalado no computador, aparecerá a seguinte mensagem **Ready** com uma tarja laranja, no canto inferior esquerdo, conforme **figura 146**:

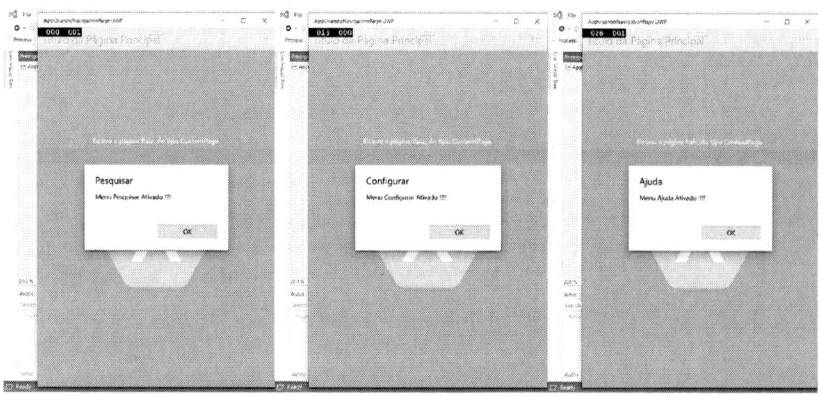

Figura 146

Observe que a **Toolbar** vai ficar com uma aparência de três pontinhos, ao lado do título, clique neste menu com os três pontinhos e vai aparecer o nome dos itens, clique nos itens de menu, e vão aparecer as mensagens referentes aos eventos de cada um deles, clique no botão **OK** para retornar a tela principal. Vamos retornar a **IDE** do **Visual Studio**, é só clicar na área de desenvolvimento do programa e estaremos de volta. Observe que a compilação é muita rápida, pois estamos instalando o aplicativo no **Windows**, no computador. E também temos diferenças gráficas entre uma plataforma e outra, que vamos tratar mais adiante. Vamos inserir itens de menu no nosso **ToolbarItem**, usando texto e imagens, não vou entrar em detalhes sobre imagens, pois veremos mais adiante, baixe três imagens no seu computador do tipo ícone, eu gosto do site **https://icons8.com.br**, que oferecem vários tipos de ícones gratuitos, mas utilize o da sua preferência, procure ícones que tenham relação com o seu menu, para o nosso aplicativo será um ícone para o item **Pesquisar**, para o item **Configurar**, e para o item **Ajuda**, com as seguintes dimensões: **largura 48px (pixels)** e **altura 48px (pixels)**. Feito isto, vamos colar estas imagens nos projetos **Android** e **UWP**, conforme vimos nas figuras **127** e **128**, do subtópico **CarouselPage**. Salve seu projeto, conforme vimos nas **figuras 48 e 49**. Toda vez que formos trabalhar com imagens e ícones, repita este procedimento para copiar e colar as mesmas em todos os projetos. Vamos abrir o arquivo **Principal.xaml**, para isto, escolha uma das formas para abri-lo, conforme vimos nas **figuras 124 e 125**, vamos alterar este código, pressione ao mesmo tempo as teclas **Ctrl+A** e vai selecionar todo o código, conforme vimos na **figura 116**. Pressione a tecla **Delete** do teclado, no local onde o cursor do mouse está piscando, na **linha 1**, digite o código abaixo:

```
<?xml version="1.0" encoding="utf-8" ?>
<ContentPage xmlns="http://xamarin.com/schemas/2014/forms"
             xmlns:x="http://schemas.microsoft.com/winfx/2009/
xaml"
             x:Class="AppUsandoNavigationPage.Views.Principal"
             Title="Título da Página Principal"
             BackgroundColor="DarkViolet">

    <ContentPage.ToolbarItems>
        <ToolbarItem Text="Pesquisar"
Order="Primary" Priority="0" Clicked ="msgPesquisar"
IconImageSource="pesquisar.png" />
        <ToolbarItem Text="Configurar"
Order="Primary" Priority="1" Clicked ="msgConfigurar"
IconImageSource="configurar.png" />
        <ToolbarItem Text="Ajuda" Order="Primary" Priority="2"
Clicked ="msgAjuda" IconImageSource="ajuda.png" />
    </ContentPage.ToolbarItems>
    <ContentPage.Content>
        <StackLayout VerticalOptions="CenterAndExpand" >
            <Label Text="Eu sou a página Raiz, do tipo
ContentPage" TextColor="Violet" FontAttributes="Bold"
                HorizontalOptions="CenterAndExpand" />
            <Button Text="Chamar Página 1"
Clicked="IrPagina1"/>
            <Image Source="xamarin1.png"/>
        </StackLayout>
    </ContentPage.Content>
</ContentPage>
```

Salve seu projeto, conforme vimos nas **figuras 48 e 49**. Observe que das **linhas 9** a **11**, temos a propriedade **IconImageSource**, desta forma o texto vai ser substituído pelos ícones, no **Android** e no **iOS**, no **UWP** ele mostra o nome e a imagem. Agora podemos compilar nosso **App** no **Android**, repita o procedimento que vimos neste **Capítulo**, nos seguintes tópicos: **Criando a Interface do Usuário com C# (C Sharp) – Code-behind**, **Compilando (Debugging) o Aplicativo Android** e **Instalando o Emulador do Android**. Para usar um smartphone **Android**, veja neste **Capítulo**, o seguinte tópico: **Configurando o Smartphone para Modo Desenvolvedor**, a tela do aplicativo vai aparecer no smartphone, conforme **figura 147**:

Figura 147

Observe que o título vai ficar encoberto pelos ícones, que substituíram os textos, isto acontece porque os itens estão sendo exibidos no menu primário, para mudar isto, devemos deixar no menu secundário, segure por alguns segundos o ícone e vai aparecer a descrição do mesmo, em seguida, clique nos ícones do menu, e vão aparecer as mensagens referentes aos eventos de cada um deles, conforme vimos na **figura 145**, clique no botão **OK** para retornar a tela principal. Vamos retornar a **IDE** do **Visual Studio**, é só clicar na área de desenvolvimento do programa e estaremos de volta. Agora vamos compilar o nosso projeto no **UWP**, conforme vimos neste **Capítulo**, nos tópicos **Criando a Interface do Usuário com C# (C Sharp) – Code-behind** e **Compilando (Debugging) o Aplicativo UWP**. Este processo é muito rápido, pois estamos instalando o aplicativo direto no computador. Quando o aplicativo for instalado no computador, aparecerá a seguinte mensagem **Ready** com uma tarja laranja, no canto inferior esquerdo, conforme **figura 148**:

Figura 148

Observe que a **Toolbar** vai ficar com uma aparência de três pontinhos, ao lado do título, e vão aparecer os ícones coloridos, clique neste menu com os três pontinhos e vai aparecer o nome dos itens logo abaixo dos ícones, clique nos itens de menu, e vão aparecer as mensagens referentes aos eventos de cada um deles, conforme vimos na **figura 146**, clique no botão **OK** para retornar a tela principal. Vamos retornar a **IDE** do **Visual Studio**, é só clicar na área de desenvolvimento do programa e estaremos de volta. Observe que a compilação é muita rápida, pois estamos instalando o aplicativo no **Windows**, no computador. E também temos diferenças gráficas entre uma plataforma e outra, que vamos tratar mais adiante. Vamos deixar nossa **ToolbarItem** com um ordenamento secundário, para isto, vamos abrir o arquivo **Principal.xaml**, do projeto **AppUsandoNavigationPage**, em seguida, escolha uma das formas para abri-lo, conforme vimos nas **figuras 124 e 125**, vamos alterar este código, pressione ao mesmo tempo as teclas **Ctrl+A** e vai selecionar todo o código, conforme vimos na **figura 116**. Pressione a tecla **Delete** do teclado, no local onde o cursor do mouse está piscando, na **linha 1**, digite o código abaixo:

```
<?xml version="1.0" encoding="utf-8" ?>
<ContentPage xmlns="http://xamarin.com/schemas/2014/forms"
             xmlns:x="http://schemas.microsoft.com/winfx/2009/
xaml"
             x:Class="AppUsandoNavigationPage.Views.Principal"
             Title="Título da Página Principal"
             BackgroundColor="DarkViolet">

    <ContentPage.ToolbarItems>
        <ToolbarItem Text="Pesquisar"
Order="Secondary" Priority="0" Clicked ="msgPesquisar"
IconImageSource="pesquisar.png" />
        <ToolbarItem Text="Configurar"
Order="Secondary" Priority="1" Clicked ="msgConfigurar"
IconImageSource="configurar.png" />
        <ToolbarItem Text="Ajuda" Order="Secondary"
Priority="2" Clicked ="msgAjuda" IconImageSource="ajuda.png" />
    </ContentPage.ToolbarItems>
    <ContentPage.Content>
        <StackLayout VerticalOptions="CenterAndExpand" >
            <Label Text="Eu sou a página Raiz, do tipo
ContentPage" TextColor="Violet" FontAttributes="Bold"
               HorizontalOptions="CenterAndExpand" />
            <Button Text="Chamar Página 1"
Clicked="IrPagina1"/>
            <Image Source="xamarin1.png"/>
        </StackLayout>
    </ContentPage.Content>
</ContentPage>
```

Salve seu projeto, conforme vimos nas **figuras 48 e 49**. Observe que das **linhas 9 a 11**, temos a propriedade **Order**, que foi alterada para **Secondary**, em cada plataforma os itens do menu vão ter comportamentos diferentes. Agora podemos compilar nosso **App** no **Android**, repita o procedimento que vimos neste **Capítulo**, nos seguintes tópicos: **Criando a Interface do Usuário com C# (C Sharp) – Code-behind**, **Compilando (Debugging) o Aplicativo Android** e **Instalando o Emulador do Android**. Para usar um smartphone **Android**, veja neste **Capítulo**, o seguinte tópico: **Configurando o Smartphone para Modo Desenvolvedor**, a tela do aplicativo vai aparecer no smartphone, conforme **figura 149**:

Figura 149

Observe que o título aparece completo e no seu lado direito um menu vertical no formato de três pontinhos, isto acontece porque os itens estão sendo exibidos no menu secundário, em seguida clique no menu com os três pontinhos, vão aparecer os itens de menu, sem os ícones. Clique nos itens e vão aparecer as mensagens referentes aos eventos de cada um deles, conforme vimos na **figura 192**, clique no botão **OK** para retornar a tela principal. Vamos retornar a

IDE do **Visual Studio**, é só clicar na área de desenvolvimento do programa e estaremos de volta. Agora vamos compilar o nosso projeto no **UWP**, conforme vimos neste **Capítulo**, nos tópicos **Criando a Interface do Usuário com C# (C Sharp) – Code-behind** e **Compilando (Debugging) o Aplicativo UWP**. Este processo é muito rápido, pois estamos instalando o aplicativo direto no computador. Quando o aplicativo for instalado no computador, aparecerá a seguinte mensagem **Ready** com uma tarja laranja, no canto inferior esquerdo, conforme **figura 150**:

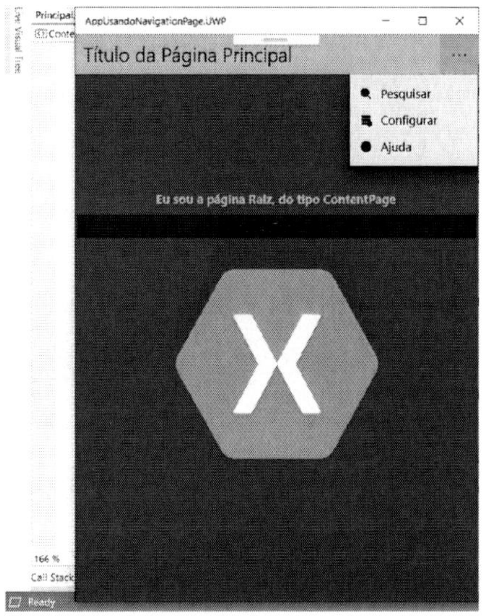

Figura 150

Observe que o título aparece completo e no seu lado direito um menu horizontal no formato de três pontinhos, isto acontece porque os itens estão sendo exibidos no menu secundário, em seguida, clique no menu com os três pontinhos, vão aparecer os itens de menu, com os ícones descoloridos e os textos. Clique nos itens e vão aparecer as mensagens referentes aos eventos de cada um deles, conforme vimos na **figura 192**, clique no botão **OK** para retornar a tela principal. Vamos retornar a **IDE** do **Visual Studio**, é só clicar na área de desenvolvimento do programa e estaremos de volta. Observe que a compilação é muita rápida, pois estamos instalando o aplicativo no **Windows**, no computador. E também temos diferenças gráficas entre uma plataforma e outra, que vamos tratar mais adiante. Vimos aqui as principais funções de uma **ToolbarItem**.

ModalPage

Uma página do tipo modal vai fazer com que os usuários tenham que concluir uma tarefa qualquer da qual não se pode sair via navegação até que essa tarefa seja concluída ou cancelada. A execução da navegação se dará da seguinte forma:

- **Executar a navegação:** enviar páginas por **push** para a pilha modal, remover páginas da pilha modal, desabilitar o botão **Voltar**.

Uma página modal pode ser qualquer um dos tipos de página suportados pelo **Xamarin.Forms**. Para exibir uma página modal, o aplicativo irá enviá-la, por **push** para a pilha modal, onde se tornará a página ativa, conforme mostrado na **figura 151**:

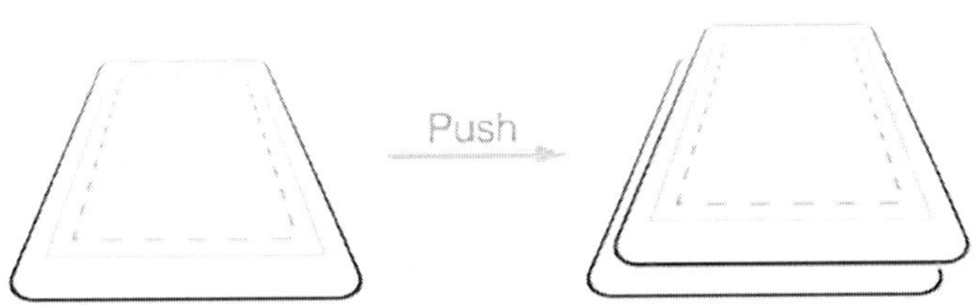

Figura 151

Para retornar à página anterior, o aplicativo removerá a página atual da pilha modal e, em seguida, a nova página de nível superior se tornará a página ativa, conforme mostrado na **figura 152**:

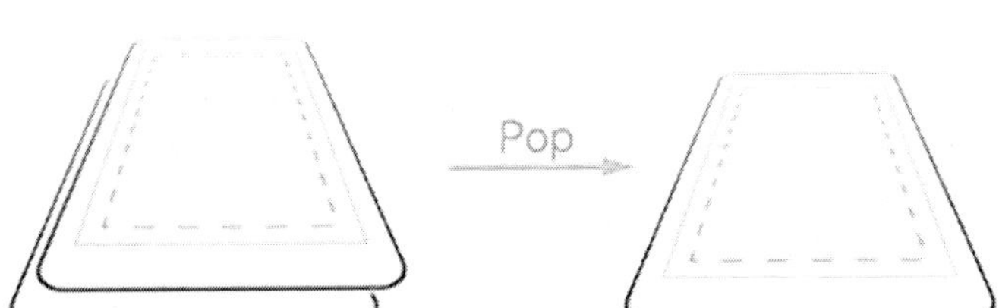

Figura 152

Os métodos de navegação modal são expostos pela propriedade **Navigation** em qualquer página **(Page)** derivada. Esses métodos fornecem a capacidade de enviar páginas modais para a pilha modal e exibir páginas modais da pilha modal, via método **push**. A propriedade **Navigation** também expõe uma propriedade **ModalStack** da qual as páginas modais na pilha modal podem ser obtidas. No entanto, não há nenhum conceito de realização de manipulação de pilha modal ou remoção do item mais recente da pilha até a página raiz na navegação modal. Isso ocorre porque não há suporte universal para essas operações pelas plataformas subjacentes. Vamos voltar para nosso projeto **AppUsandoNavigationPage** no **Visual Studio 2022**, no computador com **Windows**. Se o mesmo estiver fechado, basta clicar sobre o ícone do programa, conforme vimos na **figura 3**, vejam que agora no item **Open recent**, temos o projeto que criamos anteriormente, conforme vimos na **figura 52**. Clique com o botão do mouse sobre o nome do projeto e aguarde a abertura do mesmo. Se o mesmo estiver aberto, basta clicar no ícone do **Visual Studio 2022**, na barra de tarefas do **Windows**, e vai aparecer uma miniatura do **Visual Studio 2022**, conforme vimos na **figura 15**, clique sobre esta miniatura e vamos retornar ao **Visual Studio 2022**. Vamos abrir o arquivo **Pagina1.xaml**, para isto, escolha uma das formas para abri-lo, conforme vimos nas **figuras 124 e 125**. Vamos alterar este código, pressione ao mesmo tempo as teclas **Ctrl+A** e vai selecionar todo o código, conforme vimos na **figura 116**. Pressione a tecla **Delete** do teclado, no local onde o cursor do mouse está piscando, na **linha 1**, digite o código abaixo:

```
<?xml version="1.0" encoding="utf-8" ?>
<ContentPage xmlns="http://xamarin.com/schemas/2014/forms"
             xmlns:x="http://schemas.microsoft.com/winfx/2009/
xaml"
             x:Class="AppUsandoNavigationPage.Views.Pagina1"
             Title="Título da Página 1">

    <ContentPage.Content>
        <StackLayout VerticalOptions="CenterAndExpand">
            <Label Text="Eu sou a Página 1, também do tipo
ContentPage"
                   HorizontalOptions="CenterAndExpand" />
            <Image Source="xamarin2.png"/>
            <Button Text="Chamar Página Modal"
Clicked="IrModal" />
        </StackLayout>
```

```
    </ContentPage.Content>
</ContentPage>
```

Salve seu projeto, conforme vimos nas **figuras 48 e 49**. Observe que na **linha 12**, temos um método **Clicked**, com um evento chamado **IrModal**, temos que criar este método no arquivo **Pagina1.xaml.cs (code-behind)**, para isto, selecione o evento **IrModal**, na **linha 12**, clique com o botão esquerdo do mouse sobre a seleção, e selecione o item **Go To Definition**, ou pressione a tecla **F12**, conforme vimos na **figura 140**, vai abrir a janela de código **behind** do arquivo **Pagina1.xaml.cs**, com o cursor do mouse piscando na **linha 22**, dentro do evento **IrModal** já criado, conforme vimos na **figura 141**, no local onde o cursor do mouse está piscando, na **linha 22**, digite o código abaixo:

```
Navigation.PushModalAsync(new Pagina2());
```

Agora vamos abrir o arquivo **Pagina2.xaml**, que é nossa página modal, para isto escolha uma das formas para abri-lo, conforme vimos nas **figuras 124 e 125**. Vamos alterar este código, pressione ao mesmo tempo as teclas **Ctrl+A** e vai selecionar todo o código, conforme vimos na **figura 116**. Pressione a tecla **Delete** do teclado, no local onde o cursor do mouse está piscando, na **linha 1**, digite o código abaixo:

```
<?xml version="1.0" encoding="utf-8" ?>
<ContentPage xmlns="http://xamarin.com/schemas/2014/forms"
             xmlns:x="http://schemas.microsoft.com/winfx/2009/
xaml"
             x:Class="AppUsandoNavigationPage.Views.Pagina2"
             BackgroundColor="DarkGoldenrod">

    <ContentPage.Content>
        <StackLayout VerticalOptions="CenterAndExpand">
            <StackLayout BackgroundColor="PaleGoldenrod">
                <Label Text="Página Modal" />
                <Button Text="Fechar Modal"
Clicked="FecharModal"/>
            </StackLayout>
            <Label Text="Eu sou uma página do tipo Modal"
TextColor="Gold"
                   FontAttributes="Bold"
                   HorizontalOptions="CenterAndExpand" />
            <Image Source="xamarin3.png"/>
        </StackLayout>
    </ContentPage.Content>
</ContentPage>
```

Salve seu projeto, conforme vimos nas **figuras 48 e 49**. Observe que na **linha 11**, temos um método **Clicked**, com um evento chamado **FecharModal**, temos que criar este método no arquivo **Pagina2.xaml.cs (code-behind)**, para isto, selecione o evento **FecharModal**, na **linha 11**, clique com o botão esquerdo do mouse sobre a seleção, e selecione o item **Go To Definition**, ou pressione a tecla **F12**, conforme vimos na **figura 140**, vai abrir a janela de código **behind** do arquivo **Pagina1.xaml.cs**, com o cursor do mouse piscando na **linha 22**, dentro do evento **FecharModal** já criado, conforme vimos na **figura 141**, no local onde o cursor do mouse está piscando, na **linha 22**, digite o código abaixo:

```
Navigation.PopModalAsync();
```

Vamos desabilitar o botão físico **Voltar** do smartphone, pois não tem sentido uma página modal, se eu puder sair dela pressionando este botão, para isto, posicione o cursor do mouse no final da **linha 23**, pressione a tecla **Enter** do teclado e veja que o cursor do mouse vai ficar posicionado na **linha 24**, nesta linha digite o código abaixo:

```
//Desabilitar o botão físico Voltar do smartphone
        protected override bool OnBackButtonPressed()
        {
            return true;
        }
```

Salve seu projeto, conforme vimos nas **figuras 48 e 49**. Veja como ficou, conforme **figura 153**:

```
namespace AppUsandoNavigationPage.Views
{
    [XamlCompilation(XamlCompilationOptions.Compile)]
    5 references
    public partial class Pagina2 : ContentPage
    {
        1 reference
        public Pagina2()
        {
            InitializeComponent();
        }

        0 references
        private void FecharModal(object sender, EventArgs e)
        {
            Navigation.PopModalAsync();
        }
        //Desabilitar o botão físico Voltar do smartphone
        0 references
        protected override bool OnBackButtonPressed()
        {
            return true;
        }
    }
}
```

Figura 153

Agora podemos compilar nosso **App** no **Android**, repita o procedimento que vimos neste **Capítulo**, nos seguintes tópicos: **Criando a Interface do Usuário com C# (C Sharp) – Code-behind**, **Compilando (Debugging) o Aplicativo Android** e **Instalando o Emulador do Android**. Para usar um smartphone **Android**, veja neste **Capítulo**, o seguinte tópico: **Configurando o Smartphone para Modo Desenvolvedor**, a tela do aplicativo vai aparecer no smartphone, conforme **figura 154**:

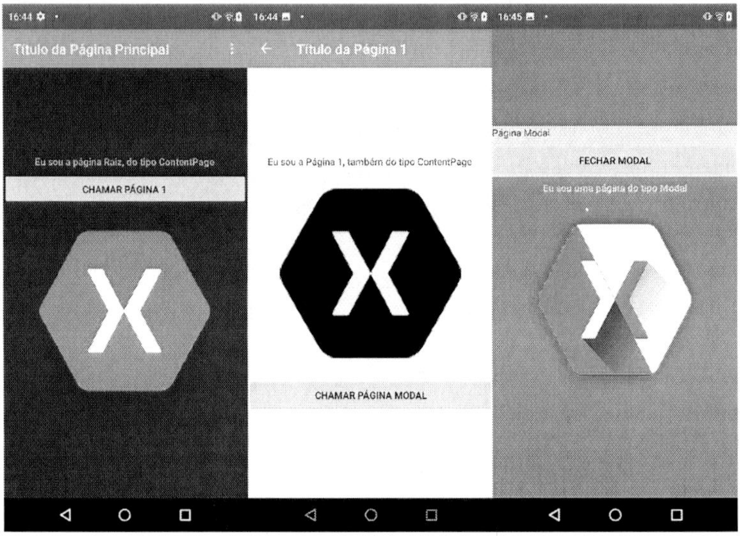

Figura 154

Clique no botão **CHAMAR PÁGINA 1**, observe que na **Página 1**, temos o botão **voltar** ←, clique no botão **CHAMAR PÁGINA MODAL**, e veja que nesta página não temos o botão **voltar** ←, e se você clicar no botão voltar do smartphone, a página não vai voltar, a única forma de sair é clicando no botão **FECHAR MODAL**, e vamos voltar para a **Página 1**. Vamos retornar a **IDE** do **Visual Studio**, é só clicar na área de desenvolvimento do programa e estaremos de volta. Agora vamos compilar o nosso projeto no **UWP**, conforme vimos neste **Capítulo**, nos tópicos **Criando a Interface do Usuário com C# (C Sharp) – Code-behind** e **Compilando (Debugging) o Aplicativo UWP**. Este processo é muito rápido, pois estamos instalando o aplicativo direto no computador. Quando o aplicativo for instalado no computador, aparecerá a seguinte mensagem **Ready** com uma tarja laranja, no canto inferior esquerdo, conforme **figura 155**:

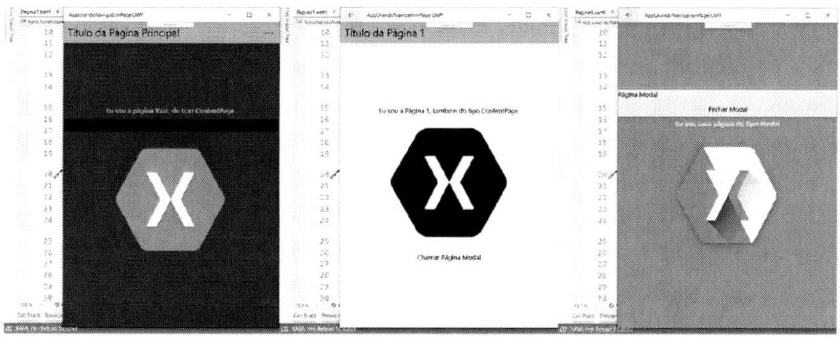

Figura 155

Clique no botão **Chamar Página 1**, observe que na **Página 1**, temos o botão **voltar** ←, clique no botão **Chamar Página Modal**, e veja que nesta página temos o botão **voltar** ←, e se você clicar nele, a página não vai voltar, a única forma de sair é clicando no botão **Fechar Modal**, e vamos voltar para a **Página 1**. Vamos retornar a **IDE** do **Visual Studio**, é só clicar na área de desenvolvimento do programa e estaremos de volta. Observe que a compilação é muita rápida, pois estamos instalando o aplicativo no **Windows**, no computador. Pronto, conhecemos um pouco das páginas do tipo **NavigationPage** e **ModalPage**.

TabbedPage

Consiste em uma lista de guias e uma área de detalhes maior, com cada guia carregando conteúdo na área de detalhes. Deriva da classe abstrata **MultiPage** e permite a navegação entre páginas filho usando guias. Definindo a propriedade **Children** como uma coleção de páginas ou definindo a propriedade **ItemsSource** como uma coleção de objetos de dados e a propriedade **ItemTemplate** como um **DataTemplate** que descreve como cada objeto deve ser representado visualmente. Vamos criar um novo projeto para entendermos estes conceitos, para isto, vamos retornar para a **IDE** do **Visual Studio 2022**, basta clicar no ícone do **Visual Studio 2022**, na barra de tarefas do **Windows**, e vai aparecer uma miniatura do **Visual Studio 2022**, conforme vimos na **figura 15**, se o mesmo estiver fechado, para abrir novamente, basta clicar sobre o ícone do programa que se encontra na barra de tarefas, conforme vimos na **figura 3**, e vai abrir a janela de itens recentes, conforme vimos na **figura 8**, para criar um novo projeto, temos três opções: poderíamos usar na janela de itens recentes a opção **Create a new project**, conforme vimos na **figura 22**, ou clicar no link **Continuar sem código (Continue without code)**, e aguardar a abertura da área do **IDE – Ambiente de Desenvolvimento Integrado do Visual Studio 2022 Community**, em seguida, vá até o menu **File**, e selecione o item **New Project...**, ou pressionar ao mesmo tempo as teclas **Ctrl+Shift+N**, conforme vimos na **figura 23**, independentemente da forma escolhida para criar um novo projeto, vai abrir a janela **Create a new Project (Criar um novo projeto)**, no item **All Project type (Todos os Tipos de projeto)**, clique na setinha para baixo e selecione **Mobile**, em seguida, na lista **Filtering by: Mobile (Filtrado por: Mobile)**, selecione o item **Mobile App(Xamarin.Forms)** (**Aplicativo Móvel(Xamarin.Forms)**), conforme vimos na **figura 24**, clique no botão **Next (Próximo)**, e vai abrir a janela **Configure your new Project (Configurar seu novo Projeto)**, conforme vimos na **figura 25**, com a janela **Configure your new Project (Configurar seu novo Projeto)** aberta, no item **Project name:**, digite **AppUsandoTabbedPage**, no item **Location**, clique no botão com três pontinhos, se quiser pode salvar seu projeto em outro local, por exemplo, em um pendrive. No meu caso, estou direcionando para uma pasta que chamei de **projetos_livro** no meu **C:**, selecione esta pasta e deixe marcado o item **Place solution and project in the same directory**, suas informações devem ficar conforme vimos na **figura 26**, em seguida, clique no botão **Create**. Vai abrir a janela **New Cross Platform App – AppUsandoTabbedPage**, no item **Select a template for your app**, selecione o item **Blank**, no item **I plan to develop for:**, marque as opções **Android** e **Windows(UWP)**, conforme vimos na **figura 27**, clique no botão **Create**, aguarde e veja que vai aparecer a nossa **IDE** ou área de desenvolvimento, conforme vimos na **figura 28**.

Observe que todo projeto **Xamarin.Forms** que criamos, automaticamente já vem com uma página de visualização ou **view**, vinculada, que é o arquivo **MainPage.xaml**, neste projeto não vamos precisar deste arquivo, vamos deletá-lo, para isto, abra a janela **Solution Explorer**, pressione ao mesmo tempo as teclas **Ctrl+Alt+L**, e deve abrir a janela **Solution Explorer** conforme vimos na **figura 30**. Em seguida, abra o projeto **AppUsandoTabbedPage**, para isto clique na setinha que tem ao lado do projeto **AppUsandoTabbedPage**, em seguida, clique com o botão esquerdo do mouse sobre o arquivo **MainPage.xaml**, e selecione o item de menu **Delete**, conforme vimos na **figura 109**. Ou pressione a tecla **Delete** do teclado, vai parecer uma janela perguntando se queremos deletar permanentemente o arquivo, conforme vimos na **figura 110**, clique no botão **OK**. Vamos criar uma **pasta(Folder)**, dentro do nosso projeto chamada **Views**, para isto, abra a janela **Solution Explorer**, pressione ao mesmo tempo as teclas **Ctrl+Alt+L**, e deve abrir a janela **Solution Explorer** conforme vimos na **figura 30**. Em seguida, clique com o botão esquerdo do mouse sobre o projeto **AppUsandoTabbedPage**, em seguida, selecione o item de menu **Add**, e selecione o item **New Folder**, conforme vimos na **figura 111**. Vai aparecer a pasta com o nome **NewFolder** selecionado, digite **Views,** conforme vimos na **figura 112**. Pressione a tecla **Enter** do teclado. Ainda com a janela **Solution Explorer** aberta, clique com o botão esquerdo do mouse sobre a pasta **Views**, em seguida, selecione o item de menu **Add**, e selecione o item **New Item...**, ou pressione ao mesmo tempo as teclas **Ctrl+Shift+A**, conforme vimos na **figura 113**. Vai abrir a janela **Add New Item - AppUsandoTabbedPage**, no menu do lado esquerdo, clique na setinha preta do item **Installed**, para expandi-lo, em seguida clique na setinha preta do item **C# Items**, e selecione o item **Xamarin.Forms**, no menu do lado direito, selecione o item **Content Page**, no item **Name:**, digite **Principal**, conforme vimos na **figura 114**. Clique no botão **Add**, e vai abrir o arquivo **Principal.xaml**, conforme vimos na **figura 115**, observe a **linha 2**, já tem a tag **ContentPage** por padrão. Isto vai ocorrer em todos os projetos que criarmos com o **Xamarin.Forms**. Vamos alterar este código, pois vamos transformá-lo em uma página do tipo **TabbedPage**, onde o usuário vai navegar através de abas, mostrando as páginas **Leao.xaml**, **Jaguar.xaml** e **Tigre.xaml** do tipo **ContentPage**, que vão ser criadas dentro do código **XAML** da página **Principal.xaml**. Para isto, pressione ao mesmo tempo as teclas **Ctrl+A** e vai selecionar todo o código, conforme vimos na **figura 116**. Pressione a tecla **Delete** do teclado, no local onde o cursor do mouse está piscando, na **linha 1**, digite o código abaixo:

```
<?xml version="1.0" encoding="utf-8" ?>
<TabbedPage xmlns="http://xamarin.com/schemas/2014/forms"
                  xmlns:x="http://schemas.microsoft.com/
winfx/2009/xaml"
                  x:Class="AppUsandoTabbedPage.Views.Principal"
```

```
                Title="Felinos">

    <ContentPage Title="Leão" IconImageSource="iconLeao.png"
BackgroundImageSource="fundo.png">
        <StackLayout Padding="5, 25">
            <Label Text="Nome: Leão" FontAttributes="Bold"
FontSize="Large" HorizontalOptions="Center" />
            <Image Source="leao.png" WidthRequest="250"
HeightRequest="250" />
            <StackLayout Padding="50, 10">
                <StackLayout Orientation="Horizontal">
                    <Label Text="Reino:"
HorizontalOptions="FillAndExpand" FontAttributes="Bold"
FontSize="Medium" TextColor="Maroon" />
                    <Label Text="Animalia"
FontAttributes="Bold" FontSize="Medium" />
                </StackLayout>
                <StackLayout Orientation="Horizontal">
                    <Label Text="Filo:"
HorizontalOptions="FillAndExpand" FontAttributes="Bold"
FontSize="Medium" TextColor="Maroon" />
                    <Label Text="Chordata"
FontAttributes="Bold" FontSize="Medium" />
                </StackLayout>
                <StackLayout Orientation="Horizontal">
                    <Label Text="Classe:"
HorizontalOptions="FillAndExpand" FontAttributes="Bold"
FontSize="Medium" TextColor="Maroon" />
                    <Label Text="Mammalia"
FontAttributes="Bold" FontSize="Medium" />
                </StackLayout>
                <StackLayout Orientation="Horizontal">
                    <Label Text="Ordem:"
HorizontalOptions="FillAndExpand" FontAttributes="Bold"
FontSize="Medium" TextColor="Maroon" />
                    <Label Text="Carnivora"
FontAttributes="Bold" FontSize="Medium" />
                </StackLayout>
                <StackLayout Orientation="Horizontal">
                    <Label Text="Família:"
HorizontalOptions="FillAndExpand" FontAttributes="Bold"
FontSize="Medium" TextColor="Maroon" />
                    <Label Text="Felidae" FontAttributes="Bold"
FontSize="Medium" />
                </StackLayout>
                <StackLayout Orientation="Horizontal">
                    <Label Text="Gênero:"
```

```
HorizontalOptions="FillAndExpand" FontAttributes="Bold"
FontSize="Medium" TextColor="Maroon" />
                    <Label Text="Panthera"
FontAttributes="Bold" FontSize="Medium" />
                </StackLayout>
                <StackLayout Orientation="Horizontal">
                    <Label Text="Espécie:"
HorizontalOptions="FillAndExpand" FontAttributes="Bold"
FontSize="Medium" TextColor="Maroon" />
                    <Label Text="Panthera leo"
FontAttributes="Bold" FontSize="Medium" />
                </StackLayout>
            </StackLayout>
        </StackLayout>
    </ContentPage>
    <ContentPage Title="Jaguar" IconImageSource="iconJaguar.
png" BackgroundImageSource="fundo.png">
        <StackLayout Padding="5, 25">
            <Label Text="Nome: Jaguar" FontAttributes="Bold"
FontSize="Large" HorizontalOptions="Center" />
            <Image Source="jaguar.png" WidthRequest="250"
HeightRequest="250" />
            <StackLayout Padding="50, 10">
                <StackLayout Orientation="Horizontal">
                    <Label Text="Reino:"
HorizontalOptions="FillAndExpand" FontAttributes="Bold"
FontSize="Medium" TextColor="Yellow" />
                    <Label Text="Animalia"
FontAttributes="Bold" FontSize="Medium" />
                </StackLayout>
                <StackLayout Orientation="Horizontal">
                    <Label Text="Filo:"
HorizontalOptions="FillAndExpand" FontAttributes="Bold"
FontSize="Medium" TextColor="Yellow" />
                    <Label Text="Chordata"
FontAttributes="Bold" FontSize="Medium" />
                </StackLayout>
                <StackLayout Orientation="Horizontal">
                    <Label Text="Classe:"
HorizontalOptions="FillAndExpand" FontAttributes="Bold"
FontSize="Medium" TextColor="Yellow" />
                    <Label Text="Mammalia"
FontAttributes="Bold" FontSize="Medium" />
                </StackLayout>
                <StackLayout Orientation="Horizontal">
                    <Label Text="Ordem:"
HorizontalOptions="FillAndExpand" FontAttributes="Bold"
```

```
FontSize="Medium" TextColor="Yellow" />
                    <Label Text="Carnivora"
FontAttributes="Bold" FontSize="Medium" />
                </StackLayout>
                <StackLayout Orientation="Horizontal">
                    <Label Text="Família:"
HorizontalOptions="FillAndExpand" FontAttributes="Bold"
FontSize="Medium" TextColor="Yellow" />
                    <Label Text="Felidae" FontAttributes="Bold"
FontSize="Medium" />
                </StackLayout>
                <StackLayout Orientation="Horizontal">
                    <Label Text="Gênero:"
HorizontalOptions="FillAndExpand" FontAttributes="Bold"
FontSize="Medium" TextColor="Yellow" />
                    <Label Text="Panthera"
FontAttributes="Bold" FontSize="Medium" />
                </StackLayout>
                <StackLayout Orientation="Horizontal">
                    <Label Text="Espécie:"
HorizontalOptions="FillAndExpand" FontAttributes="Bold"
FontSize="Medium" TextColor="Yellow" />
                    <Label Text="Panthera onça"
FontAttributes="Bold" FontSize="Medium" />
                </StackLayout>
            </StackLayout>
        </StackLayout>
    </ContentPage>
    <ContentPage Title="Tigre" IconImageSource="iconTigre.png"
BackgroundImageSource="fundo.png">
        <StackLayout Padding="5, 25">
            <Label Text="Nome: Tigre" FontAttributes="Bold"
FontSize="Large" HorizontalOptions="Center" />
            <Image Source="tigre.png" WidthRequest="250"
HeightRequest="250" />
            <StackLayout Padding="50, 10">
                <StackLayout Orientation="Horizontal">
                    <Label Text="Reino:"
HorizontalOptions="FillAndExpand" FontAttributes="Bold"
FontSize="Medium" TextColor="DarkOrange" />
                    <Label Text="Animalia"
FontAttributes="Bold" FontSize="Medium" />
                </StackLayout>
                <StackLayout Orientation="Horizontal">
                    <Label Text="Filo:"
HorizontalOptions="FillAndExpand" FontAttributes="Bold"
FontSize="Medium" TextColor="DarkOrange" />
```

```
                    <Label Text="Chordata"
FontAttributes="Bold" FontSize="Medium" />
                </StackLayout>
                <StackLayout Orientation="Horizontal">
                    <Label Text="Classe:"
HorizontalOptions="FillAndExpand" FontAttributes="Bold"
FontSize="Medium" TextColor="DarkOrange" />
                    <Label Text="Mammalia"
FontAttributes="Bold" FontSize="Medium" />
                </StackLayout>
                <StackLayout Orientation="Horizontal">
                    <Label Text="Ordem:"
HorizontalOptions="FillAndExpand" FontAttributes="Bold"
FontSize="Medium" TextColor="DarkOrange" />
                    <Label Text="Carnivora"
FontAttributes="Bold" FontSize="Medium" />
                </StackLayout>
                <StackLayout Orientation="Horizontal">
                    <Label Text="Família:"
HorizontalOptions="FillAndExpand" FontAttributes="Bold"
FontSize="Medium" TextColor="DarkOrange" />
                    <Label Text="Felidae" FontAttributes="Bold"
FontSize="Medium" />
                </StackLayout>
                <StackLayout Orientation="Horizontal">
                    <Label Text="Gênero:"
HorizontalOptions="FillAndExpand" FontAttributes="Bold"
FontSize="Medium" TextColor="DarkOrange" />
                    <Label Text="Panthera"
FontAttributes="Bold" FontSize="Medium" />
                </StackLayout>
                <StackLayout Orientation="Horizontal">
                    <Label Text="Espécie:"
HorizontalOptions="FillAndExpand" FontAttributes="Bold"
FontSize="Medium" TextColor="DarkOrange" />
                    <Label Text="Panthera tigris"
FontAttributes="Bold" FontSize="Medium" />
                </StackLayout>
            </StackLayout>
        </StackLayout>
    </ContentPage>
</TabbedPage>
```

Salve seu projeto, conforme vimos nas **figuras 48 e 49**. Observe que na **linha 2**, agora temos uma **tag TabbedPage**. Outro detalhe, quando mudamos o tipo de página no elemento filho, temos que mudar também no elemento pai, pois se não o fizermos, o elemento filho não herda do elemento pai. Para isto, abra o arquivo **Principal.xaml.cs (code-behind)**, para isto, abra a janela **Solution Explorer**, pressione ao mesmo tempo as teclas **Ctrl+Alt+L**, e deve abrir a janela **Solution Explorer** conforme vimos na **figura 30**. Em seguida, abra o projeto **AppUsandoTabbedPage**, para isto, clique na setinha que tem ao lado do projeto **AppUsandoTabbedPage**, em seguida, clique na setinha que tem ao lado da pasta **Views**, em seguida, clique na setinha que tem ao lado do arquivo **Principal.xaml**, em seguida clique com o botão do mouse sobre o arquivo **Principal.xaml.cs**, selecione o item **View Code** ou pressione a tecla **F7,** conforme vimos na **figura 46**. Clicar duas vezes com o botão do mouse sobre o arquivo **Principal.xaml.cs**, tem o mesmo efeito. Vai abrir a janela de código do arquivo **Principal.xaml.cs**, conforme vimos na **figura 129**. Observe o erro na **linha 13**, o que está ocorrendo é o que falei, a classe filha **Principal** está herdando da classe pai **ContentPage**, e não de **TabbedPage**, vamos mudar isto, basta selecionar o **ContentPage** na **linha 13**, conforme vimos na **figura 130**. Pressionar a tecla **Delete** do teclado, e digite **TabbedPage**, veja como ficou, conforme vimos na **figura 131**.

Veja que agora o erro desapareceu. Salve seu projeto, conforme vimos nas **figuras 48 e 49**. Para testar esta página, e fazer a compilação, vamos fazer uma alteração no arquivo **App.xaml.cs (code-behind)**, para isto, abra a janela **Solution Explorer**, pressione ao mesmo tempo as teclas **Ctrl+Alt+L**, e deve abrir a janela **Solution Explorer** conforme vimos na **figura 30**. Em seguida, abra o projeto **AppUsandoTabbedPage**, para isto, clique na setinha que tem ao lado do projeto **AppUsandoTabbedPage**, em seguida, clique na setinha que tem ao lado do arquivo **App.xaml**, em seguida, clique com o botão do mouse sobre o arquivo **App.xaml.cs**, selecione o item **View Code** ou pressione a tecla **F7,** conforme vimos na **figura 46**. Clicar duas vezes com o botão do mouse sobre o arquivo **App.xaml.cs**, tem o mesmo efeito. Vai abrir a janela de código do arquivo **App.xaml.cs**, conforme vimos na **figura 48**. Vamos alterar o código, para isto, posicione o cursor do mouse no início da **linha 13** e pressione a tecla **Shift+Setinha Direita** até o final da **linha 13**, selecionando-a, veja como ficou conforme vimos na **figura 117**. Pressione a tecla **Delete** do teclado, no local onde o cursor do mouse está piscando, na **linha 13**, conforme vimos na **figura 118**. Digite o código abaixo:

```
App.Current.MainPage = new NavigationPage(new Principal());
```

Veja como ficou, conforme vimos na **figura 119**. Observe que temos um erro, pois não falamos para o **C#** onde está localizado o arquivo **Principal.xaml**, por este motivo está sublinhado de vermelho, para corrigir este erro é muito fácil, veja que temos um ícone de uma lâmpada amarela no início da **linha 13**, clique com o mouse sobre esta lâmpada e veja que vai aparecer uma setinha para baixo, clique nesta setinha e selecione o item **using AppUsandoTabbedPage.Views**, conforme vimos na **figura 120**. Isto é o caminho onde o arquivo está guardado. Veja que na **linha 1**, pareceu uma nova **using**, conforme vimos na **figura 121**. Salve seu projeto, conforme vimos nas **figuras 48 e 49**. Observe que nas **linhas 7, 10, 43, 46, 79** e **82**, no arquivo **Principal.xaml**, temos chamadas para imagens do tipo **png** e **ícones**, não vou entrar em detalhes sobre imagens e ícones, baixe três imagens no seu computador, uma para cada tipo de felino, do tipo **png**, baixe três ícones, um para cada tipo de felino, do tipo **png**, e uma imagem de fundo, do tipo **png**. Feito isto, vamos colar estas imagens nos projetos **Android** e **UWP**, conforme vimos nas figuras **127** e **128**, do subtópico **CarouselPage**. Toda vez que formos trabalhar com imagens, repita este procedimento para copiar e colar as mesmas em todos os projetos. Agora podemos compilar nosso **App** no **Android**, repita o procedimento que vimos neste **Capítulo**, nos seguintes tópicos: **Criando a Interface do Usuário com C# (C Sharp) – Code-behind**, **Compilando (Debugging) o Aplicativo Android** e **Instalando o Emulador do Android**. Para usar um smartphone **Android**, veja neste **Capítulo**, o seguinte tópico: **Configurando o Smartphone para Modo Desenvolvedor**, a tela do aplicativo vai aparecer no smartphone, conforme **figura 156**:

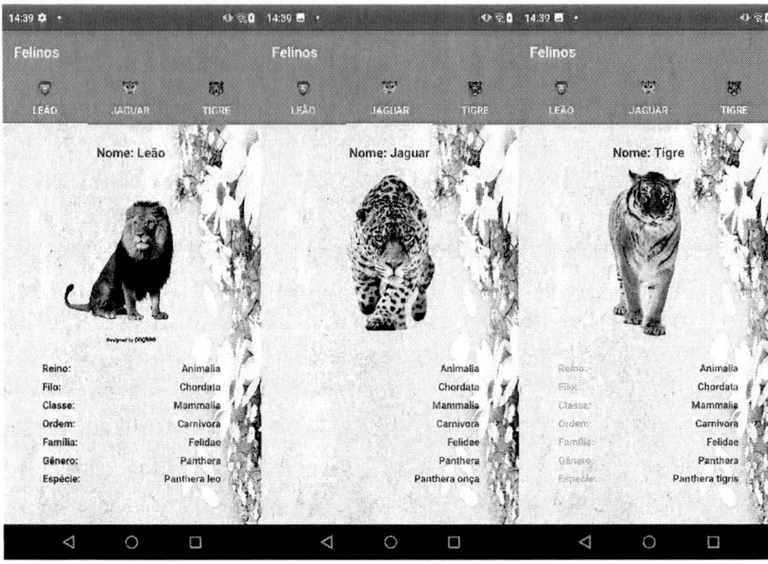

Figura 156

Clique na aba **JAGUAR**, em seguida, clique na aba **TIGRE**. Vamos retornar a **IDE** do **Visual Studio**, é só clicar na área de desenvolvimento do programa e estaremos de volta. Agora vamos compilar o nosso projeto no **UWP**, conforme vimos neste **Capítulo**, nos tópicos **Criando a Interface do Usuário com C# (C Sharp) – Code-behind** e **Compilando (Debugging) o Aplicativo UWP**. Este processo é muito rápido, pois estamos instalando o aplicativo direto no computador. Quando o aplicativo for instalado no computador, aparecerá a seguinte mensagem **Ready** com uma tarja laranja, no canto inferior esquerdo, conforme **figura 157**:

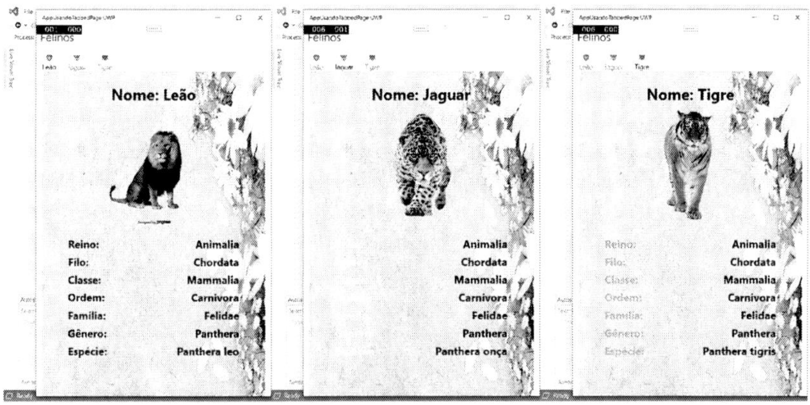

Figura 157

Clique na aba **JAGUAR**, em seguida, clique na aba **TIGRE**. Vamos retornar a **IDE** do **Visual Studio**, é só clicar na área de desenvolvimento do programa e estaremos de volta. Observe que a compilação é muita rápida, pois estamos instalando o aplicativo no **Windows**, no computador. A outra forma, é criar um caminho até a pasta **Views**, e criar as três páginas **Leao.xaml**, **Jaguar.xaml** e **Tigre.xaml**, separadas, e repetir o processo que vimos no tópico sobre **CarouselPage**, conforme vimos anteriormente. Vimos aqui as principais funções de uma **TabbedPage**.

MasterDetailPage

Gerencia duas páginas relacionadas de informações - uma página **Master** que apresenta itens e uma página **Detail** que apresenta detalhes sobre itens na página **Master**. Veremos como usar um **MasterDetailPage** e navegar entre suas páginas de informações. Também conhecido como **menu lateral** ou **drawer**, porque este estilo de menu parece com o movimento de abertura de uma gaveta. Não ocupa toda a tela, apresentando uma lista de opções. Recomenda-se seu uso, quando o aplicativo tem várias opções de escolhas, onde o **TabbedPage** não consegue resolver. Uma página **Master** normalmente exibe uma lista de itens, a localização da lista de itens é idêntica em cada plataforma e selecionar um dos itens navegará até a página de detalhes correspondente. Além disso, a página **Master** também apresenta uma barra de navegação que contém um botão que pode ser usado para navegar até a página de detalhes ativa, veja como a página **Master** se comporta em cada plataforma:

- No **Android**, a barra de navegação está presente na parte superior da página e exibe um título, um ícone e um botão que navega até à página de detalhes. O ícone é definido no atributo **Activity** que fica na classe **MainActivity** no projeto específico da plataforma **Android**. Além disso, é possível navegar até a página de detalhes ativa passando o dedo na página **Master** para a esquerda, tocando a página de detalhes na extremidade direita da tela e tocando no botão Voltar na parte inferior da tela.
- Na **UWP** (**Plataforma Universal do Windows**), a barra de navegação está presente na parte superior da página e tem um botão que navega até à página de detalhes.

Veja como a página **Detail** se comporta em cada plataforma:

- No **Android**, uma barra de navegação está presente na parte superior da página e exibe um título, um ícone e um botão que retorna à página **Master**. O ícone é definido no atributo **Activity** que fica na classe **MainActivity** no projeto específico da plataforma **Android**.
- Na **UWP** (**Plataforma Universal do Windows**), uma barra de navegação está presente na parte superior da página e exibe um título e tem botão que retorna à página **Master**.

Vamos criar um novo projeto para entendermos estes conceitos, mas a partir de agora, vamos criar nossos projetos vinculados com o **GitHub**, para facilitar atualizações e até a clonagem de projetos. Para isto, vamos acessar o seguinte endereço **https://github.com/**, vai aparecer janela principal do site, conforme **figura 158**:

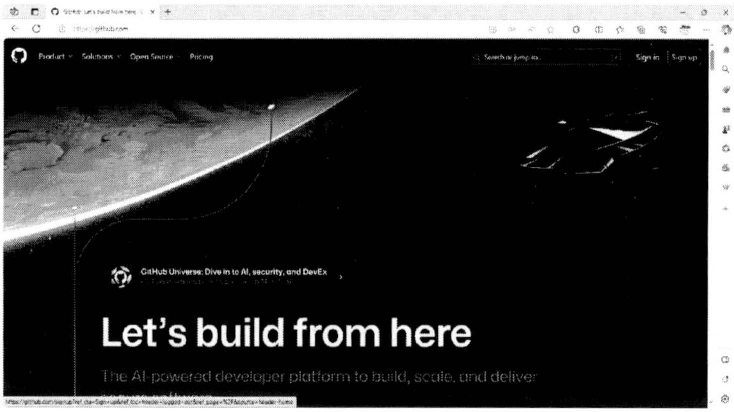

Figura 158

Caso você já tenha uma conta no **GitHub**, basta clicar no botão **Sign in**, caso não tenha uma conta, digite seu e-mail na caixa de texto clique no botão **Sign up** e vamos criar uma, para isto preencha seu e-mail, conforme **figura 159**:

Figura 159

Clique no botão **Continue**. Vai ser pedido para criar uma senha, conforme **figura 160**:

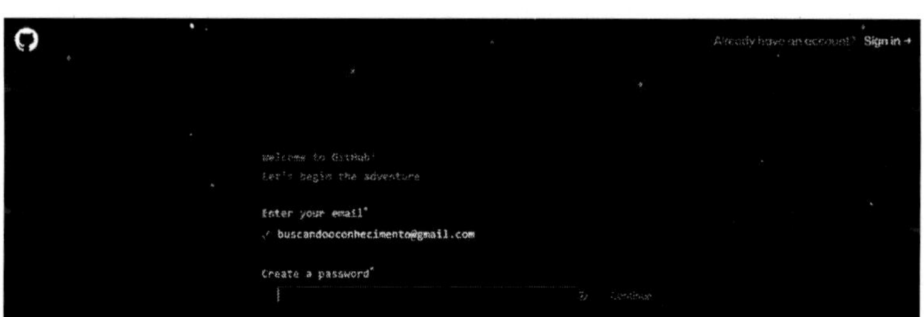

Figura 160

Digite uma senha válida e clique no botão **Continue**. Vai ser pedido para criar um nome de usuário, conforme **figura 161**:

Figura 161

Vou usar para o meu usuário, **ExemplosApps**, clique no botão **Continue**. Vai aparecer uma mensagem perguntando se você quer receber informações do site, conforme **figura 162**:

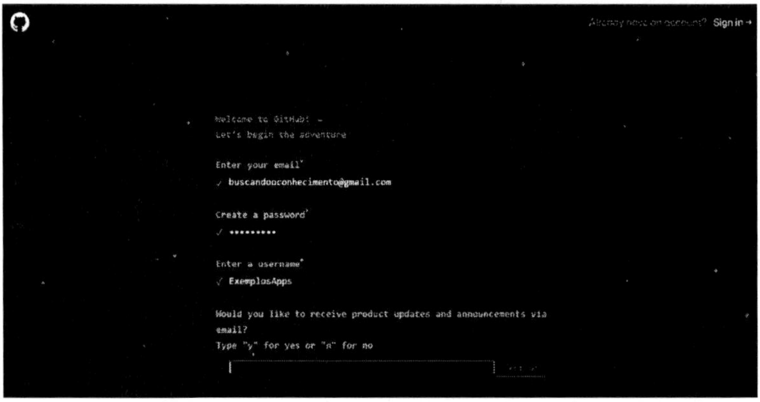

Figura 162

Digite sua preferência, no meu caso, **n**, e clique no botão **Continue**. Vai aparecer a janela com todos os dados, conforme **figura 163**:

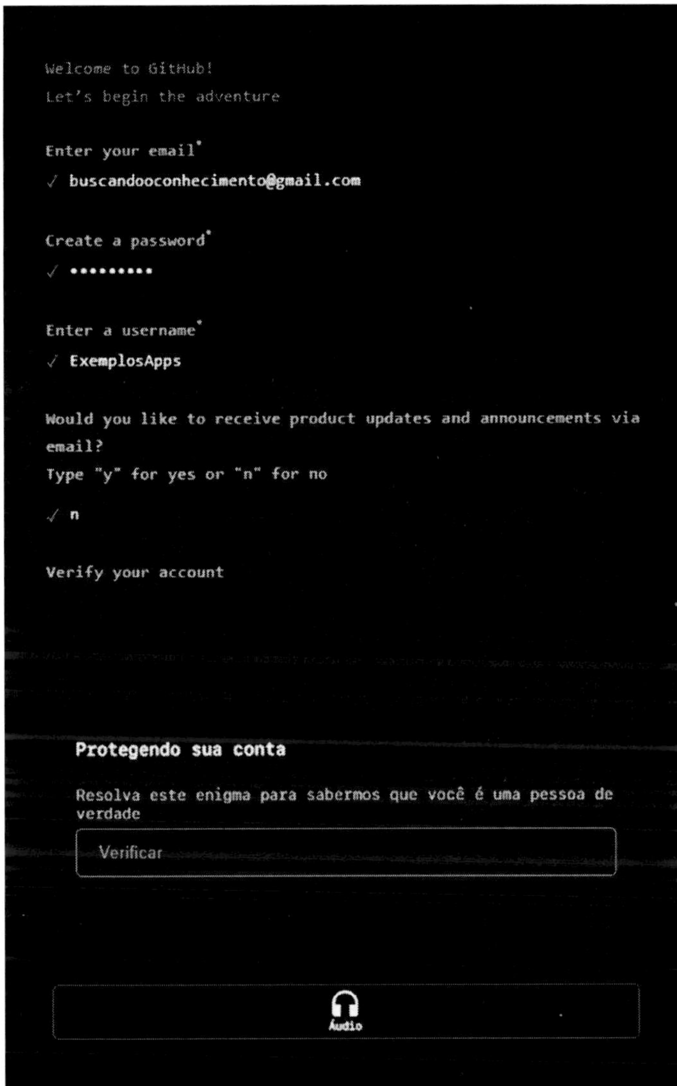

Figura 163

Clique no botão **Verificar** vai aparecer uma imagem, conforme **figura 164**:

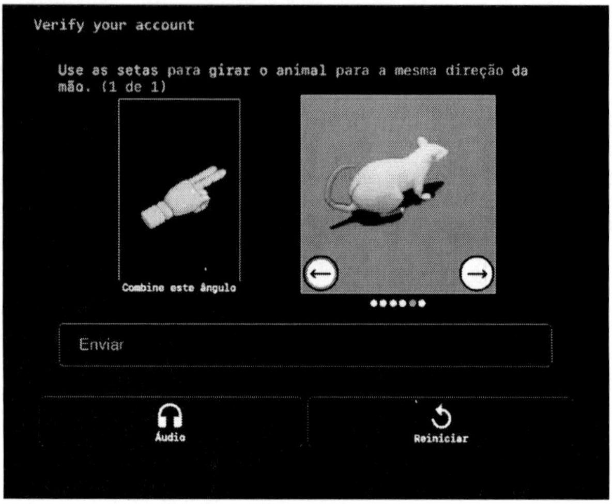

Figura 164

Selecione o que está sendo pedido e clique no botão **Enviar**. Aguarde e vai aparecer uma janela, conforme **figura 165**:

Figura 165

Clique no botão **Create account**. Aguarde e vai aparecer uma janela pedindo o código que foi enviado para o seu e-mail, conforme **figura 166**:

Figura 166

Abra o seu e-mail e digite este código nas caixinhas, em seguida, vai aparecer uma janela, conforme **figura 167**:

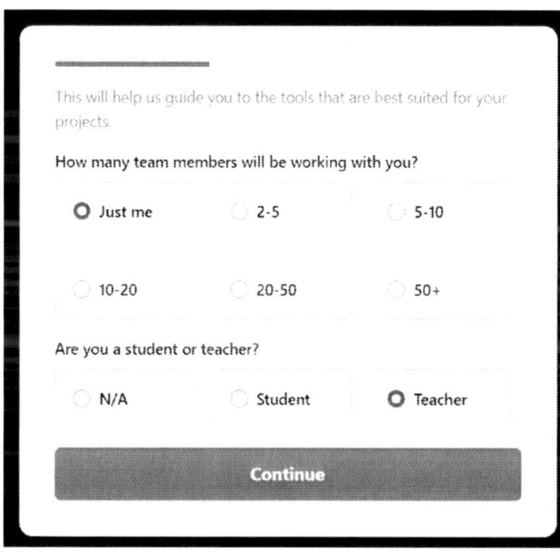

Figura 167

Preencha os dados e clique no botão **Continue**. Vai aparecer uma janela, conforme **figura 168**:

Figura 168

Preencha com suas preferências, em seguida, clique no botão **Continue**. Vai aparecer uma janela, conforme **figura 169**:

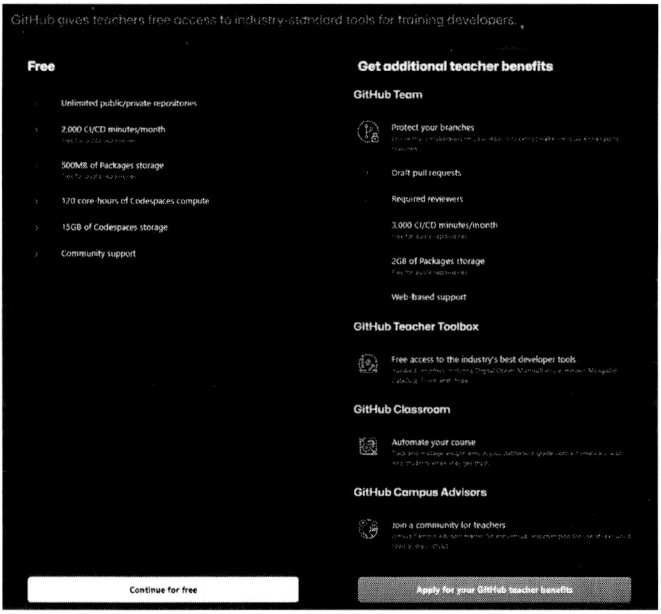

Figura 169

Clique no botão **Continue for free**. Vai abrir a página principal do **GitHub**, conforme **figura 170**:

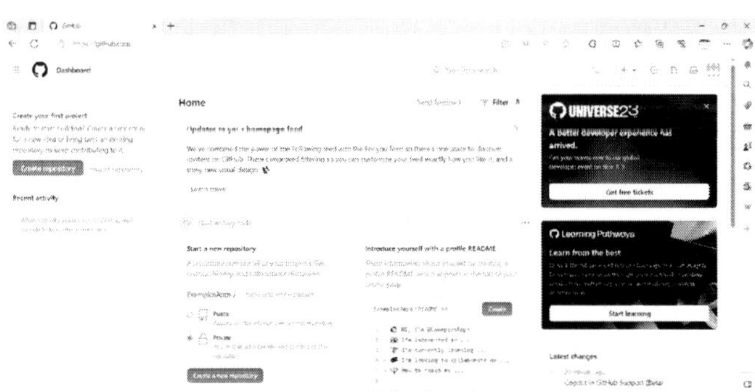

Figura 170

Agora vamos criar um repositório para salvarmos nossos projetos, para isto, vamos retornar para a **IDE** do **Visual Studio 2022**, basta clicar no ícone do **Visual Studio 2022**, na barra de tarefas do **Windows**, e vai aparecer uma miniatura do **Visual Studio 2022**, conforme vimos na **figura 15**, se o mesmo estiver fechado, para abrir novamente, basta clicar sobre o ícone do programa que se encontra na barra de tarefas, conforme vimos na **figura 3**, e vai abrir a janela de itens recentes, conforme vimos na **figura 8**, clique no link **Continuar sem código (Continue without code)**, e aguardar a abertura da área do **IDE – Ambiente de Desenvolvimento Integrado do Visual Studio 2022 Community**, abra a janela **Git Changes item 1**, que fica do lado direito da **IDE**, caso a mesma esteja fechada, vá até o menu **View**, e selecione o item **Git Changes item 2**, conforme **figura 171**:

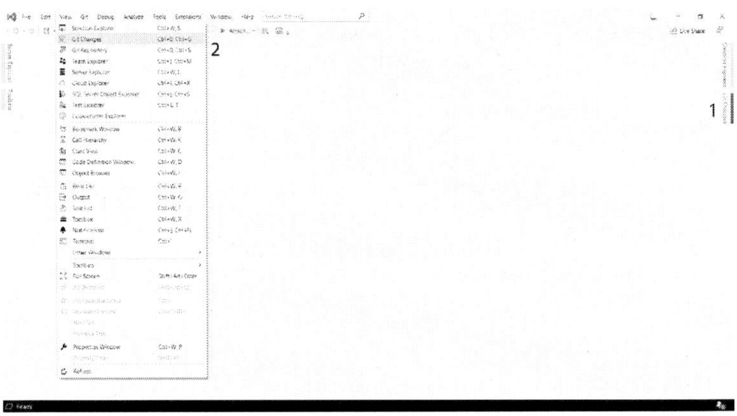

Figura 171

Independentemente da forma escolhida, vai abrir a janela **Git Changes**, conforme **figura 172**:

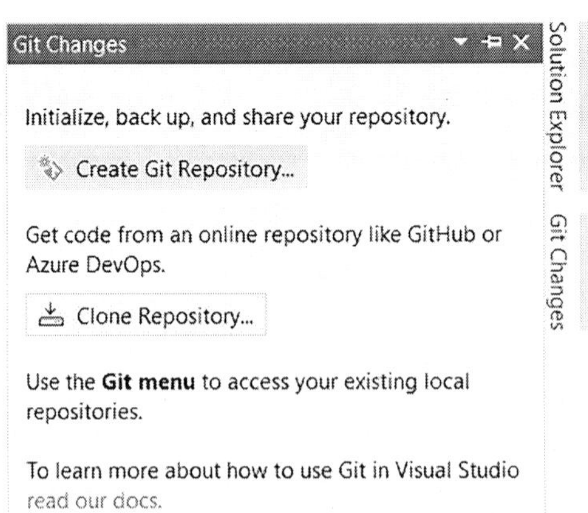

Figura 172

Clique sobre o botão **Create Git Repository...**, e vai abrir a janela **Create Git Repository**, do lado esquerdo, selecione **GitHub**, do lado direito, no item **Innitialize a local Git repository**, no final do campo de texto **Local path**, clique nos três pontinhos **(Browse)**, conforme **figura 173**:

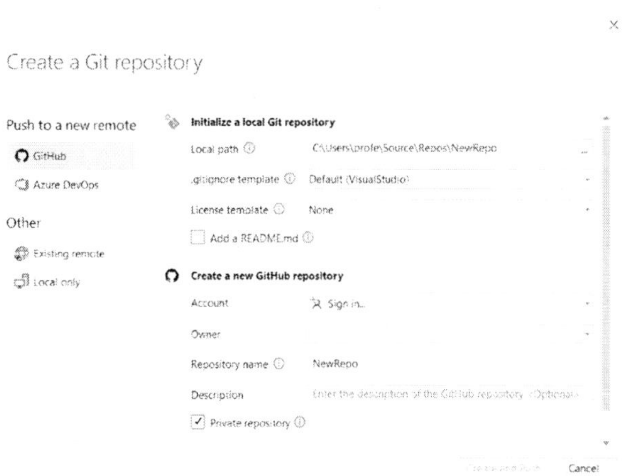

Figura 173

Vai abrir a janela **Browse**, para evitar problemas, vamos criar nosso repositório o mais próximo da raiz, neste caso procure pelo item **Este Computador**, clique na setinha que tem ao lado deste item e selecione com o mouse o item **Disco Local (C:)**, no meu caso eu chamei de **Win10(C:)**, em seguida selecione o item **Nova pasta**, conforme **figura 174**:

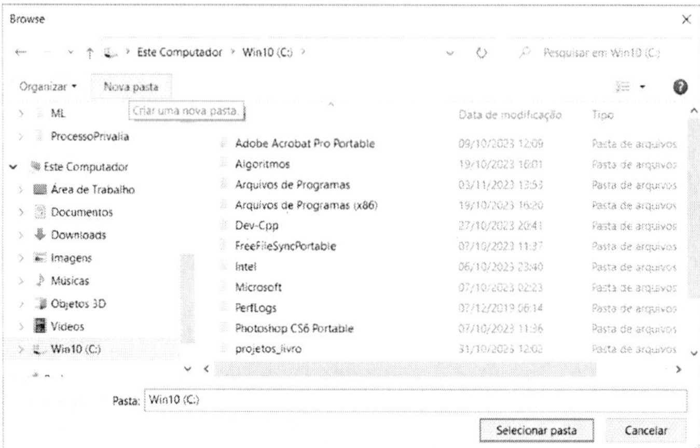

Figura 174

No local onde o mouse está piscando, **Nova pasta**, digite **GitHub**, e pressione a tecla **Enter** do teclado, vai ficar conforme **figura 175**:

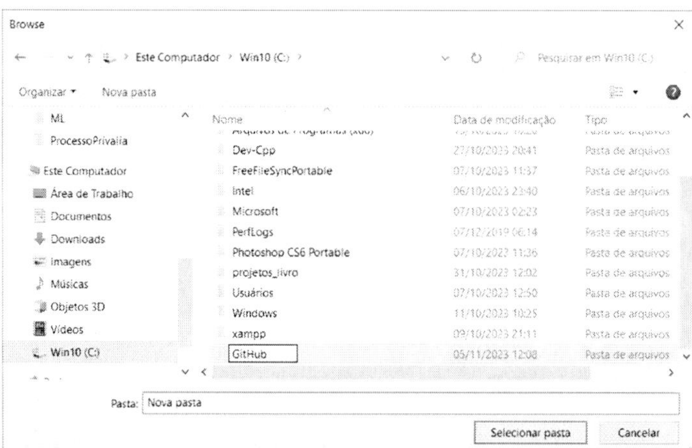

Figura 175

Repita o procedimento acima e crie uma nova pasta chamada **ProjetosLivro**, para isto, selecione a pasta **GitHub**, clique duas vezes sobre a mesma com o mouse, selecione o item **Nova pasta**, conforme vimos na **figura 174**, no local onde o mouse está piscando, **Nova pasta**, digite **ProjetosLivro**, e pressione a tecla **Enter** do teclado, vai ficar conforme vimos na **figura 175**, clique no botão **Selecionar pasta**, e vamos retornar para a janela **Create a Git repository**, e veja cono fiocu a configuração, conforme **figura 176**:

Figura 176

Em seguida, no item **Create a new GitHub repository**, clique na setinha para baixo da **ComboBox** e selecione o item **GitHub account**, conforme **figura 177**:

Figura 177

Vai aparecer a janela **Authorize Visual Studio**, pedindo a autorização para utilizar o **GitHub** no **Visual Studio**, conforme **figura 178**:

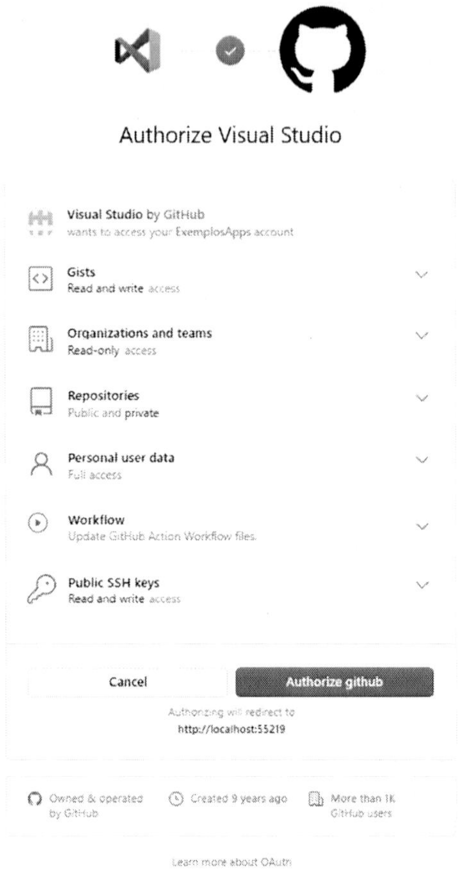

Figura 178

Clique no botão **Authorize github**, vai aparecer uma janela pedindo sua senha do **GitHub**, digite a mesma, conforme **figura 179**:

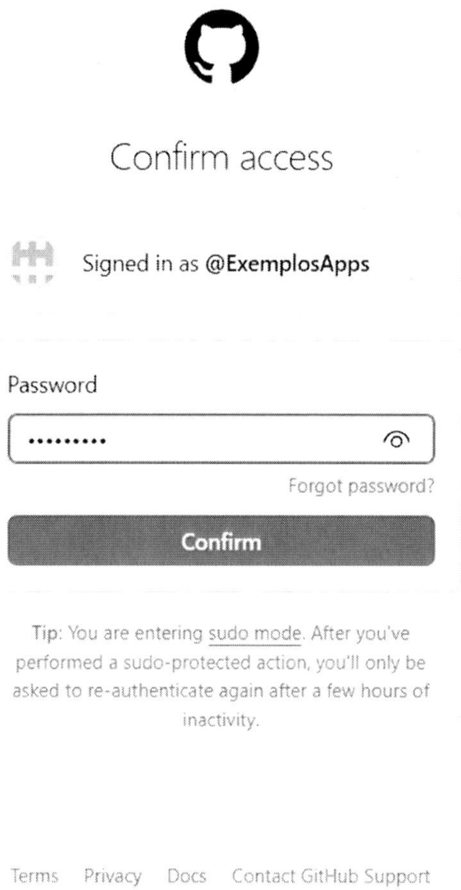

Figura 179

Clique no botão **Confirm**, aguarde e vai aparecer a janela dizendo que a autorização ocorreu com sucesso, conforme **figura 180**:

Figura 180

Feche a janela do navegador, para isto, clique no botão do **X**, que fica no canto superior direito da janela, conforme vimos na **figura 14**. Vamos retornar para o **Visual Studio**, se o mesmo estiver aberto, basta clicar no ícone do **Visual Studio 2022**, na barra de tarefas do **Windows**, e vai aparecer uma miniatura do **Visual Studio 2022**, conforme vimos na **figura 15**, ainda no item **Create a new GitHub repository**, na caixa de texto **Repository name**, digite **ProjetosLivro**, na caixa de texto **Descripiton**, é opcional, eu digitei **Este repositório vai receber projetos do livro Xamarin**, conforme **figura 181**:

Figura 181

Veja como ficou todas as configurações da janela **Create a Git repository**, conforme **figura 182**:

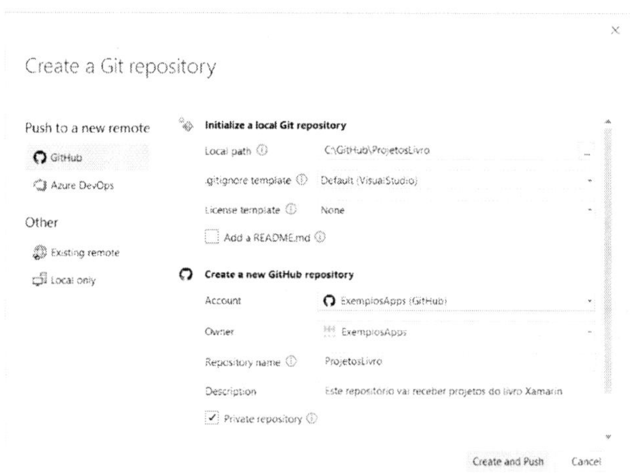

Figura 182

Clique no botão **Create and Push**, aguarde e a janela **Git Changes** vai ficar conforme **figura 183**:

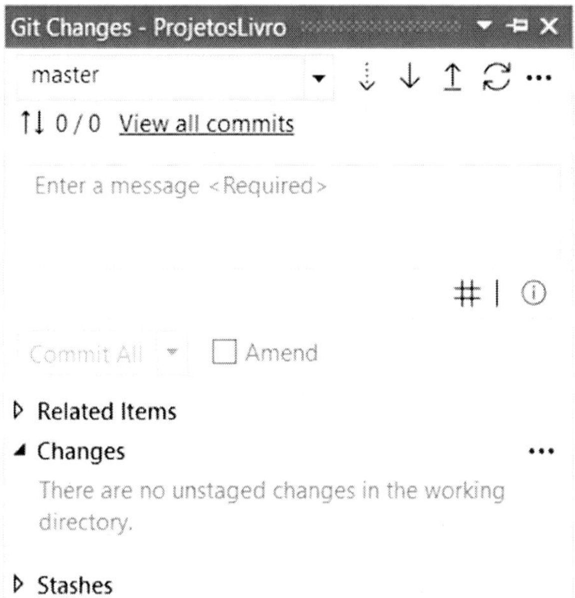

Figura 183

Observe que está tudo vazio, pois ainda não mandamos nada para o **GitHub**. Desta forma o **Visual Studio** está preparado para trabalhar com controle de versão do **GitHub**. Ainda com o **Visual Studio** aberto, vamos criar nosso projeto, vamos até o menu **File**, e selecione o item **New Project...**, ou pressionar ao mesmo tempo as teclas **Ctrl+Shift+N**, conforme vimos na **figura 23**, independentemente da forma escolhida para criar um novo projeto, vai abrir a janela **Create a new Project (Criar um novo projeto)**, no item **All Project type (Todos os Tipos de projeto)**, clique na setinha para baixo e selecione **Mobile**, em seguida, na lista **Filtering by: Mobile (Filtrado por: Mobile)**, selecione o item **Mobile App(Xamarin.Forms)** (**Aplicativo Móvel(Xamarin.Forms)**), conforme vimos na **figura 24**, clique no botão **Next (Próximo)**, e vai abrir a janela **Configure your new Project (Configurar seu novo Projeto)**, conforme vimos na **figura 25**, com a janela **Configure your new Project (Configurar seu novo Projeto)** aberta, no item **Project name:**, digite **AppUsandoMasterDetailPage**, no item **Location**, vamos direcionar nosso projeto para que o mesmo possa trabalhar com controle de versão em conjunto com o **GitHub**, ou seja, vamos salvar na pasta **ProjetosLivro**, que nada mais é do que nosso repositório de controle de versão, clique no botão com três pontinhos, selecione **Win10(C:)**, no meu caso está com este nome, em seguida, selecione a pasta **GitHub**, em seguida, selecione a pasta **ProjetosLivro**, conforme **figura 184**:

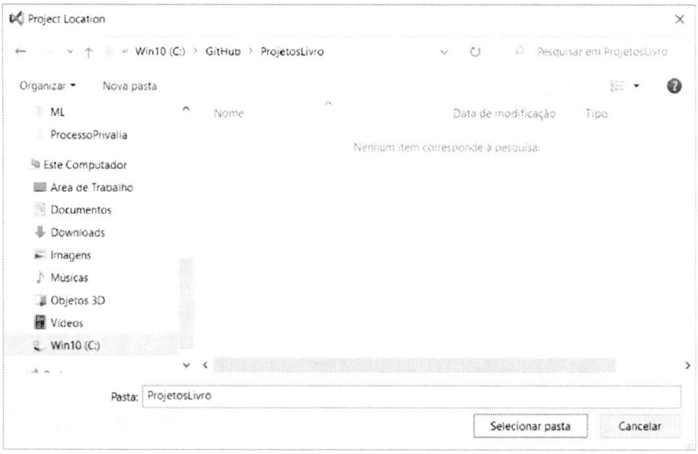

Figura 184

Clique no botão **Selecionar pasta**, deixe marcado o item **Place solution and project in the same directory**, suas informações devem ficar conforme vimos na **figura 26**, em seguida, clique no botão **Create**. Vai abrir a janela **New Mobile App**, no item **Select a template for your app**, selecione o item **Blank**, no item **I plan to develop for:**, marque as opções **Android** e **Windows(UWP)**, conforme vimos na **figura 27**, clique no botão **Create**, aguarde e veja que vai aparecer a nossa **IDE** ou área de desenvolvimento, conforme vimos na **figura 28**. Observe que todo projeto **Xamarin.Forms** que criamos, automaticamente já vem com uma página de visualização ou **view**, vinculada, que é o arquivo **MainPage.xaml**, neste projeto não vamos precisar deste arquivo, vamos deletá-lo, para isto, abra a janela **Solution Explorer**, pressione ao mesmo tempo as teclas **Ctrl+Alt+L**, e deve abrir a janela **Solution Explorer** conforme vimos na **figura 30**. Em seguida, abra o projeto **AppUsandoMasterDetailPage**, para isto, clique na setinha que tem ao lado do projeto **AppUsandoMasterDetailPage**, em seguida, clique com o botão esquerdo do mouse sobre o arquivo **MainPage.xaml**, e selecione o item de menu **Delete**, conforme vimos na **figura 109**. Ou pressione a tecla **Delete** do teclado, vai parecer uma janela perguntando se queremos deletar permanentemente o arquivo, conforme vimos na **figura 110**, clique no botão **OK**. Vamos criar uma **pasta(Folder)**, dentro do nosso projeto chamada **Views**, para isto, abra a janela **Solution Explorer**, pressione ao mesmo tempo as teclas **Ctrl+Alt+L**, e deve abrir a janela **Solution Explorer** conforme vimos na **figura 30**. Em seguida, clique com o botão esquerdo do mouse sobre o projeto **AppUsandoMasterDetailPage**, em seguida, selecione o item de menu **Add**, e selecione o item **New Folder**, conforme vimos na **figura 111**. Vai aparecer a pasta com o nome **NewFolder** selecionado, digite **Views,** conforme vimos na **figura 112**. Pressione a tecla **Enter** do teclado. Ainda com a janela **Solution Explorer** aberta, clique com o botão esquerdo do mouse sobre a pasta **Views**, em seguida selecione o item de menu **Add**, e selecione o item **New Item...**, ou pressione ao mesmo tempo as teclas **Ctrl+Shift+A**, conforme vimos na **figura 113**. Vai abrir a janela **Add New Item - AppUsandoMasterDetailPage**, no menu do lado esquerdo, clique na setinha preta do item **Installed**, para expandi-lo, em seguida, clique na setinha preta do item **C# Items**, e selecione o item **Xamarin.Forms**, no menu do lado direito, selecione o item **Content Page**, no item **Name:**, digite **MenuPrincipal**, conforme vimos na **figura 114**. Clique no botão **Add**, e vai abrir o arquivo **MenuPrincipal.xaml**, conforme vimos na **figura 115**. Repita o procedimento anterior e crie as **páginas, que vamos chamar de MenuDetalhes.xaml**, **Leao.xaml**, **Jaguar.xaml** e **Tigre.xaml**. Veja como ficou a pasta **Views**, conforme vimos na **figura 124**. Veja que os arquivos estão abertos em abas, conforme vimos na **figura 125**. Para abrir qualquer um dos arquivos, basta clicar sobre o nome do mesmo dentro da pasta **Views**, ou simplesmente clicar na aba com o nome do arquivo, conforme vimos na **figura 125**. Vamos abrir o arquivo **MenuPrincipal.xaml**, para isto, escolha uma das formas para abri-lo, conforme vimos nas **figuras 124 e 125**, observe a **linha 2**, já tem a tag **ContentPage** por padrão. Isto vai ocorrer em todos os projetos que criarmos com o **Xamarin.Forms**. Vamos alterar este código, pois vamos transformá-lo em uma página do tipo **MasterDetailPage**, onde o usuário vai navegar através de um menu lateral, onde irá chamar as páginas **Leao.xaml**, **Jaguar.xaml** e **Tigre.xaml** do tipo **ContentPage**. Para isto, pressione ao mesmo tempo as teclas **Ctrl+A** e vai selecionar todo o código, conforme vimos na **figura 116**. Pressione a tecla **Delete** do teclado, no local onde o cursor do mouse está piscando, na **linha 1**, digite o código abaixo:

```
<?xml version="1.0" encoding="utf-8" ?>
<MasterDetailPage xmlns="http://xamarin.com/schemas/2014/forms"
                      xmlns:x="http://schemas.microsoft.com/
winfx/2009/xaml"
                      x:Class="AppUsandoMasterDetailPage.Views.
MenuPrincipal"
                      Title="Master">

    <MasterDetailPage.Master>
        <ContentPage Title="Menu" Padding="0">
            <ContentPage.Content>
                <StackLayout>
                    <Grid>
                        <StackLayout Padding="15"
Orientation="Vertical">
                            <Label Text="Felinos"
VerticalOptions="Center" FontAttributes="Bold"
FontSize="Medium"/>
                        </StackLayout>
                        <Image Source="felinos.png"
WidthRequest="200" HeightRequest="200" />
                    </Grid>
                    <TableView Intent="Menu">
                        <TableSection>
                            <ViewCell Tapped="chamarPageLeao">
                                <StackLayout Padding="15,10"
Orientation="Horizontal">
                                    <Image Source="iconLeao.
png" WidthRequest="20" HeightRequest="20" />
                                    <Label Text="Página Leão"
VerticalTextAlignment="Center" FontAttributes="Bold" />
                                </StackLayout>
                            </ViewCell>
                            <ViewCell
Tapped="chamarPageJaguar">
                                <StackLayout Padding="15,10"
Orientation="Horizontal">
                                    <Image Source="iconJaguar.
png" WidthRequest="20" HeightRequest="20" />
                                    <Label Text="Página Jaguar"
VerticalTextAlignment="Center" FontAttributes="Bold" />
```

```
                    </StackLayout>
                </ViewCell>
                <ViewCell Tapped="chamarPageTigre">
                    <StackLayout Padding="15,10"
Orientation="Horizontal">
                        <Image Source="iconTigre.
png" WidthRequest="20" HeightRequest="20" />
                        <Label Text="Página Tigre"
VerticalTextAlignment="Center" FontAttributes="Bold" />
                    </StackLayout>
                </ViewCell>
            </TableSection>
        </TableView>
    </StackLayout>
  </ContentPage.Content>
 </ContentPage>
</MasterDetailPage.Master>
</MasterDetailPage>
```

Salve seu projeto, conforme vimos nas **figuras 48 e 49**. Observe que na **linha 2**, agora temos uma **tag MasterDetailPage**. Outro detalhe, quando mudamos o tipo de página no elemento filho, temos que mudar também no elemento pai, pois se não o fizermos, o elemento filho não herda do elemento pai. Para isto, abra o arquivo **MenuPrincipal.xaml.cs (code-behind)**, para isto, abra a janela **Solution Explorer**, pressione ao mesmo tempo as teclas **Ctrl+Alt+L**, e deve abrir a janela **Solution Explorer** conforme vimos na **figura 30**. Em seguida, abra o projeto **AppUsandoMasterDetailPage**, para isto, clique na setinha que tem ao lado do projeto **AppUsandoMasterDetailPage**, em seguida, clique na setinha que tem ao lado da pasta **Views**, em seguida, clique na setinha que tem ao lado do arquivo **MenuPrincipal.xaml**, em seguida, clique com o botão do mouse sobre o arquivo **MenuPrincipal.xaml.cs**, selecione o item **View Code** ou pressione a tecla **F7,** conforme vimos na **figura 46**. Clicar duas vezes com o botão do mouse sobre o arquivo **MenuPrincipal.xaml.cs**, tem o mesmo efeito. Vai abrir a janela de código do arquivo **MenuPrincipal.xaml.cs**, conforme vimos na **figura 129**. Observe o erro na **linha 13**, o que está ocorrendo é o que falei, a classe filha **Principal**, está herdando da classe pai **ContentPage**, e não de **MasterDetailPage**, vamos mudar isto, basta selecionar o **ContentPage** na **linha 13**, conforme vimos na **figura 130**. Pressionar a tecla **Delete** do teclado, e digite **MasterDetailPage**, veja como ficou, conforme vimos na **figura 131**. Veja que agora o erro desapareceu.

Salve seu projeto, conforme vimos nas **figuras 48 e 49**. Para testar esta página, e fazer a compilação, vamos fazer uma alteração no arquivo **App.xaml.cs (code-behind)**, para isto, abra a janela **Solution Explorer**, pressione ao mesmo tempo as teclas **Ctrl+Alt+L**, e deve abrir a janela **Solution Explorer** conforme vimos na **figura 30**. Em seguida, abra o projeto **AppUsandoMasterDetailPage**, para isto, clique na setinha que tem ao lado do projeto **AppUsandoMasterDetailPage**, em seguida, clique na setinha que tem ao lado do arquivo **App.xaml**, em seguida, clique com o botão do mouse sobre o arquivo **App.xaml.cs**, selecione o item **View Code** ou pressione a tecla **F7,** conforme vimos na **figura 46**. Clicar duas vezes com o botão do mouse sobre o arquivo **App.xaml.cs**, tem o mesmo efeito. Vai abrir a janela de código do arquivo **App.xaml.cs**, conforme vimos na **figura 48**. Vamos alterar o código, para isto, posicione o cursor do mouse no início da **linha 13** e pressione a tecla **Shift+Setinha Direita** até o final da **linha 13**, selecionando-a, veja como ficou conforme vimos na **figura 117**. Pressione a tecla **Delete** do teclado, no local onde o cursor do mouse está piscando, na **linha 13**, conforme vimos na **figura 118**. Digite o código abaixo:

```
MainPage = new MenuPrincipal();
```

Veja como ficou, conforme vimos na **figura 119**. Se aparecer um erro dizendo que o arquivo **MenuPrincipal.xaml** não foi localizado, para corrigir este erro é muito fácil, veja que temos um ícone de uma lâmpada amarela no início da **linha 13**, clique com o mouse sobre esta lâmpada e veja que vai aparecer uma setinha para baixo, clique nesta setinha e selecione o item **using AppUsandoMasterDetailPage.Views**, conforme vimos na **figura 120**. Isto é o caminho onde o arquivo está guardado. Veja que na **linha 1** apareceu uma nova **using**, conforme vimos na **figura 121**. Salve seu projeto, conforme vimos nas **figuras 48 e 49**. Vamos retornar para o arquivo **MenuPrincipal.xaml**, para isto, escolha uma das formas para abri-lo, conforme vimos nas **figuras 124 e 125**, observe que nas **linhas 19**, **25**, **31**, temos um método **Tapped**, com três eventos chamados **chamarPageLeao**, **chamarPageJaguar** e **chamarPageTigre** temos que criar estes métodos no arquivo **MenuPrincipal.xaml.cs (code-behind)**, para isto, selecione o evento **chamarPageLeao**, na **linha 19**, clique com o botão esquerdo do mouse sobre a seleção, e selecione o item **Go To Definition**, ou pressione a tecla **F12**, conforme vimos na **figura 140**, vai abrir a janela de código **behind** do arquivo **MenuPrincipal.xaml.cs**, com o cursor do mouse piscando na **linha 22**, dentro do evento **chamarPageLeao** já criado, conforme vimos na **figura 141**, no local onde o cursor do mouse está piscando, na **linha 22**, digite o código abaixo:

```
Detail.Navigation.PushAsync(new Leao());
IsPresented = false;
```

Salve seu projeto, conforme vimos nas **figuras 48 e 49**. Vamos retornar para o arquivo **MenuPrincipal.xaml**, para isto, escolha uma das formas para abri-lo, conforme vimos nas **figuras 124 e 125**, agora selecione o evento **chamarPageJaguar**, na **linha 25**, clique com o botão esquerdo do mouse sobre a seleção, e selecione o item **Go To Definition**, ou pressione a tecla **F12**, conforme vimos na **figura 140**, vai abrir a janela de código **behind** do arquivo **MenuPrincipal.xaml.cs**, com o cursor do mouse piscando na **linha 28**, dentro do evento **chamarPageJaguar** já criado, conforme vimos na **figura 141**, no local onde o cursor do mouse está piscando, na **linha 28**, digite o código abaixo:

```
Detail.Navigation.PushAsync(new Jaguar());
IsPresented = false;
```

Salve seu projeto, conforme vimos nas **figuras 48 e 49**. Vamos retornar para o arquivo **MenuPrincipal.xaml**, para isto, escolha uma das formas para abri-lo, conforme vimos nas **figuras 124 e 125**, agora selecione o evento **chamarPageTigre**, na **linha 31**, clique com o botão esquerdo do mouse sobre a seleção, e selecione o item **Go To Definition**, ou pressione a tecla **F12**, conforme vimos na **figura 140**, vai abrir a janela de código **behind** do arquivo **MenuPrincipal.xaml.cs**, com o cursor do mouse piscando na **linha 34**, dentro do evento **chamarPageTigre** já criado, conforme vimos na **figura 141**, no local onde o cursor do mouse está piscando, na **linha 34**, digite o código abaixo:

```
Detail.Navigation.PushAsync(new Tigre());
IsPresented = false;
```

Ainda com o arquivo **MenuPrincipal.xaml.cs** aberto, posicione o cursor do mouse no final da **linha 17**, pressione a tecla **Enter** do teclado, o cursor do mouse vai ficar piscando na **linha 18**, nesta linha, digite o código abaixo:

```
Detail = new NavigationPage(new MenuDetalhes());
```

Salve seu projeto, conforme vimos nas **figuras 48 e 49**. Vamos retornar para o arquivo **MenuPrincipal.xaml**, para isto, escolha uma das formas para abri-lo, conforme vimos nas **figuras 124 e 125**, observe que nas **linhas 15, 21, 27** e **33**, temos chamadas para imagens do tipo **png** e **ícones**, não vou entrar em detalhes sobre imagens e ícones, baixe três imagens no seu computador, uma para cada tipo de felino, do tipo **png**, baixe três ícones, um para cada tipo de felino, do tipo **png**, e uma imagem de fundo, do tipo **png**. Feito isto, vamos colar estas imagens nos projetos **Android** e **UWP**, conforme vimos nas figuras **127** e **128**, do subtópico **CarouselPage**. Salve seu projeto, conforme vimos nas **figuras 48 e 49**. Toda vez que formos trabalhar com imagens, repita este procedimento para copiar e colar as mesmas em todos os projetos. Vamos abrir o arquivo **Leao.xaml**, para isto, escolha uma das formas para abri-lo, conforme vimos nas **figuras 124 e 125**, observe a **linha 2**, já tem a tag **ContentPage** por padrão. Isto vai ocorrer em todos os projetos que criarmos com o **Xamarin. Forms**. Vamos alterar este código, pressione ao mesmo tempo as teclas **Ctrl+A** e vai selecionar todo o código, conforme vimos na **figura 116**. Pressione a tecla **Delete** do teclado, no local onde o cursor do mouse está piscando, na **linha 1**, digite o código abaixo:

```
<?xml version="1.0" encoding="utf-8" ?>
<ContentPage xmlns="http://xamarin.com/schemas/2014/forms"
             xmlns:x="http://schemas.microsoft.com/winfx/2009/
xaml"
             x:Class="AppUsandoMasterDetailPage.Views.Leao"
             BackgroundImageSource="fundo.png"
             Title="Leão">

    <StackLayout Padding="5, 25">
        <Label Text="Nome: Leão" FontAttributes="Bold"
FontSize="Large" HorizontalOptions="Center" />
        <Image Source="leao.png" WidthRequest="250"
HeightRequest="250" />
```

```
        <StackLayout Padding="50, 10">
            <StackLayout Orientation="Horizontal">
                <Label Text="Reino:"
HorizontalOptions="FillAndExpand" FontAttributes="Bold"
FontSize="Medium" TextColor="Maroon" />
                <Label Text="Animalia" FontAttributes="Bold"
FontSize="Medium" />
            </StackLayout>
            <StackLayout Orientation="Horizontal">
                <Label Text="Filo:"
HorizontalOptions="FillAndExpand" FontAttributes="Bold"
FontSize="Medium" TextColor="Maroon" />
                <Label Text="Chordata" FontAttributes="Bold"
FontSize="Medium" />
            </StackLayout>
            <StackLayout Orientation="Horizontal">
                <Label Text="Classe:"
HorizontalOptions="FillAndExpand" FontAttributes="Bold"
FontSize="Medium" TextColor="Maroon" />
                <Label Text="Mammalia" FontAttributes="Bold"
FontSize="Medium" />
            </StackLayout>
            <StackLayout Orientation="Horizontal">
                <Label Text="Ordem:"
HorizontalOptions="FillAndExpand" FontAttributes="Bold"
FontSize="Medium" TextColor="Maroon" />
                <Label Text="Carnivora" FontAttributes="Bold"
FontSize="Medium" />
            </StackLayout>
            <StackLayout Orientation="Horizontal">
                <Label Text="Família:"
HorizontalOptions="FillAndExpand" FontAttributes="Bold"
FontSize="Medium" TextColor="Maroon" />
                <Label Text="Felidae" FontAttributes="Bold"
FontSize="Medium" />
            </StackLayout>
            <StackLayout Orientation="Horizontal">
                <Label Text="Gênero:"
HorizontalOptions="FillAndExpand" FontAttributes="Bold"
FontSize="Medium" TextColor="Maroon" />
                <Label Text="Panthera" FontAttributes="Bold"
FontSize="Medium" />
            </StackLayout>
            <StackLayout Orientation="Horizontal">
                <Label Text="Espécie:"
HorizontalOptions="FillAndExpand" FontAttributes="Bold"
FontSize="Medium" TextColor="Maroon" />
```

```
                <Label Text="Panthera leo"
FontAttributes="Bold" FontSize="Medium" />
            </StackLayout>
        </StackLayout>
    </StackLayout>
</ContentPage>
```

Vamos abrir o arquivo **Jaguar.xaml**, para isto, escolha uma das formas para abri-lo, conforme vimos nas **figuras 124 e 125**, observe a **linha 2**, já tem a tag **ContentPage** por padrão. Isto vai ocorrer em todos os projetos que criarmos com o **Xamarin.Forms**. Vamos alterar este código, pressione ao mesmo tempo as teclas **Ctrl+A** e vai selecionar todo o código, conforme vimos na **figura 116**. Pressione a tecla **Delete** do teclado, no local onde o cursor do mouse está piscando, na **linha 1**, digite o código abaixo:

```
<?xml version="1.0" encoding="utf-8" ?>
<ContentPage xmlns="http://xamarin.com/schemas/2014/forms"
             xmlns:x="http://schemas.microsoft.com/winfx/2009/
xaml"
             x:Class="AppUsandoMasterDetailPage.Views.Jaguar"
             BackgroundImageSource="fundo.png"
             Title="Jaguar">

    <StackLayout Padding="5, 25">
        <Label Text="Nome: Jaguar" FontAttributes="Bold"
FontSize="Large" HorizontalOptions="Center" />
        <Image Source="jaguar.png" WidthRequest="250"
HeightRequest="250" />
        <StackLayout Padding="50, 10">
            <StackLayout Orientation="Horizontal">
                <Label Text="Reino:"
HorizontalOptions="FillAndExpand" FontAttributes="Bold"
FontSize="Medium" TextColor="Yellow" />
                <Label Text="Animalia" FontAttributes="Bold"
FontSize="Medium" />
            </StackLayout>
            <StackLayout Orientation="Horizontal">
                <Label Text="Filo:"
HorizontalOptions="FillAndExpand" FontAttributes="Bold"
FontSize="Medium" TextColor="Yellow" />
                <Label Text="Chordata" FontAttributes="Bold"
FontSize="Medium" />
            </StackLayout>
            <StackLayout Orientation="Horizontal">
                <Label Text="Classe:"
```

```
HorizontalOptions="FillAndExpand" FontAttributes="Bold"
FontSize="Medium" TextColor="Yellow" />
                <Label Text="Mammalia" FontAttributes="Bold"
FontSize="Medium" />
            </StackLayout>
            <StackLayout Orientation="Horizontal">
                <Label Text="Ordem:"
HorizontalOptions="FillAndExpand" FontAttributes="Bold"
FontSize="Medium" TextColor="Yellow" />
                <Label Text="Carnivora" FontAttributes="Bold"
FontSize="Medium" />
            </StackLayout>
            <StackLayout Orientation="Horizontal">
                <Label Text="Família:"
HorizontalOptions="FillAndExpand" FontAttributes="Bold"
FontSize="Medium" TextColor="Yellow" />
                <Label Text="Felidae" FontAttributes="Bold"
FontSize="Medium" />
            </StackLayout>
            <StackLayout Orientation="Horizontal">
                <Label Text="Gênero:"
HorizontalOptions="FillAndExpand" FontAttributes="Bold"
FontSize="Medium" TextColor="Yellow" />
                <Label Text="Panthera" FontAttributes="Bold"
FontSize="Medium" />
            </StackLayout>
            <StackLayout Orientation="Horizontal">
                <Label Text="Espécie:"
HorizontalOptions="FillAndExpand" FontAttributes="Bold"
FontSize="Medium" TextColor="Yellow" />
                <Label Text="Panthera onça"
FontAttributes="Bold" FontSize="Medium" />
            </StackLayout>
        </StackLayout>
    </StackLayout>
</ContentPage>
```

Salve seu projeto, conforme vimos nas **figuras 48 e 49**. Vamos abrir o arquivo **Tigre.xaml**, para isto, escolha uma das formas para abri-lo, conforme vimos nas **figuras 124 e 125**, observe a **linha 2**, já tem a tag **ContentPage** por padrão. Isto vai ocorrer em todos os projetos que criarmos com o **Xamarin.Forms**. Vamos alterar este código, pressione ao mesmo tempo as teclas **Ctrl+A** e vai selecionar todo o código, conforme vimos na **figura 116**. Pressione a tecla **Delete** do teclado, no local onde o cursor do mouse está piscando, na **linha 1**, digite o código abaixo:

```
<?xml version="1.0" encoding="utf-8" ?>
<ContentPage xmlns="http://xamarin.com/schemas/2014/forms"
             xmlns:x="http://schemas.microsoft.com/winfx/2009/
xaml"
             x:Class="AppUsandoMasterDetailPage.Views.Tigre"
             BackgroundImageSource="fundo.png"
             Title="Tigre">

    <StackLayout Padding="5, 25">
        <Label Text="Nome: Tigre" FontAttributes="Bold"
FontSize="Large" HorizontalOptions="Center" />
        <Image Source="tigre.png" WidthRequest="250"
HeightRequest="250" />
        <StackLayout Padding="50, 10">
            <StackLayout Orientation="Horizontal">
                <Label Text="Reino:"
HorizontalOptions="FillAndExpand" FontAttributes="Bold"
FontSize="Medium" TextColor="DarkOrange" />
                <Label Text="Animalia" FontAttributes="Bold"
FontSize="Medium" />
            </StackLayout>
            <StackLayout Orientation="Horizontal">
                <Label Text="Filo:"
HorizontalOptions="FillAndExpand" FontAttributes="Bold"
FontSize="Medium" TextColor="DarkOrange" />
                <Label Text="Chordata" FontAttributes="Bold"
FontSize="Medium" />
            </StackLayout>
            <StackLayout Orientation="Horizontal">
                <Label Text="Classe:"
HorizontalOptions="FillAndExpand" FontAttributes="Bold"
FontSize="Medium" TextColor="DarkOrange" />
                <Label Text="Mammalia" FontAttributes="Bold"
FontSize="Medium" />
            </StackLayout>
            <StackLayout Orientation="Horizontal">
                <Label Text="Ordem:"
HorizontalOptions="FillAndExpand" FontAttributes="Bold"
FontSize="Medium" TextColor="DarkOrange" />
                <Label Text="Carnivora" FontAttributes="Bold"
FontSize="Medium" />
            </StackLayout>
            <StackLayout Orientation="Horizontal">
                <Label Text="Família:"
HorizontalOptions="FillAndExpand" FontAttributes="Bold"
FontSize="Medium" TextColor="DarkOrange" />
                <Label Text="Felidae" FontAttributes="Bold"
```

```
FontSize="Medium" />
            </StackLayout>
            <StackLayout Orientation="Horizontal">
                <Label Text="Gênero:"
HorizontalOptions="FillAndExpand" FontAttributes="Bold"
FontSize="Medium" TextColor="DarkOrange" />
                <Label Text="Panthera" FontAttributes="Bold"
FontSize="Medium" />
            </StackLayout>
            <StackLayout Orientation="Horizontal">
                <Label Text="Espécie:"
HorizontalOptions="FillAndExpand" FontAttributes="Bold"
FontSize="Medium" TextColor="DarkOrange" />
                <Label Text="Panthera tigris"
FontAttributes="Bold" FontSize="Medium" />
            </StackLayout>
        </StackLayout>
    </StackLayout>
</ContentPage>
```

Salve seu projeto, conforme vimos nas **figuras 48 e 49**. Vamos abrir o arquivo **MenuDetalhes.xaml**, para isto, escolha uma das formas para abri-lo, conforme vimos nas **figuras 124 e 125**, observe a **linha 2**, já tem a tag **ContentPage** por padrão. Isto vai ocorrer em todos os projetos que criarmos com o **Xamarin.Forms**. Vamos alterar este código, pressione ao mesmo tempo as teclas **Ctrl+A** e vai selecionar todo o código, conforme vimos na **figura 116**. Pressione a tecla **Delete** do teclado, no local onde o cursor do mouse está piscando, na **linha 1**, digite o código abaixo:

```
<?xml version="1.0" encoding="utf-8" ?>
<ContentPage xmlns="http://xamarin.com/schemas/2014/forms"
             xmlns:x="http://schemas.microsoft.com/winfx/2009/
xaml"
             x:Class="AppUsandoMasterDetailPage.Views.
MenuDetalhes"
             BackgroundImageSource="fundo.png"
             Title="Detalhes">

    <ContentPage.Content>
        <StackLayout VerticalOptions="CenterAndExpand">
            <Label Text="Página de Detalhes" TextColor="Gold"
FontAttributes="Bold" FontSize="Large"
                HorizontalOptions="CenterAndExpand" />
            <Image Source="xamarin3.png"/>
```

```
        </StackLayout>
    </ContentPage.Content>
</ContentPage>
```

Salve seu projeto, conforme vimos nas **figuras 48 e 49**. Agora podemos compilar nosso **App** no **Android**, repita o procedimento que vimos neste **Capítulo**, nos seguintes tópicos: **Criando a Interface do Usuário com C# (C Sharp) – Code-behind**, **Compilando (Debugging) o Aplicativo Android** e **Instalando o Emulador do Android**. Para usar um smartphone **Android**, veja neste **Capítulo**, o seguinte tópico: **Configurando o Smartphone para Modo Desenvolvedor**, a tela do aplicativo vai aparecer no smartphone, conforme **figura 185**:

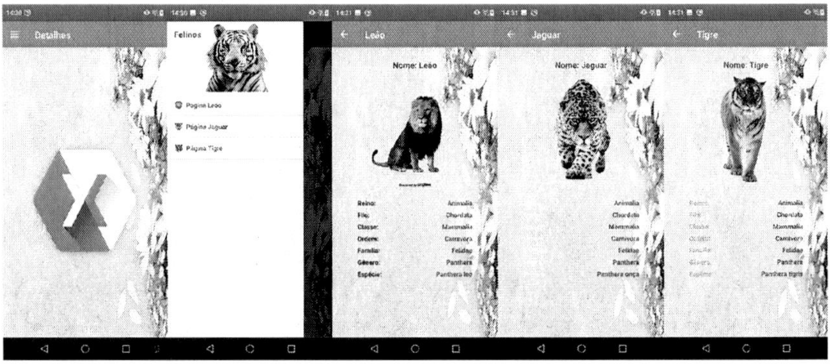

Figura 185

Clique no ícone com três barrinhas que está localizado no lado direito superior da tela, em seguida, clique no item de menu **Página Leão**, para retornar para a tela principal, basta clicar na setinha apontando para esquerda, ao lado do título **Leão**, repita o procedimento anterior e clique no item de menu **Página Jaguar**, para retornar para a tela principal, basta clicar na setinha apontando para esquerda, ao lado do título **Jaguar**, repita o procedimento anterior e clique no item de menu **Página Tigre**, para retornar para a tela principal, basta clicar na setinha apontando para esquerda, ao lado do título **Tigre**. Vamos retornar a **IDE** do **Visual Studio**, é só clicar na área de desenvolvimento do programa e estaremos de volta. Agora vamos compilar o nosso projeto no **UWP**, conforme vimos neste **Capítulo**, nos tópicos **Criando a Interface do Usuário com C# (C Sharp) – Code-behind** e **Compilando (Debugging) o Aplicativo UWP**. Este processo é muito rápido, pois estamos instalando o aplicativo direto no computador. Quando o aplicativo for instalado no computador, aparecerá a seguinte mensagem **Ready** com uma tarja laranja, no canto inferior esquerdo, conforme **figura 186**:

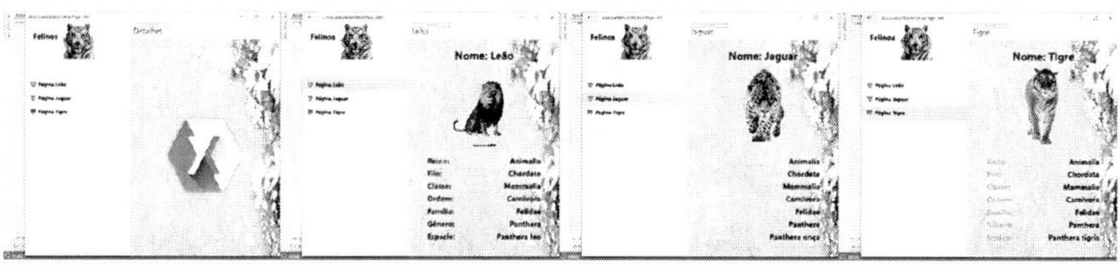

Figura 186

No **UWP**, não aparece o ícone com três barrinhas, e sim um **Menu Lateral** que está localizado no lado direito da tela, em seguida, clique no item de menu **Página Leão**, para retornar para a tela principal, basta clicar na setinha amarela que fica no canto superior direito da tela, apontando para esquerda, repita o procedimento anterior e clique no item de menu **Página Jaguar**, para retornar para a tela principal, basta clicar na setinha amarela que fica no canto superior direito da tela, apontando para esquerda, repita o procedimento anterior e clique no item de menu **Página Tigre**, para retornar para a tela principal, basta clicar na setinha amarela que fica no canto superior direito da tela, apontando para esquerda. Vamos retornar a **IDE** do **Visual Studio**, é só clicar na área de desenvolvimento do programa e estaremos de volta. Observe que a compilação é muita rápida, pois estamos instalando o aplicativo no **Windows**, no computador. E também temos diferenças gráficas entre uma plataforma e outra, que vamos tratar mais adiante. Agora vamos fazer um **commit**, que nada mais é do que mandar nosso projeto para o **GitHub**, para isto, nas abas do lado direito, clique sobre a aba do **Git Changes**, conforme vimos na **figura 127**, na área de comentários, digite **O projeto foi concluído com êxito**, em seguida, na caixa de seleção **ComboBox**, selecione o item **Commit All and Sync**, conforme **figura 187**:

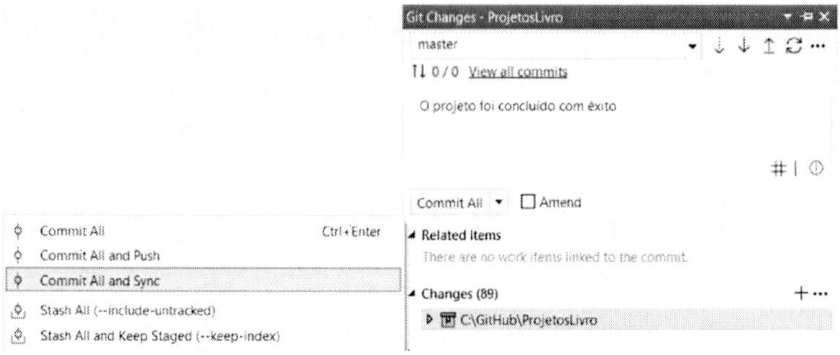

Figura 187

Pode ser que apareça uma janela pedindo para salvar o **commit**, conforme **figura 188**:

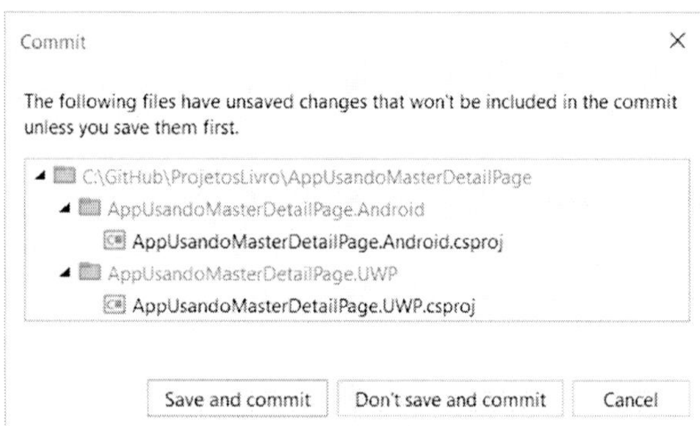

Figura 188

Clique no botão **Save and commit**. Aguarde até a sincronização, conforme **figura 189**:

Figura 189

Ao final da sincronização, vai aparecer a seguinte mensagem: **Successfully synchronized incoming and outgoing commits.**, conforme **figura 190**:

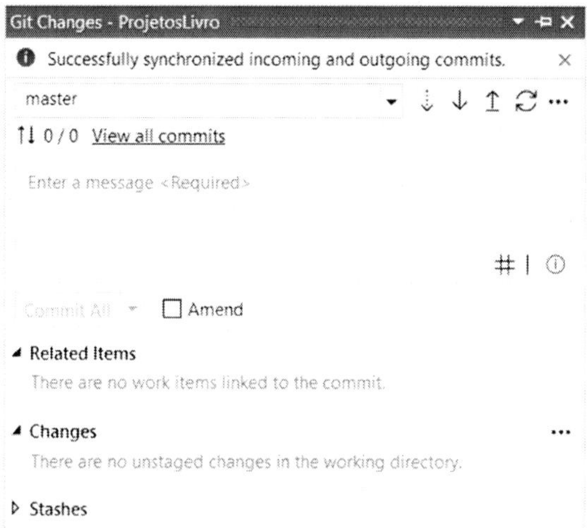

Figura 190

Na janela **Git Changes – ProjetosLivros**, clique na setinha azul para cima que é o item **Push**, conforme **figura 191**:

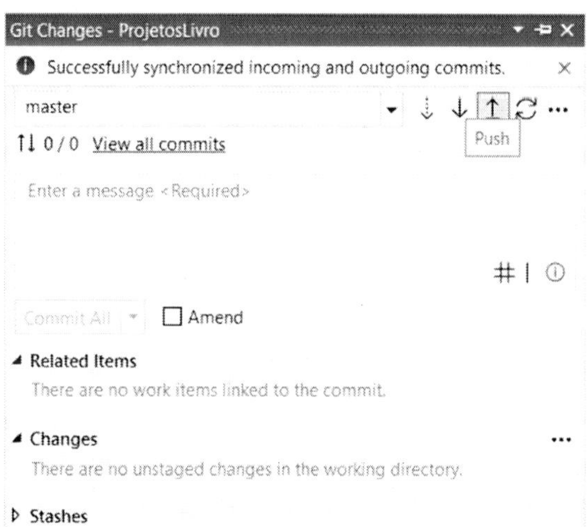

Figura 191

Aguarde, vai aparecer a seguinte mensagem: **Successfully pushed to origin/master**, conforme **figura 192**:

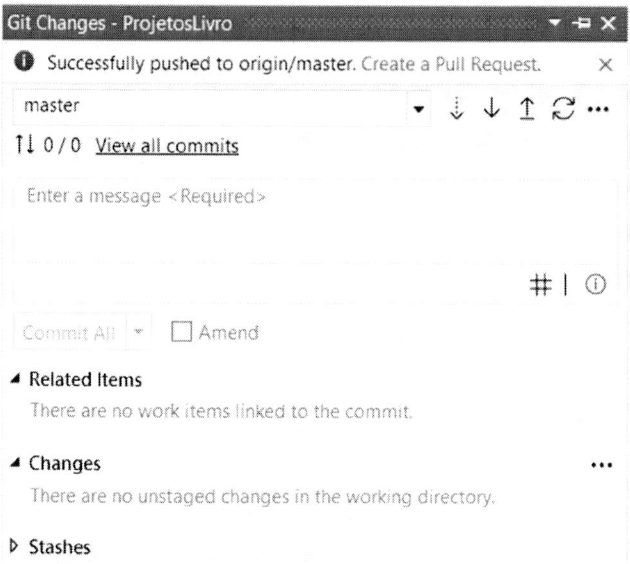

Figura 192

Para ter certeza de que nosso projeto foi mesmo enviado para nossa conta do **GitHub**, basta logar na sua conta no seu navegador web, clique no botão **Sign in**, conforme **figura 193**:

Figura 193

Vai abrir a janela **Sign in to GitHub**, digite o usuário ou e-mail cadastrado e a senha, conforme **figura 194**:

Figura 194

Clique no botão **Sign in**, vai abrir a janela principal da nossa conta do **GitHub**, clique sobre o repositório **ExemplosApps/ProjetosLivro**, conforme **figura 195**:

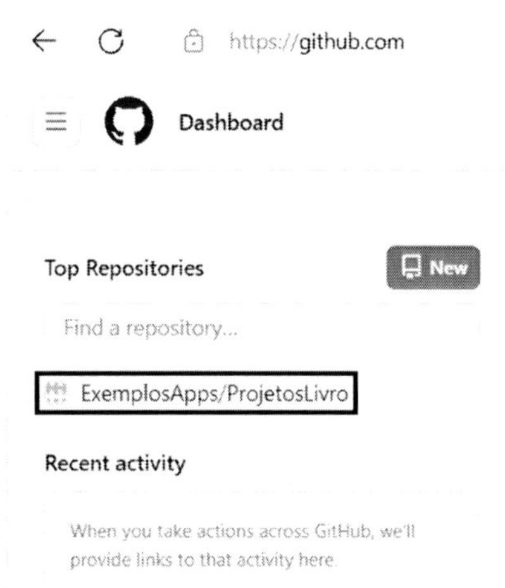

Figura 195

Veja que o nosso projeto está no repositório, conforme **figura 196**:

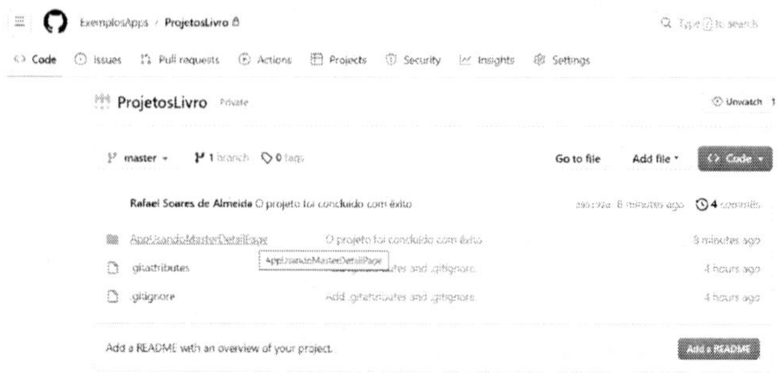

Figura 196

Pronto, a partir de agora criaremos todos os nossos projetos usando esta técnica.

LAYOUTS DO XAMARIN.FORMS – XAMARIN.FORMS LAYOUTS

São usados para compor controles da interface do usuário em estruturas visuais. As classes **Layout** e **Layout <T>** do **Xamarin.Forms** são subtipos especializados de visualizações que atuam como contêineres para visualizações e outros layouts. A própria classe **Layout** deriva da classe **View**. Uma classe derivada de layout geralmente contém a lógica para definir a posição e o tamanho dos elementos filhos nos aplicativos **Xamarin.Forms**, conforme **figura 197**:

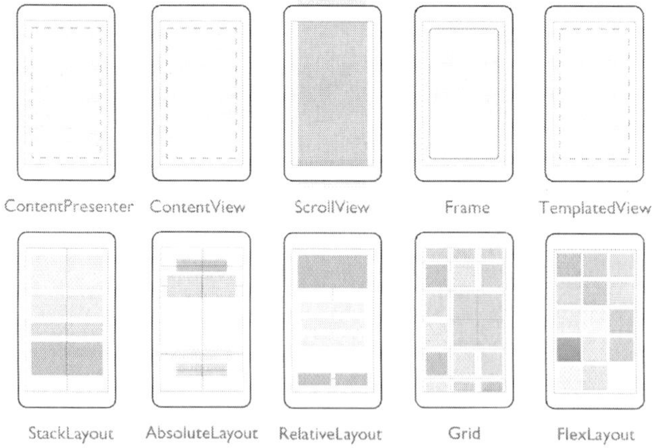

Figura 197

As classes que derivam de **Layout** podem ser divididas em duas categorias:

- **Layouts com conteúdo único (Único Filho) – Layouts with Single Content**; e
- **Layouts com vários filhos – Layouts with Multiple Children**.

Veremos cada um deles separadamente.

Layouts com conteúdo único (Único Filho) – Layouts with Single Content

Essas classes derivam de Layout, que define as propriedades **Padding** e **IsClippedToBounds**.

ContentView

Contém um único filho que é definido com a propriedade **Content**, esta propriedade pode ser definida como qualquer derivação da classe **View**, incluindo outros **Layouts** derivados. **ContentView** é usado, principalmente, como um elemento estrutural e serve como uma classe base para a classe **Frame**. Vamos criar um novo projeto para entendermos estes conceitos, para isto, vamos retornar para a **IDE** do **Visual Studio 2022**, basta clicar no ícone do **Visual Studio 2022**, na barra de tarefas do **Windows**, e vai aparecer uma miniatura do **Visual Studio 2022**, conforme vimos na **figura 15**, se o mesmo estiver fechado, para abrir novamente, basta clicar sobre o ícone do programa que se encontra na barra de tarefas, conforme vimos na **figura 3**, e vai abrir a janela de itens recentes, conforme vimos na **figura 8**, para criar um novo projeto, temos três opções: poderíamos usar na janela de itens recentes a opção **Create a new project**, conforme vimos na **figura 22**, ou clicar no link **Continuar sem código (Continue without code)**, e aguardar a abertura da área do **IDE – Ambiente de Desenvolvimento Integrado do Visual Studio 2022 Community**, em seguida, vá até o menu **File**, e selecione o item **New Project...**, ou pressionar ao mesmo tempo as teclas **Ctrl+Shift+N**, conforme vimos na **figura 23**, independentemente da forma escolhida para criar um novo projeto, vai abrir a janela **Create a new Project (Criar um novo projeto)**, no item **All Project type (Todos os Tipos de projeto)**, clique na setinha para baixo e selecione **Mobile**, em seguida, na lista **Filtering by: Mobile (Filtrado por: Mobile)**, selecione o item **Mobile App(Xamarin. Forms) (Aplicativo Móvel(Xamarin.Forms))**, conforme vimos na **figura 24**, clique no botão **Next (Próximo)**, e vai abrir a janela **Configure your new Project (Configurar seu novo Projeto)**, conforme vimos na **figura 25**, com a janela **Configure your new Project (Configurar seu novo Projeto)** aberta, no item **Project name:**, digite **AppUsandoContentView**, no item **Location**, vamos direcionar nosso projeto para que o mesmo possa trabalhar com controle de versão em conjunto com o **GitHub**, ou seja, vamos salvar na pasta **ProjetosLivro**, que nada mais é do que nosso repositório de controle de versão, clique no botão com três pontinhos, selecione **Win10(C:)**, no meu caso está com este nome, em seguida, selecione a pasta **GitHub**, em seguida, selecione a pasta **ProjetosLivro**, conforme vimos na **figura 184**, clique no botão **Selecionar pasta**, deixe marcado o item **Place solution and project in the same directory**, suas informações devem ficar conforme vimos na **figura 26**, em seguida, clique no botão **Create**. Vai abrir a janela **New Mobile App**, no item **Select a template for your app**, selecione o item **Blank**, no item **I plan to develop for:**, marque as opções **Android** e **Windows(UWP)**, conforme vimos na **figura 27**, clique no botão **Create**, aguarde e veja que vai aparecer a nossa **IDE** ou área de desenvolvimento, conforme vimos na **figura 28**. Observe que todo projeto **Xamarin.Forms** que criamos, automaticamente já vem com uma página de visualização ou **View**, vinculada, que é o arquivo **MainPage.xaml**, vamos abri-lo, para isto, abra a janela **Solution Explorer**, pressione ao mesmo tempo as teclas **Ctrl+Alt+L**, e deve abrir a janela **Solution Explorer** conforme vimos na **figura 30**. Em seguida, abra o projeto **AppUsandoContentView**, para isto, clique na setinha que tem ao lado do projeto **AppUsandoContentView**, em seguida, clique duas vezes com o botão esquerdo do mouse sobre o arquivo **MainPage.xaml**, e vai abrir o mesmo, agora pressione ao mesmo tempo as teclas **Ctrl+A** e vai selecionar todo o código, conforme vimos na **figura 116**. Pressione a tecla **Delete** do teclado, no local onde o cursor do mouse está piscando, na **linha 1**, digite o código abaixo:

```
<?xml version="1.0" encoding="utf-8" ?>
<ContentPage xmlns="http://xamarin.com/schemas/2014/forms"
             xmlns:x="http://schemas.microsoft.com/winfx/2009/
xaml"
```

```
             x:Class="AppUsandoContentView.MainPage"
             BackgroundColor="LightYellow"
             Title="Usando ContentView">

    <StackLayout Padding="{OnPlatform UWP=20}">
        <Label Text="ContentView"
               FontSize="50"
               FontAttributes="Bold"
               HorizontalOptions="Center"
               TextColor="Violet"/>
        <ContentView BackgroundColor="Aqua"
                     Margin="10"
                     Padding="25"
                     HorizontalOptions="Fill"
                     VerticalOptions="CenterAndExpand">
            <Label Text="O ContentView (na cor aqua neste
exemplo) pode não parecer muito útil, pois pode ter um
único filho (neste exemplo, um Label) e não faz muito. Mas o
ContentView às vezes é uma maneira conveniente de fornecer uma
cor de plano de fundo ou dar uma pequena margem ao elemento
filho por meio de sua própria propriedade Padding."
                   TextColor="Purple" />
        </ContentView>
    </StackLayout>
</ContentPage>
```

Salve seu projeto, conforme vimos nas **figuras 48 e 49**. Agora podemos compilar nosso **App** no **Android**, repita o procedimento que vimos neste **Capítulo**, nos seguintes tópicos: **Criando a Interface do Usuário com C# (C Sharp) – Code-behind**, **Compilando (Debugging) o Aplicativo Android** e **Instalando o Emulador do Android**. Para usar um smartphone **Android**, veja neste **Capítulo**, o seguinte tópico: **Configurando o Smartphone para Modo Desenvolvedor**, a tela do aplicativo vai aparecer no smartphone, conforme **figura 198**:

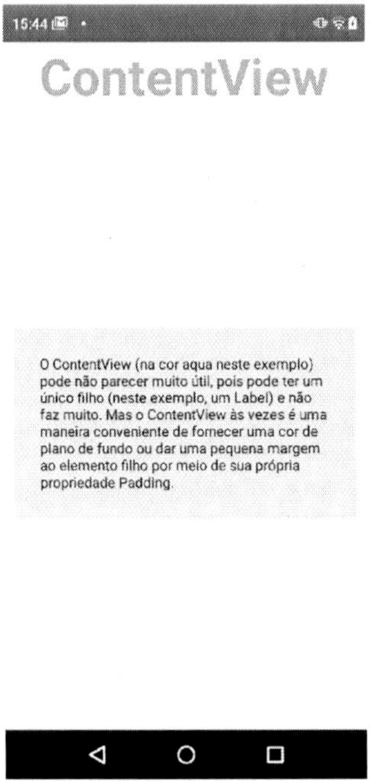

Figura 198

Vamos retornar a **IDE** do **Visual Studio**, é só clicar na área de desenvolvimento do programa e estaremos de volta. Agora vamos compilar o nosso projeto no **UWP**, conforme vimos neste **Capítulo**, nos tópicos **Criando a Interface do Usuário com C# (C Sharp) – Code-behind** e **Compilando (Debugging) o Aplicativo UWP**. Este processo é muito rápido, pois estamos instalando o aplicativo direto no computador. Quando o aplicativo for instalado no computador, aparecerá a seguinte mensagem **Ready** com uma tarja laranja, no canto inferior esquerdo, conforme **figura 199**:

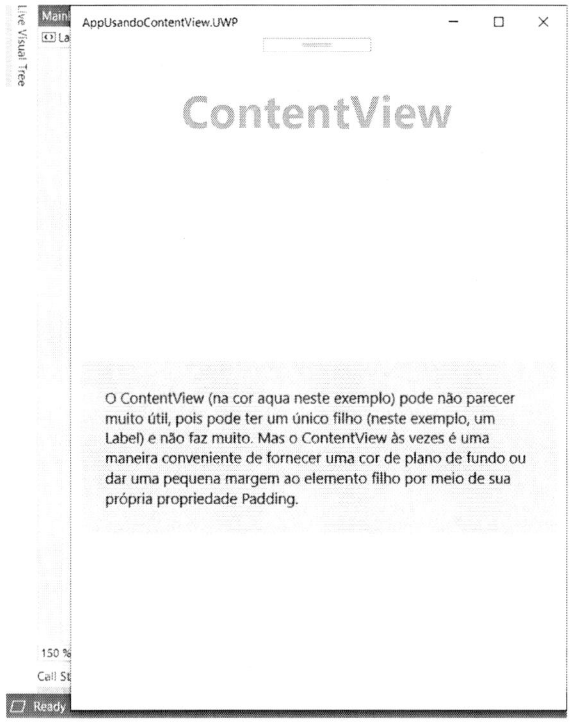

Figura 199

Vamos retornar a **IDE** do **Visual Studio**, é só clicar na área de desenvolvimento do programa e estaremos de volta. Observe que a compilação é muita rápida, pois estamos instalando o aplicativo no **Windows**, no computador. Agora vamos fazer um **commit**, que nada mais é do que mandar nosso projeto para o **GitHub**, conforme vimos, nas **figuras 187 a 192**.

Frame

Esta classe deriva de **Layout** através de uma **ContentView** de onde herda a propriedade **Content**. Exibe uma borda, ou quadro, em torno de seu **filho(Children)**. A classe **Frame** tem um valor de **Padding** padrão de 20 e também define as propriedades **BorderColor**, **CornerRadius** e **HasShadow**. O conteúdo de um Frame pode ser uma simples **view** ou um **layout** contendo um conjunto de **views**. Através do

VisualElement, herda a propriedade **BackgroundColor** que é branca no **iPhone**, transparente no **Android** e no **UWP**. A classe **Frame** geralmente é usada para criar bordas em torno de controles, mas pode ser usada para criar uma interface do usuário mais complexa. A classe **Frame** tem as seguintes propriedades:

- **BorderColor:** é um valor de **Color** que determina a cor da borda do **Frame**.
- **CornerRadius:** é um valor do tipo **float** que determina o raio arredondado do canto.
- **HasShadow:** é um valor do tipo **bool** que determina se o **Frame** tem uma sombra de projeção.

Essas propriedades têm o suporte de objetos **BindableProperty**, o que significa que o **Frame** pode ser o destino de associações de dados. O comportamento da propriedade **HasShadow** depende da plataforma utilizada. O valor padrão é **true** em todas as plataformas. No entanto, nas sombras suspensas no **UWP** não são renderizadas. As sombras de soltar são renderizadas no **Android** e no **iOS**, mas as sombras de soltar no **iOS** são mais escuras e ocupam mais espaço. Como vimos anteriormente, a classe **Frame** herda de **ContentView**, o que significa que ela pode conter qualquer tipo de objeto **View**, incluindo objetos **Layout**. Essa capacidade permite que o **Frame** seja usado para criar objetos de interface do usuário complexos, como **cards(cartões)**. A propriedade **CornerRadius** do controle de **Frame** pode ser usada para criar uma imagem circular. Vamos criar um novo projeto para entendermos estes conceitos, para isto, vamos retornar para a **IDE** do **Visual Studio 2022**, basta clicar no ícone do **Visual Studio 2022**, na barra de tarefas do **Windows**, e vai aparecer uma miniatura do **Visual Studio 2022**, conforme vimos na **figura 15**, se o mesmo estiver fechado, para abrir novamente, basta clicar sobre o ícone do programa que se encontra na barra de tarefas, conforme vimos na **figura 3**, e vai abrir a janela de itens recentes, conforme vimos na **figura 8**, para criar um novo projeto, temos três opções: poderíamos usar na janela de itens recentes a opção **Create a new project**, conforme vimos na **figura 22**, ou clicar no link **Continuar sem código (Continue without code)**, e aguardar a abertura da área do **IDE – Ambiente de Desenvolvimento Integrado do Visual Studio 2022 Community**, em seguida, vá até o menu **File**, e selecione o item **New Project...**, ou pressionar ao mesmo tempo as teclas **Ctrl+Shift+N**, conforme vimos na **figura 23**, independentemente da forma escolhida para criar um novo projeto, vai abrir a janela **Create a new Project (Criar um novo projeto)**, no item **All Project type (Todos os Tipos de projeto)**, clique na setinha para baixo e selecione **Mobile**, em seguida, na lista **Filtering by: Mobile (Filtrado por: Mobile)**, selecione o item **Mobile App(Xamarin.Forms)** (**Aplicativo Móvel(Xamarin. Forms))**, conforme vimos na **figura 24**, clique no botão **Next (Próximo)**, e vai abrir a janela **Configure your new Project (Configurar seu novo Projeto)**, conforme vimos na **figura 25**, com a janela **Configure your new Project (Configurar seu novo Projeto)** aberta, no item **Project name:**, digite **AppUsandoFrame**, no item **Location**, vamos direcionar nosso projeto para que o mesmo possa trabalhar com controle de versão em conjunto com o **GitHub**, ou seja, vamos salvar na pasta **ProjetosLivro**, que nada mais é do que nosso repositório de controle de versão, clique no botão com três pontinhos, selecione **Win10(C:)**, no meu caso está com este nome, em seguida selecione a pasta **GitHub**, em seguida, selecione a pasta **ProjetosLivro**, conforme vimos na **figura 184**, clique no botão **Selecionar pasta**, deixe marcado o item **Place solution and project in the same directory**, suas informações devem ficar conforme vimos na **figura 26**, em seguida, clique no botão **Create**. Vai abrir a janela **New Mobile App**, no item **Select a template for your app**, selecione o item **Blank**, no item **I plan to develop for:**, marque as opções **Android** e **Windows(UWP)**, conforme vimos na **figura 27**, clique no botão **Create**, aguarde e veja que vai aparecer a nossa **IDE** ou área de desenvolvimento, conforme vimos na **figura 28**. Observe que todo projeto **Xamarin.Forms** que criamos, automaticamente já vem com uma página de visualização ou **View**, vinculada, que é o arquivo **MainPage.xaml**, vamos abri-lo, para isto, abra a janela **Solution Explorer**, pressione ao mesmo tempo as teclas **Ctrl+Alt+L**, e deve abrir a janela **Solution Explorer** conforme vimos na **figura 30**. Em seguida, abra o projeto **AppUsandoFrame**, para isto, clique na setinha que tem ao lado do projeto **AppUsandoFrame**, em seguida, clique duas vezes com o botão esquerdo do mouse sobre o arquivo **MainPage.xaml**, e vai abrir o mesmo, agora pressione ao mesmo tempo as teclas **Ctrl+A** e vai selecionar todo o código, conforme vimos na **figura 116**. Pressione a tecla **Delete** do teclado, no local onde o cursor do mouse está piscando, na **linha 1**, digite o código abaixo:

```
<?xml version="1.0" encoding="utf-8" ?>
<ContentPage xmlns="http://xamarin.com/schemas/2014/forms"
             xmlns:x="http://schemas.microsoft.com/winfx/2009/
xaml"
             xmlns:d="http://xamarin.com/schemas/2014/forms/
design"
             xmlns:mc="http://schemas.openxmlformats.org/
markup-compatibility/2006"
             mc:Ignorable="d"
             x:Class="AppUsandoFrame.MainPage"
             BackgroundImageSource="{OnPlatform
Android=fundoAndroid.png, UWP=fundoUWP.png}"
             Title="Usando Frame">

    <StackLayout Padding="{OnPlatform Android=15,UWP=30}">
        <Label Text="Frame"
               FontSize="40"
               FontAttributes="Bold"
               HorizontalOptions="Center"
               TextColor="{OnPlatform Android=Yellow,
UWP=Blue}"/>
        <Frame
            BorderColor="Gray"
            CornerRadius="5"
            HasShadow="True"
            Padding="8">
            <StackLayout>
                <Label Text="{OnPlatform Android='Exemplo de
Card no Android', UWP='Exemplo de Card no Windows'}" />
                <BoxView
                    Color="Gray"
                    HeightRequest="2"
                    HorizontalOptions="Fill" />
                <Label Text="Os Frames podem agrupar layouts
mais complexos para criar componentes de interface do usuário
mais complexos, como este card(cartão) !!!!"/>
            </StackLayout>
        </Frame>
        <Frame
            Margin="{OnPlatform Android=15, UWP=15}"
            BorderColor="Black"
            CornerRadius="50"
            HeightRequest="60"
            WidthRequest="60"
            IsClippedToBounds="True"
            HorizontalOptions="Center"
            VerticalOptions="Center">
```

```
            <Image
                Source="{OnPlatform Android=logoAndroid.png,
UWP=logoUWP.png}"
                Aspect="AspectFill"
                Margin="-5"
                HeightRequest="100"
                WidthRequest="100" />
        </Frame>
    </StackLayout>
</ContentPage>
```

Salve seu projeto, conforme vimos nas **figuras 48 e 49**. Pode ser que dê um erro dizendo que a sintaxe do elemento **OnPlatform** está errada, apenas ignore este erro. Observe que nas **linhas 5**, e **39**, temos uma chamada para imagens do tipo **png**, vamos falar sobre imagens no próximo tópico.

Trabalhando com Imagens no Android

Para que nosso aplicativo fique mais profissional, vamos alterar o ícone e a imagem de fundo do aplicativo. Primeiro temos que achar as imagens que correspondam ao aplicativo que estamos desenvolvendo, basta procurar na internet que existem vários sites de imagem gratuita. Para ícones e imagens, visite o seguinte endereço: **https://icons8.com/**. Antes de usar qualquer imagem em nosso aplicativo, devemos nos certificar se a imagem é licenciada, ou seja, se temos o direito de usá-la. Muitas imagens necessitam que nós paguemos o direito de usá-la e outras oferecem licenças livres de código aberto ou **Creative Commons (creativecommons.org)**. Além disso, vamos padronizar os nomes das imagens todas digitadas em minúsculo e sem acentuação e do tipo **png**.

Resolução de Imagens

Os dispositivos **Android** têm vários tamanhos de tela, resoluções e densidades de pixels (ou seja, pontos por polegada ou **DPI**), então normalmente para imagens de fundo, vamos baixar imagens do tipo **png** e com alta resolução, pois o sistema operacional **Android** escolhe com base na densidade de pixels de um dispositivo, conforme **tabela 1**:

Densidade	Descrição
mipmap-hdpi	Alta densidade - aproximadamente 240 pontos por polegada.
mipmap-mdpi	Densidade média - aproximadamente 160 pontos por polegada.
mipmap-xhdpi	Densidade extra alta - aproximadamente 320 pontos por polegada.
mipmap-xxhdpi	Densidade Extra-Extra-alta densidade - aproximadamente 480 pontos por polegada.
mipmap-xxxhdpi	Densidade Extra-Extra-Extra-alta densidade - aproximadamente 640 pontos por polegada.

Tabela 1

Estas nomenclaturas nada mais são do que pasta, onde vamos copiar as imagens específicas para cada densidade de tela. O recomendável é que tenhamos uma imagem de altíssima qualidade, pra podermos ir diminuindo a mesma, se perder a qualidade. Baixe os arquivos, que tenham como referência **frame**, para o ícone e para a imagem de fundo, o logo do **Android**. Após baixar os arquivos vá até à pasta **imagens_projeto**, que está na unidade **Win10(C:)**, se por acaso não tiver criado a pasta vamos criá-la no nosso computador para usar as imagens, para isto, clique no item **Explorador de Arquivo**, que se encontra na **barra de tarefas**, conforme **figura 200**:

Figura 200

Vai abrir a janela **Explorador de Arquivo**, conforme **figura 201**:

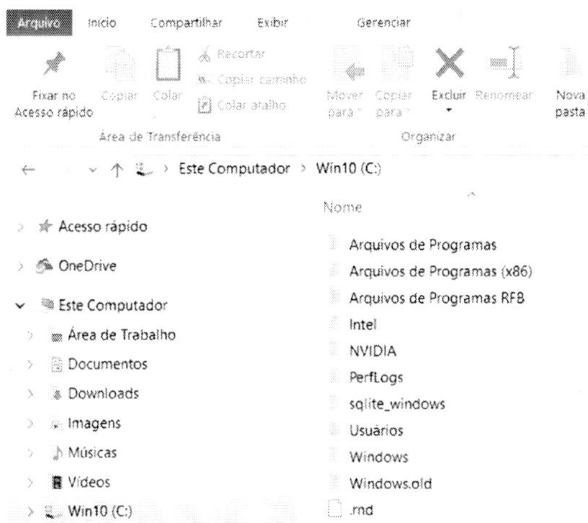

Figura 201

Em seguida, clique com o mouse na unidade de sua preferência, no meu caso estou usando **Win10(C:)**, clique no item **Nova pasta**, no menu de ferramentas, em seguida, digite **imagens_projeto**, conforme **figura 202**:

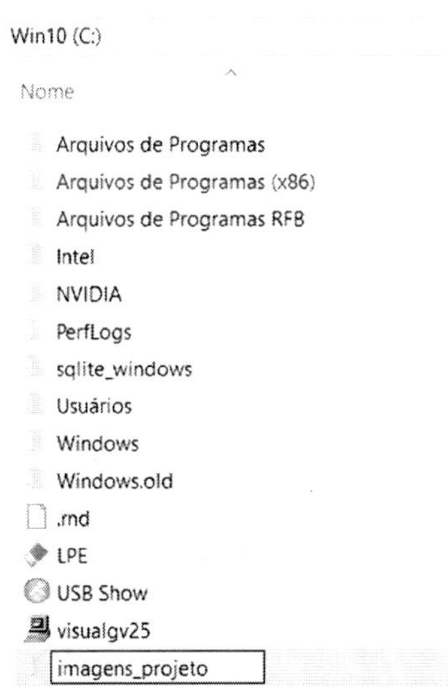

Figura 202

Pressione a tecla **Enter**. Pronto, acabamos de criar nossa pasta. Agora vamos até à pasta **imagens_projeto**, que está na unidade **Win10(C:)**, no meu caso, conforme vimos na **figura 202**, e vamos abrir o arquivo **android_logo_PNG17.png**, para isto, clique com o botão do mouse sobre o arquivo e selecione o item **Abrir com**, em seguida, selecione **Paint**, conforme **figura 203**:

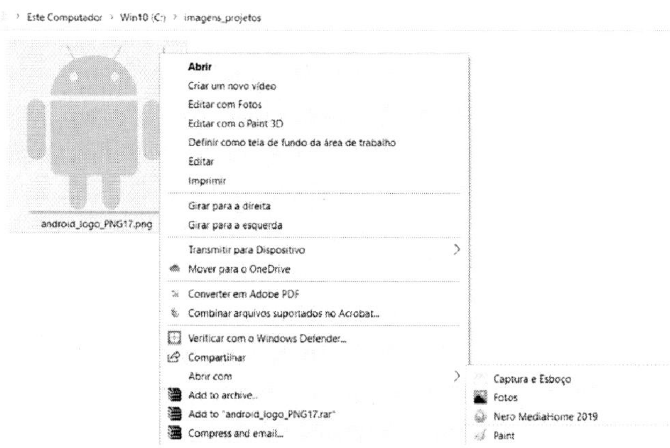

Figura 203

Você pode utilizar outro editor de imagem. Vai abrir o programa, conforme **figura 264**:

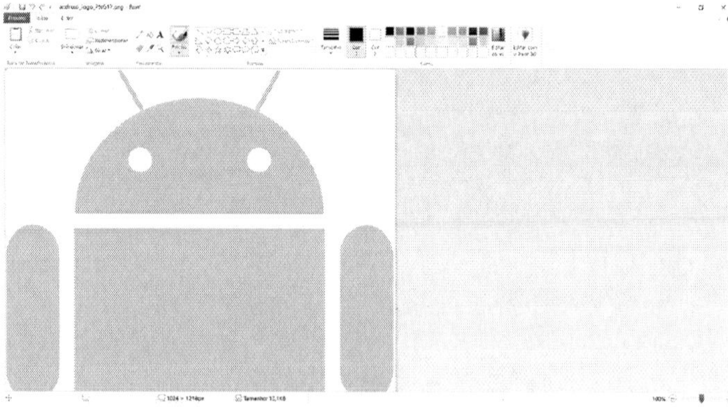

Figura 204

Caso a imagem não seja do tipo **png**, basta ir ao menu **Arquivo** e selecione o item **Salvar como**, em seguida, selecione o item **Imagem PNG**, conforme **figura 205**:

Figura 205

Vai abrir a janela **Salvar como**, selecione a unidade **Win10(C:)**, em seguida, clique na pasta **imagens_projeto**, conforme vimos na **figura 269**. No item **Nome:**, digite **fundoAndroid**. Em seguida, clique no botão **Salvar**. Deve aparecer uma janela com a seguinte pergunta: **Todas as transparências serão perdidas se você salvar essa imagem. Deseja continuar?**, conforme **figura 206**:

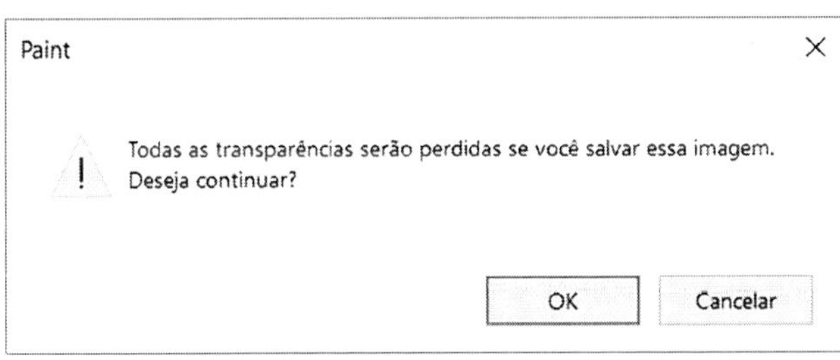

Figura 206

Clique no botão **OK**. Veja como ficou, conforme **figura 207**:

Figura 207

Vamos retornar ao programa **Paint**, em seguida, clique no menu **Redimensionar**, conforme **figura 208**:

Figura 208

Vai abrir a janela **Alongar e distorcer**, selecione o item **Pixels**, e na caixinha de texto **Horizontal**, digite **800**, conforme **figura 209**:

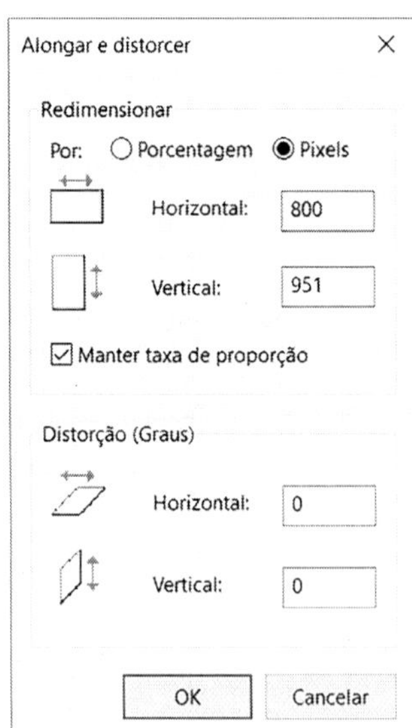

Figura 209

Clique no botão **OK**. Em seguida, vamos salvar o arquivo, para isto, podemos clicar no ícone do disquete que fica no menu superior esquerdo, ou pressionar ao mesmo tempo as teclas **Ctrl+B**, ou ir no menu **Arquivo** e selecione o item **Salvar**, conforme **figura 210**:

Figura 210

Feche o programa, para isto, basta clicar no ícone do **X**, que fica no canto superior direito da janela do programa, conforme vimos na **figura 14**. Vamos repetir o processo anterior para criar a imagem **logoAndroid**, para isto vamos retornar até a pasta **imagens_projeto**, que está na unidade **Win10(C:)**, no meu caso, conforme vimos na **figura 202**, e vamos abrir o arquivo **android_logo_PNG17.png**, para isto, clique com o botão do mouse sobre o arquivo e selecione o item **Abrir com**, em seguida, selecione **Paint**, conforme vimos na **figura 203**, você pode utilizar outro editor de imagem. Vai abrir o programa, conforme vimos na **figura 204**, caso a imagem não seja do tipo **png**, basta ir ao menu **Arquivo** e selecionar o item **Salvar como**, em seguida, selecione o item **Imagem PNG**, conforme vimos na **figura 205**, vai abrir a janela **Salvar como**, selecione a unidade **Win10(C:)**, em seguida, clique na pasta **imagens_projeto**, conforme vimos na **figura 202**. No item **Nome:**, digite **logoAndroid**. Em seguida, clique no botão **Salvar**. Deve aparecer uma janela com a seguinte pergunta: **Todas as transparências serão perdidas se você salvar essa imagem. Deseja continuar?**, conforme vimos na **figura 206**, clique no botão **OK**. Veja como ficou, conforme vimos na **figura 207**, vamos retornar ao programa **Paint**, em seguida, clique no menu **Redimensionar**, conforme vimos na **figura 208**, vai abrir a janela **Alongar e distorcer**, selecione o item **Pixels**, e na caixinha de texto **Horizontal**, digite **660**, conforme vimos na **figura 209**, clique no botão **OK**. Em seguida vamos salvar o arquivo, para isto podemos clicar no ícone do disquete que fica no menu superior esquerdo, ou pressionar ao mesmo tempo as teclas **Ctrl+B**, ou ir ao menu **Arquivo** e selecionar o item **Salvar**, conforme vimos na **figura 210**, feche o programa, para isto, basta clicar no ícone do **X**, que fica no canto superior direito da janela do programa, conforme vimos na **figura 14**.

Vamos repetir o processo anterior para criar o primeiro ícone, crie uma imagem digitando no item **Nome:**, digite **icon**, na janela **Alongar e distorcer**, selecione o item **Pixels**, e na caixinha de texto **Horizontal**, digite **72**, conforme vimos na **figura 209**, clique no botão **OK**, salve o arquivo conforme vimos na **figura 210**, em seguida, feche o programa, para isto basta clicar no ícone do **X**, que fica no canto superior direito da janela do programa, conforme vimos na **figura 14**. Vamos repetir o processo anterior para criar o segundo ícone, crie uma imagem digitando no item **Nome:**, digite **icon_72x72_HDPI**, na janela **Alongar e distorcer**, selecione o item **Pixels**, e na caixinha de texto **Horizontal**, digite **162**, conforme vimos na **figura 209**, clique no botão **OK**, salve o arquivo conforme vimos na **figura 210**, em seguida, feche o programa, para isto basta clicar no ícone do **X**, que fica no canto superior direito da janela do programa, conforme vimos na **figura 14**. Repita o processo anterior e crie uma imagem digitando no item **Nome:**, digite **launcher_foreground_162x162_HDPI**, na janela **Alongar e distorcer**, selecione o item **Pixels**, e na caixinha de texto **Horizontal**, digite **108**, conforme vimos na **figura 209**, clique no botão **OK**, salve o arquivo conforme vimos na **figura 210**, em seguida, feche o programa, para isto basta clicar no ícone do **X**, que fica no canto superior direito da janela do programa, conforme vimos na **figura 14**. Vamos repetir o processo anterior para criar o terceiro ícone, crie uma imagem digitando no item **Nome:**, digite **icon_48x48_MDPI**, na janela **Alongar e distorcer**, selecione o item **Pixels**, e na caixinha de texto **Horizontal**, digite **48**, conforme vimos na **figura 209**, clique no botão **OK**, salve o arquivo conforme vimos na **figura 210**, em seguida feche o programa, para isto basta clicar no ícone do **X**, que fica no canto superior direito da janela do programa, conforme vimos na

figura 14. Repita o processo anterior e crie uma imagem digitando no item **Nome:**, digite **launcher_foreground_108x108_MDPI**, na janela **Alongar e distorcer**, selecione o item **Pixels**, e na caixinha de texto **Horizontal**, digite **108**, conforme vimos na **figura 209**, clique no botão **OK**, salve o arquivo conforme vimos na **figura 210**, em seguida feche o programa, para isto basta clicar no ícone do **X**, que fica no canto superior direito da janela do programa, conforme vimos na **figura 14**. Vamos repetir o processo anterior para criar o quarto ícone, crie uma imagem digitando no item **Nome:**, digite **icon_96x96_XHDPI**, na janela **Alongar e distorcer**, selecione o item **Pixels**, e na caixinha de texto **Horizontal**, digite **96**, conforme vimos na **figura 209**, clique no botão **OK**, salve o arquivo conforme vimos na **figura 210**, em seguida feche o programa, para isto basta clicar no ícone do **X**, que fica no canto superior direito da janela do programa, conforme vimos na **figura 14**. Repita o processo anterior e crie uma imagem digitando no item **Nome:**, digite **launcher_foreground_216x216_XHDPI**, na janela **Alongar e distorcer**, selecione o item **Pixels**, e na caixinha de texto **Horizontal**, digite **216**, conforme vimos na **figura 209**, clique no botão **OK**, salve o arquivo conforme vimos na **figura 210**, em seguida feche o programa, para isto basta clicar no ícone do **X**, que fica no canto superior direito da janela do programa, conforme vimos na **figura 14**. Vamos repetir o processo anterior para criar o quinto ícone, crie uma imagem digitando no item **Nome:**, digite **icon_144x144_XXHDPI**, na janela **Alongar e distorcer**, selecione o item **Pixels**, e na caixinha de texto **Horizontal**, digite **144**, conforme vimos na **figura 209**, clique no botão **OK**, salve o arquivo conforme vimos na **figura 210**, em seguida feche o programa, para isto basta clicar no ícone do **X**, que fica no canto superior direito da janela do programa, conforme vimos na **figura 14**. Repita o processo anterior e crie uma imagem digitando no item **Nome:**, digite **launcher_foreground_324x324_XXHDPI**, na janela **Alongar e distorcer**, selecione o item **Pixels**, e na caixinha de texto **Horizontal**, digite **324**, conforme vimos na **figura 209**, clique no botão **OK**, salve o arquivo conforme vimos na **figura 210**, em seguida feche o programa, para isto basta clicar no ícone do **X**, que fica no canto superior direito da janela do programa, conforme vimos na **figura 14**. Vamos repetir o processo anterior para criar o sexto ícone, crie uma imagem digitando no item **Nome:**, digite **icon_192x192_XXXHDPI**, na janela **Alongar e distorcer**, selecione o item **Pixels**, e na caixinha de texto **Horizontal**, digite **192**, conforme vimos na **figura 209**, clique no botão **OK**, salve o arquivo conforme vimos na **figura 210**, em seguida feche o programa, para isto basta clicar no ícone do **X**, que fica no canto superior direito da janela do programa, conforme vimos na **figura 14**. Repita o processo anterior e crie uma imagem digitando no item **Nome:**, digite **launcher_foreground_432x432_XXXHDPI**, na janela **Alongar e distorcer**, selecione o item **Pixels**, e na caixinha de texto **Horizontal**, digite **324**, conforme vimos na **figura 209**, clique no botão **OK**, salve o arquivo conforme vimos na **figura 210**, em seguida feche o programa, para isto basta clicar no ícone do **X**, que fica no canto superior direito da janela do programa, conforme vimos na **figura 14**. Agora vamos copiar as imagens para a pasta **drawable**, que fica no nosso projeto **Android**, dentro da pasta **Resources**, dentro da janela **Solution Explorer**, para isto vamos retornar até a pasta **imagens_projeto**, que está na unidade **Win10(C:)**, no meu caso, conforme vimos na **figura 202**, e vamos selecionar as imagens que vamos copiar, para isto, segure a tecla **Ctrl** e vá clicando nas imagens com o mouse, de forma que fique conforme **figura 211**:

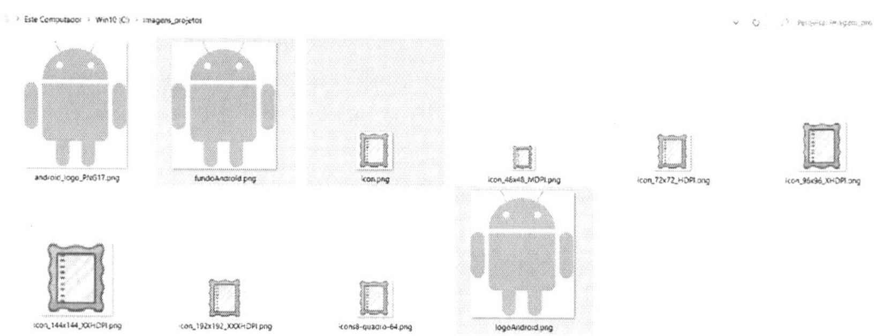

Figura 211

Em seguida clique com o botão esquerdo do mouse sobre a seleção, e selecione o item de menu **Copiar**, ou pressione ao mesmo tempo as teclas **Ctrl+C**, conforme vimos na **figura 126**, vamos colar a imagem no projeto **Android**, retorne para o nosso projeto **AppUsandoFrame**, em seguida abra a janela **Solution Explorer**, pressione ao mesmo tempo as teclas **Ctrl+Alt+L**, e deve abrir a janela **Solution Explorer** conforme vimos na **figura 30**. Em seguida, abra o projeto **AppUsandoFrame.Android**, clicando na setinha que tem ao lado do nome do mesmo, em seguida abra a pasta **Resources**, clicando na setinha que tem ao lado do nome da mesma, em seguida clique com o botão esquerdo do mouse sobre a pasta **drawable**, e selecione o item de menu **Paste**, ou pressione ao mesmo tempo as teclas **Ctrl+V**, conforme vimos na **figura 127**, para saber se a imagem foi copiada para o projeto, basta passar o botão do mouse sobre a mesma, e vai aparecer uma miniatura da imagem, conforme vimos na **figura 128**. Agora vamos copiar os ícones para suas respectivas pastas, que fica no nosso projeto **Android**, dentro da pasta **Resources**, dentro da janela **Solution Explorer**, para isto vamos retornar até a pasta **imagens_projeto**, que está na unidade **Win10(C:)**, no meu caso, conforme vimos na **figura 202**, e vamos selecionar as imagens que vamos copiar, para isto, segure a tecla **Ctrl** e clique com o mouse sobre a imagem **icon_72x72_HDPI.png**, ainda com a tecla **Ctrl** pressionada, clique com o mouse sobre a imagem **launcher_foreground_162x162_HDPI.png**, em seguida clique com o botão esquerdo do mouse sobre a seleção, e selecione o item de menu **Copiar**, ou pressione ao mesmo tempo as teclas **Ctrl+C**, conforme vimos na **figura 126**, vamos colar a imagem no projeto **Android**, retorne para o nosso projeto **AppUsandoFrame**, em seguida abra a janela **Solution Explorer**, pressione ao mesmo tempo as teclas **Ctrl+Alt+L**, e deve abrir a janela **Solution Explorer** conforme vimos na **figura 30**. Em seguida, abra o projeto **AppUsandoFrame.Android**, clicando na setinha que tem ao lado do nome do mesmo, em seguida abra a pasta **Resources**, clicando na setinha que tem ao lado do nome da mesma, em seguida clique com o botão esquerdo do mouse sobre a pasta **mipmap-hdpi**, e selecione o item de menu **Paste**, ou pressione ao mesmo tempo as teclas **Ctrl+V**, conforme vimos na **figura 127**, para saber se a imagem foi copiada para o projeto, basta passar o botão do mouse sobre a mesma, e vai aparecer uma miniatura da imagem, conforme vimos na **figura 128**. Vamos repetir o processo anterior e vamos retornar até a pasta **imagens_projeto**, que está na unidade **Win10(C:)**, no meu caso, conforme vimos na **figura 202**, e vamos selecionar as imagens que vamos copiar, para isto, segure a tecla **Ctrl** e clique com o mouse sobre a imagem **icon_48x48_MDPI.png**, ainda com a tecla **Ctrl** pressionada, clique com o mouse sobre a imagem **launcher_foreground_108x108_MDPI.png**, em seguida clique com o botão esquerdo do mouse sobre a seleção, e selecione o item de menu **Copiar**, ou pressione ao mesmo tempo as teclas **Ctrl+C**, conforme vimos na **figura 126**, vamos colar a imagem no projeto **Android**, retorne para o nosso projeto **AppUsandoFrame**, em seguida abra a janela

Solution Explorer, pressione ao mesmo tempo as teclas **Ctrl+Alt+L**, e deve abrir a janela **Solution Explorer** conforme vimos na **figura 30**. Em seguida, abra o projeto **AppUsandoFrame.Android**, clicando na setinha que tem ao lado do nome do mesmo, em seguida abra a pasta **Resources**, clicando na setinha que tem ao lado do nome da mesma, em seguida clique com o botão esquerdo do mouse sobre a pasta **mipmap-mdpi**, e selecione o item de menu **Paste**, ou pressione ao mesmo tempo as teclas **Ctrl+V**, conforme vimos na **figura 127**, para saber se a imagem foi copiada para o projeto, basta passar o botão do mouse sobre a mesma, e vai aparecer uma miniatura da imagem, conforme vimos na **figura 128**. Vamos repetir o processo anterior e vamos retornar até a pasta **imagens_projeto**, que está na unidade **Win10(C:)**, no meu caso, conforme vimos na **figura 202**, para isto, segure a tecla **Ctrl** e clique com o mouse sobre a imagem **icon_96x96_XHDPI.png**, ainda com a tecla **Ctrl** pressionada, clique com o mouse sobre a imagem **launcher_foreground_216x216_XHDPI.png**, em seguida, clique com o botão esquerdo do mouse sobre a seleção, e selecione o item de menu **Copiar**, ou pressione ao mesmo tempo as teclas **Ctrl+C**, conforme vimos na **figura 126**, vamos colar a imagem no projeto **Android**, retorne para o nosso projeto **AppUsandoFrame**, em seguida abra a janela **Solution Explorer**, pressione ao mesmo tempo as teclas **Ctrl+Alt+L**, e deve abrir a janela **Solution Explorer** conforme vimos na **figura 30**. Em seguida, abra o projeto **AppUsandoFrame.Android**, clicando na setinha que tem ao lado do nome do mesmo, em seguida abra a pasta **Resources**, clicando na setinha que tem ao lado do nome da mesma, em seguida clique com o botão esquerdo do mouse sobre a pasta **mipmap-xhdpi**, e selecione o item de menu **Paste**, ou pressione ao mesmo tempo as teclas **Ctrl+V**, conforme vimos na **figura 127**, para saber se a imagem foi copiada para o projeto, basta passar o botão do mouse sobre a mesma, e vai aparecer uma miniatura da imagem, conforme vimos na **figura 128**.

Vamos repetir o processo anterior e vamos retornar até a pasta **imagens_projeto**, que está na unidade **Win10(C:)**, no meu caso, conforme vimos na **figura 202**, para isto, segure a tecla **Ctrl** e clique com o mouse sobre a imagem **icon_144x144_XXHDPI.png**, ainda com a tecla **Ctrl** pressionada, clique com o mouse sobre a imagem **launcher_foreground_324x324_XXHDPI.png**, em seguida, clique com o botão esquerdo do mouse sobre a seleção, e selecione o item de menu **Copiar**, ou pressione ao mesmo tempo as teclas **Ctrl+C**, conforme vimos na **figura 126**, vamos colar a imagem no projeto **Android**, retorne para o nosso projeto **AppUsandoFrame**, em seguida abra a janela **Solution Explorer**, pressione ao mesmo tempo as teclas **Ctrl+Alt+L**, e deve abrir a janela **Solution Explorer** conforme vimos na **figura 30**. Em seguida, abra o projeto **AppUsandoFrame.Android**, clicando na setinha que tem ao lado do nome do mesmo, em seguida abra a pasta **Resources**, clicando na setinha que tem ao lado do nome da mesma, em seguida clique com o botão esquerdo do mouse sobre a pasta **mipmap-xxhdpi**, e selecione o item de menu **Paste**, ou pressione ao mesmo tempo as teclas **Ctrl+V**, conforme vimos na **figura 127**, para saber se a imagem foi copiada para o projeto, basta passar o botão do mouse sobre a mesma, e vai aparecer uma miniatura da imagem, conforme vimos na **figura 128**. Vamos repetir o processo anterior e vamos retornar até a pasta **imagens_projeto**, que está na unidade **Win10(C:)**, no meu caso, conforme vimos na **figura 202**, para isto, segure a tecla **Ctrl** e clique com o mouse sobre a imagem **icon_192x192_XXXHDPI.png**, ainda com a tecla **Ctrl** pressionada, clique com o mouse sobre a imagem **launcher_foreground_432x432_XXXHDPI.png**, em seguida clique com o botão esquerdo do mouse sobre a seleção, e selecione o item de menu **Copiar**, ou pressione ao mesmo tempo as teclas **Ctrl+C**, conforme vimos na **figura 126**, vamos colar a imagem no projeto **Android**, retorne para o nosso projeto **AppUsandoFrame**, em seguida abra a janela **Solution Explorer**, pressione ao mesmo tempo as teclas **Ctrl+Alt+L**, e deve abrir a janela **Solution Explorer** conforme vimos na **figura 30**. Em seguida, abra o projeto **AppUsandoFrame.Android**, clicando na setinha que tem ao lado do nome do mesmo, em seguida abra a pasta **Resources**, clicando na setinha que tem ao lado do nome da mesma, em seguida clique com o botão esquerdo do mouse sobre a pasta **mipmap-xxxhdpi**, e selecione o item de menu **Paste**, ou pressione ao mesmo tempo as teclas **Ctrl+V**, conforme vimos na **figura 127**, para saber se a imagem foi copiada para o projeto, basta passar o botão do mouse sobre a mesma, e vai aparecer uma miniatura da imagem, conforme vimos na **figura 128**.

Agora vamos excluir todas as imagens **icon.png** e **launcher_foreground.png**, em todas as pastas no nosso projeto **AppUsando Frame.Android**, para isto retorne para o nosso projeto **AppUsando Frame**, em seguida abra a janela **Solution Explorer**, pressione ao mesmo tempo as teclas **Ctrl+Alt+L**, e deve abrir a janela **Solution Explorer** conforme vimos na **figura 30**. Em seguida, abra o projeto **AppUsandoFrame.Android**, clicando na setinha que tem ao lado do nome do mesmo, em seguida abra a pasta **Resources**, clicando na setinha que tem ao lado do nome da mesma, em seguida abra a pasta **mipmap-hdpi**, clicando na setinha que tem ao lado do nome da mesma, para isto, segure a tecla **Ctrl** e clique com o mouse sobre a imagem **icon.png**, ainda com a tecla **Ctrl** pressionada, clique com o mouse sobre a imagem **launcher_foreground.png**, em seguida clique com o botão esquerdo do mouse sobre a seleção e selecione o item de menu **Delete**, conforme vimos na **figura 109**, ou pressione a tecla **Delete** do teclado, vai aparecer uma janela perguntando se queremos deletar permanentemente o arquivo, conforme vimos na **figura 110**, clique no botão **OK**. Em seguida renomeie as imagens **icon_72x72_HDPI.png** e **launcher_foreground_162x162_HDPI.png**, para isto selecione com o mouse o arquivo **icon_72x72_HDPI.png**, em seguida clique com o botão esquerdo do mouse sobre a seleção e selecione o item de menu **Rename**, ou pressione a tecla **F2**, conforme **figura 212**:

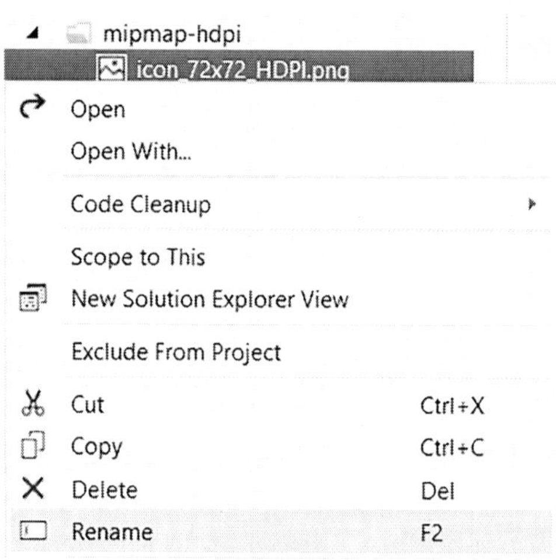

Figura 212

Com o arquivo selecionado, digite **icon.png**, conforme **figura 213**:

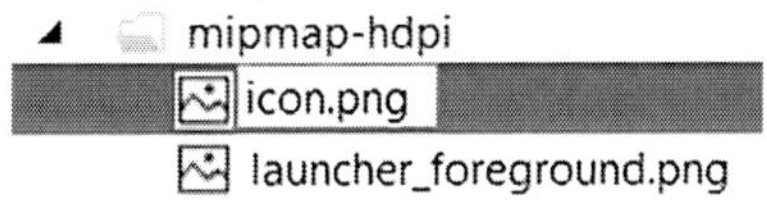

Figura 213

Pressione a tecla **Enter** do teclado. Repita o procedimento anterior e renomeie a imagem **launcher_foreground_162x162_HDPI.png**, para isto selecione com o mouse o arquivo **launcher_foreground_162x162_HDPI**, em seguida clique com o botão esquerdo do mouse sobre a seleção e selecione o item de menu **Rename**, ou pressione a tecla **F2**, conforme vimos na **figura 212**, com o arquivo selecionado, digite **launcher_foreground.png**, conforme vimos na **figura 213**, pressione a tecla **Enter** do teclado. Faça isto em todas as pastas, até que fiquem conforme **figura 214**:

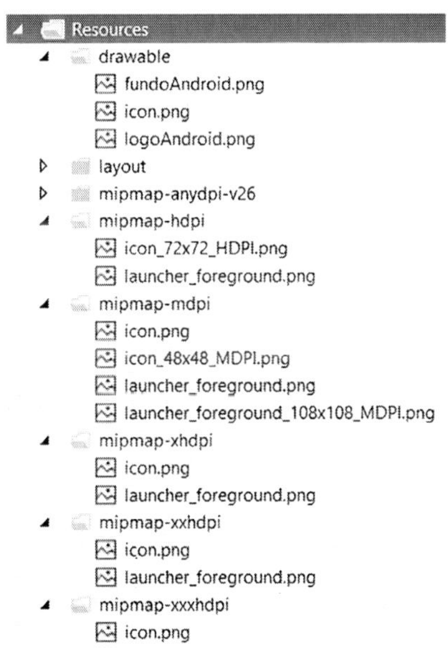

Figura 214

Salve seu projeto, conforme vimos nas **figuras 48 e 49**. Vamos configurar a **view MainActivity.cs**, para que nosso ícone possa ser trocado. Para isto vamos abrir o projeto **AppUsandoFrame.Android**, basta clicar na setinha que tem ao lado do nome do projeto, em seguida clique duas vezes sobre o arquivo **MainActivity.cs**, vai abrir a área de código do arquivo **MainActivity.cs**, conforme **figura 215**:

Figura 215

Observe na **linha 10**, os seguintes comandos: `[Activity(Label = "AppUsandoFrame", Icon = "@mipmap/icon", Theme = "@style/MainTheme", MainLauncher = true, ConfigurationChanges = ConfigChanges.ScreenSize | ConfigChanges.Orientation) | ConfigChanges.UiMode | ConfigChanges.ScreenLayout | ConfigChanges.SmallestScreenSize )]`, conforme vimos na **figura 215**. Vamos alterar os seguintes itens, conforme código abaixo:

```
Label = "App Usando Frame" e Icon = "@drawable/icon"
```

Veja como ficou, conforme **figura 216**:

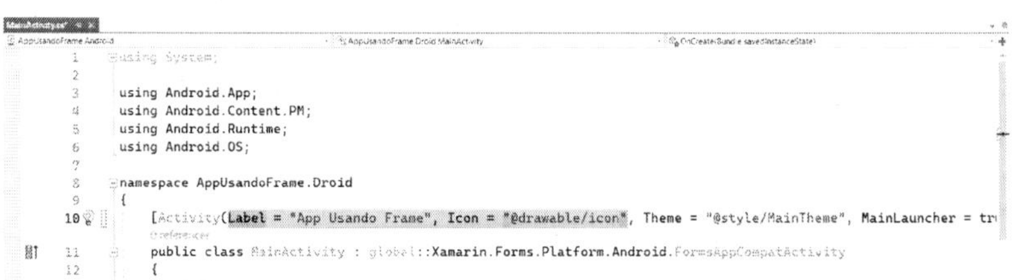

Figura 216

Salve seu projeto, conforme vimos nas **figuras 48 e 49**. Terminamos o processo de trabalhar com imagens no **Android**, em todos os nossos projetos **Android**, teremos que fazer todos estes passos. Agora podemos compilar nosso **App** no **Android**, repita o procedimento que vimos neste **Capítulo**, nos seguintes tópicos: **Criando a**

Interface do Usuário com C# (C Sharp) – Code-behind, **Compilando (Debugging) o Aplicativo Android** e **Instalando o Emulador do Android**. Para usar um smartphone **Android**, vejam neste **Capítulo**, o seguinte tópico: **Configurando o Smartphone para Modo Desenvolvedor**, agora o ícone do aplicativo vai aparecer no smartphone, conforme **figura 217**:

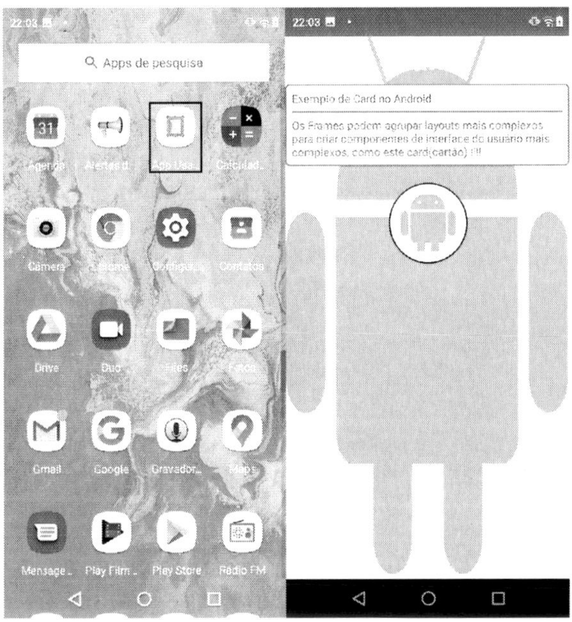

Figura 217

Basta pressionar com o dedo o ícone do aplicativo e vamos para a tela principal do mesmo. Vamos retornar a **IDE** do **Visual Studio**, é só clicar na área de desenvolvimento do programa e estaremos de volta.

Trabalhando com Imagens no UWP

Os dispositivos **UWP** têm vários tamanhos de tela, resoluções e densidades de pixels (ou seja, pontos por polegada ou **DPI**), não muito diferente do **Android** e **iOS**, estes dispositivos contam com muitos ícones, por este motivo precisamos usar imagens de diferentes tamanhos também neste caso. Para entendermos melhor, vamos retornar para o nosso projeto **AppUsandoFrame**, em seguida, abra a janela **Solution Explorer**, pressione ao mesmo tempo as teclas **Ctrl+Alt+L**, e deve abrir a janela **Solution Explorer** conforme vimos na **figura 30**. Em seguida, abra o projeto **AppUsandoFrame.UWP**, clicando na setinha que tem ao lado do nome do mesmo, em seguida, selecione o arquivo o arquivo **Package.appxmanifest**, conforme **figura 218**:

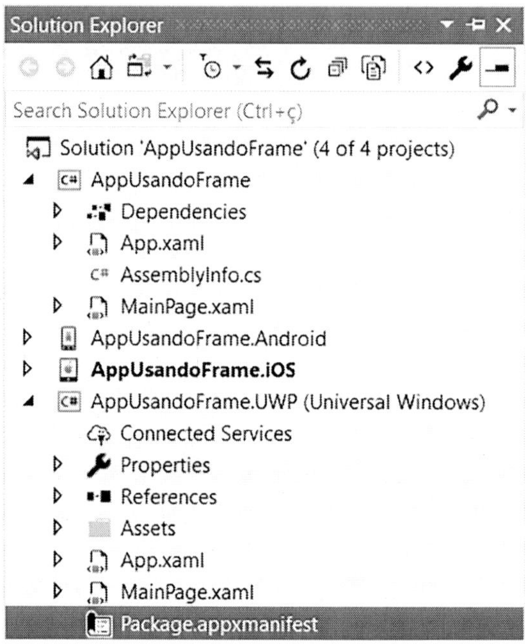

Figura 218

Clique duas vezes sobre **Package.appxmanifest**, vai abrir a janela **Package.appxmanifest**, clique na aba **Visual Assets**, e no menu do lado esquerdo vão aparecer vários itens, clique no item de menu **App Icon**, e no lado direito role a tela até aparecer o item **Preview Images**, e logo abaixo deste item, o item **App Icon**, conforme **figura 219**:

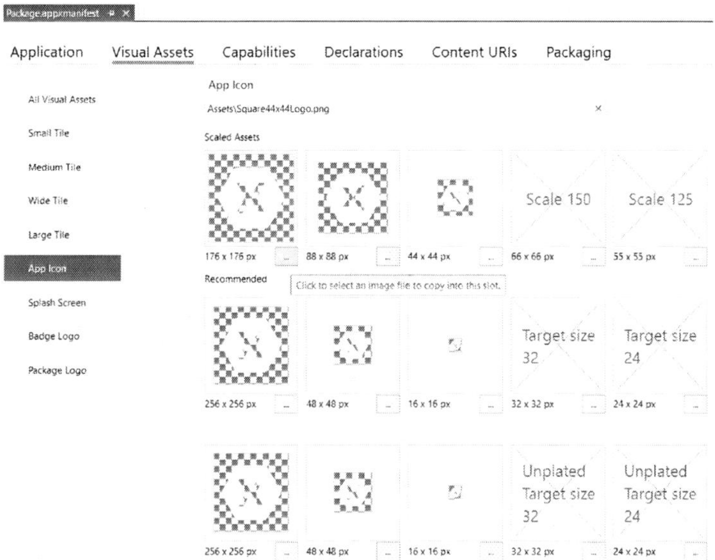

Figura 219

É isto mesmo que vocês estão pensando, para uma aplicação completa, vamos ter que criar todos os ícones acima. Baixe os arquivos, que tenham como referência **frame**, para o ícone e para a imagem de fundo, o logo da **Windows UWP**, na pasta **imagens_projeto**, que está na unidade **Win10(C:)**, no meu caso, conforme vimos na **figura 202**, e vamos abrir o arquivo **windows_logos_PNG42.png**, para isto clique com o botão do mouse sobre o arquivo e selecione o item **Abrir com**, em seguida selecione **Paint**, conforme vimos na **figura 203**, você pode utilizar outro editor de imagem. Vai abrir o programa, conforme vimos na **figura 204**, caso a imagem não seja do tipo **png**, basta ir ao menu **Arquivo** e selecione o item **Salvar como**, em seguida selecione o item **Imagem PNG**, conforme vimos na **figura 205**, vai abrir a janela **Salvar como**, selecione a unidade **Win10(C:)**, em seguida clique na pasta **imagens_projeto**, conforme vimos na **figura 202**. No item **Nome:**, digite **fundoUWP**. Em seguida, clique no botão **Salvar**. Deve aparecer uma janela com a seguinte pergunta: **Todas as transparências serão perdidas se você salvar essa imagem. Deseja continuar?**, conforme vimos na **figura 206**, clique no botão **OK**. Veja como ficou, conforme vimos na **figura 207**, vamos retornar ao programa **Paint**, em seguida, clique no menu **Redimensionar**, conforme vimos na **figura 208**, vai abrir a janela **Alongar e distorcer**, selecione o item **Pixels**, e na caixinha de texto **Horizontal**, digite **800**, conforme vimos na **figura 209**, clique no botão **OK**. Em seguida, vamos salvar o arquivo, para isto podemos clicar no ícone do disquete que fica no menu superior esquerdo, ou pressionar ao mesmo tempo as teclas **Ctrl+B**, ou ir no menu **Arquivo** e selecione o item **Salvar**, conforme vimos na **figura 210**, feche o programa, para isto basta clicar no ícone do **X**, que fica no canto superior direito da janela do programa, conforme vimos na **figura 14**. Repita este procedimento para criar a imagem **logoUWP**, no item **Nome:**, digite **logoUWP** na janela **Alongar e distorcer**, selecione o item **Pixels**, e na caixinha de texto **Horizontal**, digite **660**, conforme vimos na **figura 209**, clique no botão **OK** e salve o arquivo conforme vimos na **figura 210**, feche o programa, para isto basta clicar no ícone do **X**, que fica no canto superior direito da janela do programa, conforme vimos na **figura 14**. Vamos repetir o processo anterior para criar o ícone do aplicativo, vamos ter que criar os seguintes tamanhos:

- 16x16 pixels;
- 44x44 pixels;
- 48X48 pixels;
- 88x88 pixels;
- 176x176 pixels;
- 256x256 pixels;

Para isto vamos retornar até a pasta **imagens_projeto**, que está na unidade **Win10(C:)**, no meu caso, conforme vimos na **figura 262**, e vamos abrir o arquivo do ícone **icon-uwp-png_605238.png**, para isto clique com o botão do mouse sobre o arquivo e selecione o item **Abrir com**, em seguida selecione **Paint**, conforme vimos na **figura 203**, você pode utilizar outro editor de imagem. Vai abrir o programa, conforme vimos na **figura 204**, caso a imagem não seja do tipo **png**, basta ir ao menu **Arquivo** e selecione o item **Salvar como**, em seguida, selecione o item **Imagem PNG**, conforme vimos na **figura 205**, vai abrir a janela **Salvar como**, selecione a unidade **Win10(C:)**, em seguida clique na pasta **imagens_projeto**, conforme vimos na **figura 202**. No item **Nome:**, digite **icon16x16uwp**. Em seguida, clique no botão **Salvar**. Deve aparecer uma janela com a seguinte pergunta: **Todas as transparências serão perdidas se você salvar essa**

imagem. Deseja continuar?, conforme vimos na **figura 206**, clique no botão **OK**. Veja como ficou, conforme vimos na **figura 207**, vamos retornar ao programa **Paint**, em seguida, clique no menu **Redimensionar**, conforme vimos na **figura 208**, vai abrir a janela **Alongar e distorcer**, selecione o item **Pixels**, desmarque o quadradinho **Manter taxa de proporção**, na caixinha de texto **Horizontal**, digite **16**, na caixinha de texto **Vertical**, digite **16**, conforme vimos na **figura 209**, clique no botão **OK**. Em seguida, vamos salvar o arquivo, para isto podemos clicar no ícone do disquete que fica no menu superior esquerdo, ou pressionar ao mesmo tempo as teclas **Ctrl+B**, ou ir ao menu **Arquivo** e selecione o item **Salvar**, conforme vimos na **figura 210**, feche o programa, para isto basta clicar no ícone do **X**, que fica no canto superior direito da janela do programa, conforme vimos na **figura 14**. Repita este procedimento para cada uma das imagens, digitando os respectivos números de pixels na **Horizontal** e na **Vertical**. Após a criação de todas as imagens, vamos copiar as imagens para dentro do projeto **AppUsandoFrame.UWP**, dentro da janela **Solution Explorer**, para isto vamos retornar até a pasta **imagens_projeto**, que está na unidade **Win10(C:)**, no meu caso, conforme vimos na **figura 209**, e vamos selecionar as imagens que vamos copiar, para isto, segure a tecla **Ctrl** e clique nas imagens, **fundoUWP.png**, **logoUWP.png**, **icon16x16uwp.png**, **icon44x44uwp.png**, **icon48x48uwp.png**, **icon88x88uwp.png**, **icon176x176uwp.png** e **icon256x256uwp.png**, com o mouse, de forma que fique conforme vimos na **figura 211**, em seguida clique com o botão esquerdo do mouse sobre a seleção, e selecione o item de menu **Copiar**, ou pressione ao mesmo tempo as teclas **Ctrl+C**, conforme vimos na **figura 126**, vamos colar a imagem no projeto **UWP**, retorne para o nosso projeto **AppUsandoFrame**, em seguida abra a janela **Solution Explorer**, pressione ao mesmo tempo as teclas **Ctrl+Alt+L**, e deve abrir a janela **Solution Explorer** conforme vimos na **figura 30**. Em seguida, clique com o botão esquerdo do mouse sobre o projeto **AppUsandoFrame.UWP**, e selecione o item de menu **Paste**, ou pressione ao mesmo tempo as teclas **Ctrl+V**, conforme vimos na **figura 127**, para saber se a imagem foi copiada para o projeto, basta passar o botão do mouse sobre a mesma, e vai aparecer uma miniatura da imagem, conforme vimos na **figura 128**. Agora vamos copiar os ícones, vamos retornar para o arquivo **Package.appxmanifest**, clique na aba **Visual Assets**, e no menu do lado esquerdo vão aparecer vários itens, clique no item de menu **App Icon**, e no lado direito role a tela até aparecer o item **Preview Images**, e logo abaixo deste item, o item **App Icon**, conforme vimos na **figura 219**, no item **App Icon**, veja que tem um quadradinho com três pontinhos abaixo de cada imagem, conforme **figura 220**:

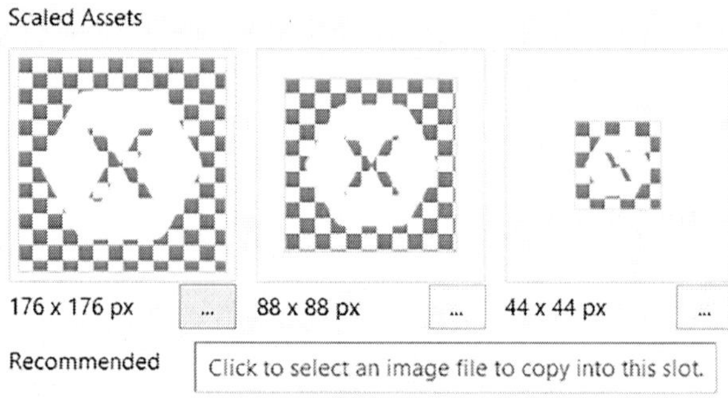

Figura 220

Clique com o botão direito do mouse sobre o quadradinho da imagem 176 x 176 pixels, e vai abrir a janela do projeto **AppUsandoFrame.UWP**, conforme **figura 221**:

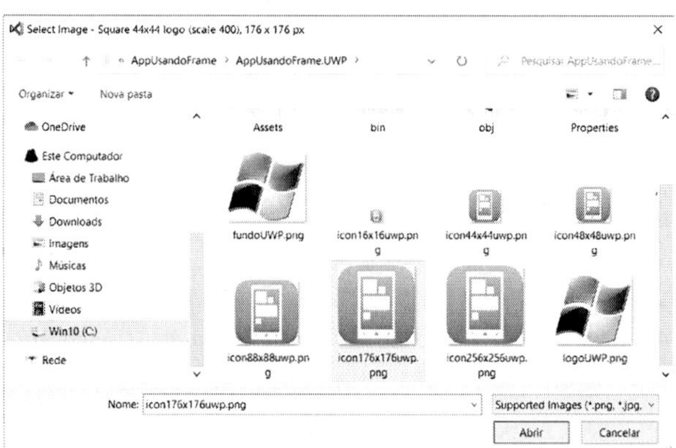

Figura 221

Selecione a imagem **icon176x176uwp.png**, com o mouse e clique no botão **Abrir**, vai aparecer uma janela perguntando se queremos substituir a imagem que já existe, conforme **figura 222**:

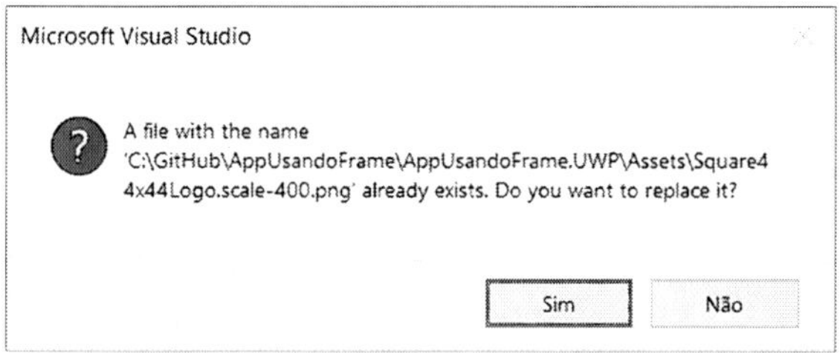

Figura 222

Clique no botão **Sim**. Repita este procedimento para as imagens **icon88x88uwp.png**, **icon44x44uwp.png**, **icon256x256uwp.png**, **icon48x48uwp.png**, e **icon16x16uwp.png**, no final deve ficar conforme **figura 223**:

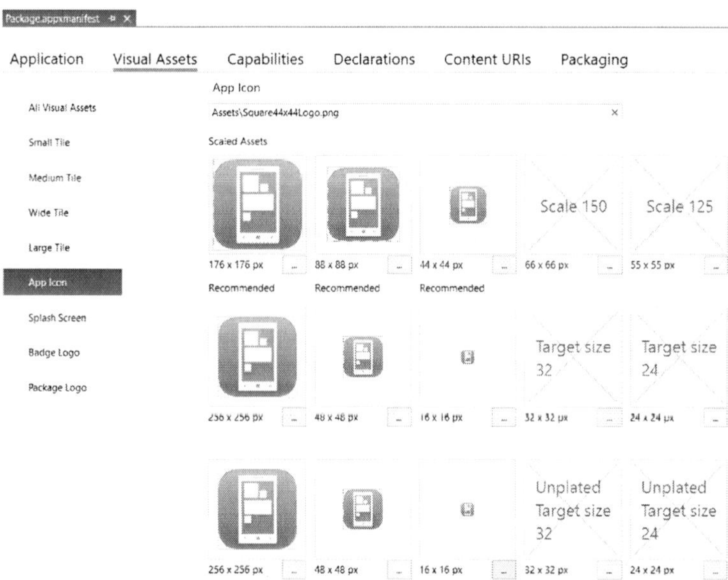

Figura 223

Salve seu projeto, conforme vimos nas **figuras 48 e 49**. Feche a janela **Package.appxmanifest**, clicando no **X** ao lado do nome da mesma ou pressionando ao mesmo tempo as teclas **Ctrl+F4**, conforme vimos na **figura 14**. Agora vamos compilar o nosso projeto no **UWP**, conforme vimos neste **Capítulo**, nos tópicos **Criando a Interface do Usuário com C# (C Sharp) – Code-behind** e **Compilando**

(Debugging) o Aplicativo UWP. Este processo é muito rápido, pois estamos instalando o aplicativo direto no computador. Quando o aplicativo for instalado no computador, aparecerá a seguinte mensagem **Ready** com uma tarja laranja, no canto inferior esquerdo, veja que agora nosso **App** tem o ícone que escolhemos, clique no ícone do **App** e vamos para a tela principal do mesmo, conforme **figura 224**:

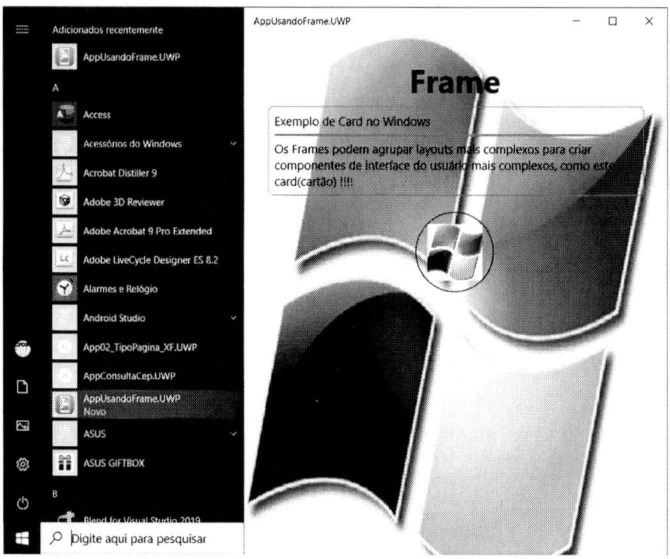

Figura 224

Vamos retornar a **IDE** do **Visual Studio**, é só clicar na área de desenvolvimento do programa e estaremos de volta. Observe que a compilação é muita rápida, pois estamos instalando o aplicativo no **Windows**, no computador. Agora vamos fazer um **commit**, que nada mais é do que mandar nosso projeto para o **GitHub**, conforme vimos, nas **figuras 187 a 192**. Observe que usamos três imagens diferentes para os ícones, o correto é usar a mesma imagem para todos os projetos, para mantermos uma coerência gráfica com os mesmos, usei aqui somente para demonstrar que é possível trabalhar isoladamente em cada plataforma.

ScrollView

Não chega a ser um **layout**, e sim a possiblidade de colocarmos uma barra de rolagem na tela do nosso aplicativo, que pode ser uma rolagem vertical, horizontal ou ambas, garantindo desta forma, exibições maiores que sejam bem exibidas em telefones menores, muito útil quando nosso aplicativo tem muito conteúdo para ser exibido. Por exemplo, um layout que funciona em um **iPhone 6s Plus** poderá ser cortado em um **iPhone 4s**, por exemplo. Além disso, o elemento **ScrollViews** não deve ser aninhado com outros controles que fornecem rolagem, como **ListView** e **WebView**. O elemento **ScrollView** tem as seguintes propriedades:

- **ContentSize:** Obtém uma **Size** valor que representa o tamanho do conteúdo.
- **Orientation:** Obtém ou define um **ScrollOrientation** valor de enumeração que representa a direção de rolagem do **ScrollView**.
- **ScrollX:** Obtém um **double** que representa a atual posição de rolagem **X**.
- **ScrollY:** Obtém um **double** que representa a atual posição de rolagem **Y**.
- **HorizontalScrollBarVisibility:** Obtém ou define um **ScrollBarVisibility** valor que representa quando a barra de rolagem horizontal está visível.
- **VerticalScrollBarVisibility:** Obtém ou define um **ScrollBarVisibility** valor que representa quando a barra de rolagem vertical está visível.

Ainda fornece um método **ScrollToAsync**, que pode ser usado para rolar a exibição usando coordenadas ou especificando uma determinada exibição que deve se tornar visível, este método não fará a rolagem quando a propriedade **ScrollView.Orientation** for definida como **Neither**. Ao rolar para um elemento específico, a enumeração **ScrollToPosition** especifica onde o elemento aparecerá, conforme abaixo:

- **Center:** rola o elemento para o centro da parte visível da exibição.
- **End:** rola o elemento para o final da parte visível da exibição.

- **MakeVisible:** rola o elemento para que ele fique visível dentro da exibição.
- **Start:** rola o elemento para o início da parte visível da exibição.

A propriedade **IsAnimated** específica como o modo de exibição será rolado. Quando definido como **true**, uma animação suave será usada, em vez de mover instantaneamente o conteúdo para a exibição. O elemento **ScrollView** define apenas um evento, **Scrolled**, que é gerado quando o modo de exibição terminou a rolagem. O manipulador de eventos do **Scrolled** leva a um **ScrolledEventArgs**, que tem o **ScrollX** e **ScrollY** propriedades. Vamos criar um novo projeto para entendermos estes conceitos, para isto, vamos retornar para a **IDE** do **Visual Studio 2022**, basta clicar no ícone do **Visual Studio 2022**, na barra de tarefas do **Windows**, e vai aparecer uma miniatura do **Visual Studio 2022**, conforme vimos na **figura 15**, se o mesmo estiver fechado, para abrir novamente, basta clicar sobre o ícone do programa que se encontra na barra de tarefas, conforme vimos na **figura 3**, e vai abrir a janela de itens recentes, conforme vimos na **figura 8**, para criar um novo projeto, temos três opções: poderíamos usar na janela de itens recentes a opção **Create a new project**, conforme vimos na **figura 22**, ou clicar no link **Continuar sem código (Continue without code)**, e aguardar a abertura da área do **IDE – Ambiente de Desenvolvimento Integrado do Visual Studio 2022 Community**, em seguida vá até o menu **File**, e selecione o item **New Project...**, ou pressionar ao mesmo tempo as teclas **Ctrl+Shift+N**, conforme vimos na **figura 23**, independentemente da forma escolhida para criar um novo projeto, vai abrir a janela **Create a new Project (Criar um novo projeto)**, no item **All Project type (Todos os Tipos de projeto)**, clique na setinha para baixo e selecione **Mobile**, em seguida, na lista **Filtering by: Mobile (Filtrado por: Mobile)**, selecione o item **Mobile App(Xamarin.Forms) (Aplicativo Móvel(Xamarin.Forms))**, conforme vimos na **figura 24**, clique no botão **Next (Próximo)**, e vai abrir a janela **Configure your new Project (Configurar seu novo Projeto)**, conforme vimos na **figura 25**, com a janela **Configure your new Project (Configurar seu novo Projeto)** aberta, no item **Project name:**, digite **AppUsandoScrollView**, no item **Location**, vamos direcionar nosso projeto para que o mesmo possa trabalhar com controle de versão em conjunto com o **GitHub**, ou seja, vamos salvar na pasta **ProjetosLivro**, que nada mais é do que nosso repositório de controle de versão, clique no botão com três pontinhos, selecione **Win10(C:)**, no meu caso está com este nome, em seguida selecione a pasta **GitHub**, em depois selecione a pasta **ProjetosLivro**, conforme vimos na **figura 184**, clique no botão **Selecionar pasta**, deixe marcado o item **Place solution and project in the same directory**, suas informações devem ficar conforme vimos na **figura 26**, em seguida, clique no botão **Create**. Vai abrir a janela **New Mobile App**, no item **Select a template for your app**, selecione o item **Blank**, no item **I plan to develop for:**, marque as opções **Android** e **Windows(UWP)**, conforme vimos na **figura 27**, clique no botão **Create**, aguarde e veja que vai aparecer a nossa **IDE** ou área de desenvolvimento, conforme vimos na **figura 28**. Observe que todo projeto **Xamarin.Forms** que criamos, automaticamente já vem com uma página de visualização ou **View**, vinculada, que é o arquivo **MainPage.xaml**, vamos abri-lo, para isto abra a janela **Solution Explorer**, pressione ao mesmo tempo as teclas **Ctrl+Alt+L**, e deve abrir a janela **Solution Explorer** conforme vimos na **figura 30**. Em seguida, abra o projeto **AppUsandoScrollView**, para isto clique na setinha que tem ao lado do projeto **AppUsandoScrollView**, em seguida clique duas vezes com o botão esquerdo do mouse sobre o arquivo **MainPage.xaml**, e vai abrir o mesmo, agora pressione ao mesmo tempo as teclas **Ctrl+A** e vai selecionar todo o código, conforme vimos na **figura 116**. Pressione a tecla **Delete** do teclado, no local onde o cursor do mouse está piscando, na **linha 1**, digite o código abaixo:

```
<?xml version="1.0" encoding="utf-8" ?>
<ContentPage xmlns="http://xamarin.com/schemas/2014/forms"
             xmlns:x="http://schemas.microsoft.com/winfx/2009/
xaml"
             x:Class="AppUsandoScrollView.MainPage"
             BackgroundColor="{OnPlatform Android=Chocolate,
UWP=Yellow}"
             Title="Usando ScrollView">

    <ScrollView Orientation="Both">
        <StackLayout HeightRequest="1000" WidthRequest="1000"
Padding="{OnPlatform Android=50, UWP=50}">
            <Label Text="Usando ScrollView" FontSize="45"
FontAttributes="Bold"/>
            <Label Text="Lorem ipsum dolor sit amet consectetur
adipiscing elit pellentesque neque, mus maecenas facilisi
quisque feugiat natoque nisi id, cubilia montes dictum fusce
```

parturient cursus et eleifend. Sociosqu himenaeos metus euismod proin auctor mattis suscipit condimentum, leo dignissim convallis scelerisque sollicitudin est a vehicula eget, lorem magnis sed hendrerit blandit venenatis ridiculus. Phasellus donec nostra blandit nam parturient cubilia augue fringilla felis senectus, eleifend facilisi nulla ridiculus adipiscing est nascetur congue ante dictumst dignissim, auctor mattis elit dui urna enim libero a pretium. Amet parturient himenaeos sed dignissim netus elit dictum euismod erat, taciti quis ipsum nulla nisl luctus etiam gravida, at dui fusce mattis sem adipiscing vel tristique. Fringilla himenaeos varius scelerisque aenean donec habitasse tincidunt, leo tristique natoque risus eleifend potenti nam, facilisis congue sit arcu erat penatibus. Aliquam eros posuere massa quisque porta tristique dui odio natoque ligula ornare, elementum adipiscing et sociosqu nam nullam ridiculus rhoncus hac. Egestas duis dignissim vivamus adipiscing quisque felis, suscipit facilisis urna dictum montes finibus, himenaeos eleifend donec convallis maximus.Magna blandit dictumst mollis augue eget volutpat morbi eu, nullam cubilia finibus montes tempus leo litora est, in facilisis curabitur risus malesuada viverra torquent. Ac quis porttitor ornare semper ultrices facilisi maximus cursus, aliquet convallis egestas ultricies vivamus duis suspendisse consectetur, eu maecenas mattis habitant integer senectus ridiculus. Eu ut ex blandit justo conubia porttitor dis facilisi, ultricies mus massa enim est tellus scelerisque, phasellus id magna efficitur ullamcorper tempus faucibus. Sociosqu hac felis id nisi sapien ridiculus sagittis condimentum eros tincidunt bibendum pellentesque orci, lacus magnis platea nullam senectus duis dapibus nam vulputate curabitur quisque. Tempus congue metus integer maecenas tristique bibendum vulputate efficitur nam, dictum neque elementum aptent ultricies nascetur faucibus eleifend lobortis, donec praesent fusce himenaeos dis consequat a dapibus. Class lectus aenean semper facilisi praesent hac potenti fusce elit condimentum malesuada leo, dis tempus eleifend a orci amet nostra lacus suscipit cursus. Ultrices penatibus elementum molestie tempor ad lobortis hendrerit facilisi ullamcorper placerat, consequat eget torquent quis maecenas a aptent sodales pharetra, purus magnis auctor rutrum justo euismod duis commodo sociosqu. Inceptos platea malesuada feugiat mi ad pretium ut at felis sollicitudin, quisque elementum senectus quam eget penatibus est commodo ultrices gravida varius, cursus phasellus ornare magna eros neque dictum lacus sagittis. Integer maecenas quisque penatibus dignissim fringilla per curae, posuere montes lacinia augue accumsan himenaeos metus, placerat sit ligula facilisis amet ullamcorper. Ut semper condimentum potenti mollis pharetra sit ad cras, orci turpis phasellus convallis nunc fermentum eros sagittis, finibus viverra consectetur imperdiet rutrum himenaeos in. Taciti fusce nunc adipiscing proin et neque mus lacus ac nostra, volutpat massa habitasse facilisis ullamcorper malesuada sodales placerat finibus inceptos dictumst, odio ut torquent aliquet litora porttitor cras condimentum integer. Risus porttitor placerat cras massa at vulputate malesuada phasellus sollicitudin, ligula et finibus torquent ullamcorper luctus libero lobortis himenaeos, tincidunt conubia parturient ad eu efficitur sem condimentum. Consectetur sociosqu curabitur ridiculus montes dictumst fringilla lorem integer vivamus malesuada, elit massa curae eget torquent neque cras eleifend lacus, vestibulum dui facilisi porta et commodo est libero elementum. Semper lectus bibendum ligula fermentum at conubia, ultricies hac fames donec amet, malesuada tincidunt eu est montes. Mauris netus neque sem mattis velit nulla tristique, ultricies turpis arcu porttitor iaculis dui purus, maecenas tortor ac gravida lorem sollicitudin. Enim maecenas semper justo eros taciti rutrum placerat pharetra platea ullamcorper turpis erat massa est netus fringilla curabitur, consectetur sapien aenean viverra pretium diam libero nullam feugiat nostra sagittis quisque velit molestie neque. Curae vestibulum gravida risus magnis molestie lobortis pharetra, fames torquent efficitur elit ad sociosqu, at malesuada facilisi augue tristique et. Odio leo metus et iaculis nullam augue libero sollicitudin platea ipsum, vel ad eros inceptos himenaeos vehicula porta etiam quam mattis aenean, finibus dictumst aptent maecenas sagittis nunc ornare risus efficitur. Cras lacinia finibus luctus habitasse cubilia morbi proin lobortis, eu posuere sollicitudin facilisis mi netus tempus, molestie mus quisque lacus arcu iaculis mauris. Praesent quis donec facilisi tincidunt habitasse arcu aenean taciti placerat erat, blandit sollicitudin dictum proin cubilia nullam magna id feugiat ullamcorper, metus sem facilisis fames est montes libero amet risus. Imperdiet sollicitudin adipiscing justo diam parturient augue fringilla ut, libero senectus molestie vivamus rhoncus feugiat et dui, taciti urna enim felis venenatis ridiculus ornare. Eros magnis velit nostra suscipit congue tincidunt mollis fames, tempus ornare eget curabitur malesuada cursus venenatis ultrices augue, vivamus maximus condimentum scelerisque sollicitudin luctus potenti. Habitant mollis finibus nostra pellentesque egestas fermentum amet, vivamus sem sed nullam cursus posuere class potenti, mattis lacus penatibus nisi ante dui. Eget metus ridiculus urna quisque fermentum torquent tempor ut rutrum, sapien conubia sagittis tortor molestie mus montes ad posuere, fringilla duis magnis

```
massa pharetra sociosqu lectus mi. Aliquam faucibus imperdiet
facilisis potenti phasellus arcu, mus quis justo vulputate
nascetur nunc, luctus morbi fermentum molestie sociosqu"/>
        </StackLayout>
    </ScrollView>
</ContentPage>
```

Caso queira usar imagens de fundo e ícones, repita os procedimentos que vimos nos tópicos **Trabalhando com Imagens no Android** e **UWP**. Salve seu projeto, conforme vimos nas **figuras 48 e 49**. Agora podemos compilar nosso **App** no **Android**, repita o procedimento que vimos neste **Capítulo**, nos seguintes tópicos: **Criando a Interface do Usuário com C# (C Sharp) – Code-behind**, **Compilando (Debugging) o Aplicativo Android** e **Instalando o Emulador do Android**. Para usar um smartphone **Android**, vejam neste **Capítulo**, o seguinte tópico: **Configurando o Smartphone para Modo Desenvolvedor**, agora o ícone do aplicativo vai aparecer no smartphone, conforme **figura 225**:

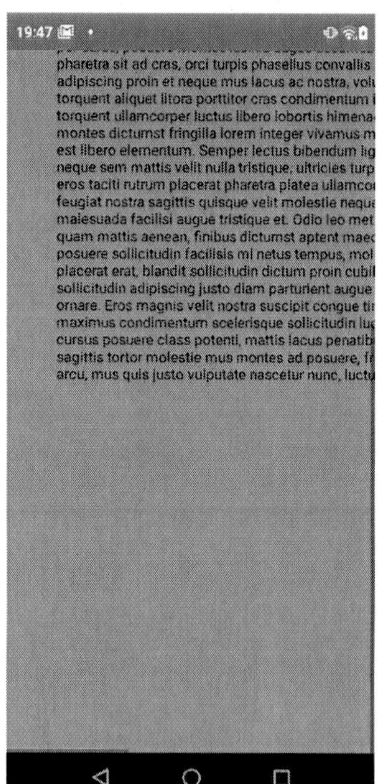

Figura 225

Observe que temos barras de rolagem vertical do lado direito e horizontal na parte inferior da tela, role com o dedo para cima, para baixo e lateralmente. Vamos retornar a **IDE** do **Visual Studio**, é só clicar na área de desenvolvimento do programa e estaremos de volta. Agora vamos compilar o nosso projeto no **UWP**, conforme vimos neste **Capítulo**, nos tópicos **Criando a Interface do Usuário com C# (C Sharp) – Code-behind** e **Compilando (Debugging) o Aplicativo UWP**. Este processo é muito rápido, pois estamos instalando o aplicativo direto no computador. Quando o aplicativo for instalado no computador, aparecerá a seguinte mensagem **Ready** com uma tarja laranja, no canto inferior esquerdo, conforme **figura 226**:

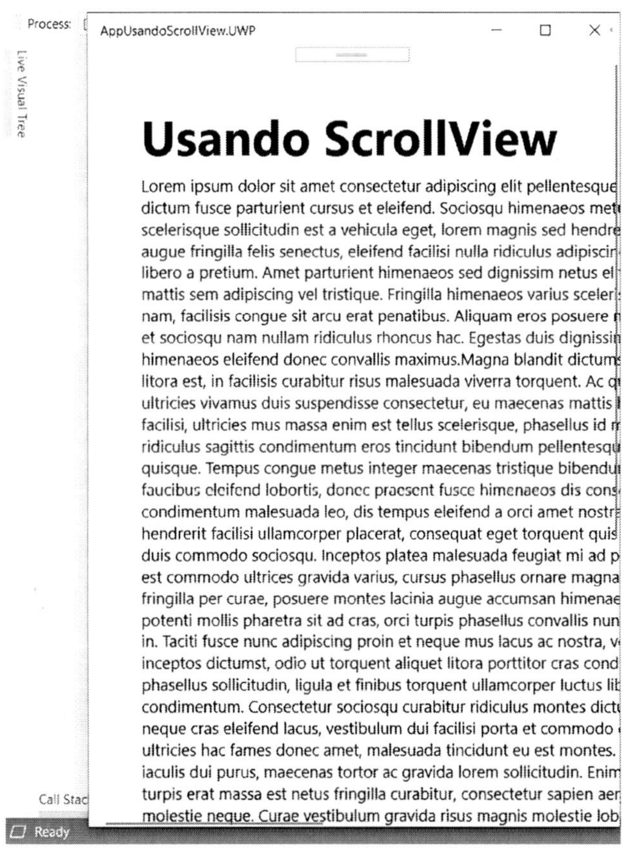

Figura 226

Observe que temos barras de rolagem vertical do lado direito e horizontal na parte inferior da tela, role com o mouse para cima, para baixo e lateralmente. Vamos retornar a **IDE** do **Visual Studio**, é só clicar na área de desenvolvimento do programa e estaremos de volta. Observe que a compilação é muita rápida, pois estamos instalando o aplicativo no **Windows**, no computador. Agora vamos fazer um **commit**, que nada mais é do que mandar nosso projeto para o **GitHub**, conforme vimos, nas **figuras 187 a 192**.

Layouts com Vários Filhos

Essas classes derivam de **Layout<View>**. Veremos cada um deles no próximo tópico.

StackLayout

É um controle do tipo contêiner que posiciona os elementos filhos(-**children**) em uma pilha, um abaixo do outro ou um do lado do outro, verticalmente ou horizontalmente dentro desse contêiner com base na propriedade **Orientation**, caso não seja definida uma orientação, por padrão será usado o tipo vertical, a propriedade **Spacing** determina o espaçamento entre os filhos e tem um valor padrão de 6. Este controle não permite que um elemento fique sobre outro, ou seja, sobreposto. Se o primeiro elemento após o **ContentPage** for um **StackLayout**, este elemento terá total acesso ao tamanho da página principal, pois o mesmo vai ocupar toda esta página, ou seja, tela cheia (**full screen**), para controlar os elementos, podemos utilizar outros elementos **StackLayout**, dentro de outros, para termos um melhor controle de vários elementos que porventura venhamos a utilizar. Vamos criar um novo projeto para entendermos estes conceitos, para isto, vamos retornar para a **IDE** do **Visual Studio 2022**, basta clicar no ícone do **Visual Studio 2022**, na barra de tarefas do **Windows**, e vai aparecer uma miniatura do **Visual Studio 2022**, conforme vimos na **figura 15**, se o mesmo estiver fechado, para abrir novamente, basta clicar sobre o ícone do programa que se encontra na barra de tarefas, conforme vimos na **figura 3**, e vai abrir a janela de itens recentes, conforme vimos na **figura 8**, para criar um novo projeto, temos três opções: poderíamos usar na janela de itens recentes a opção **Create a new project**, conforme vimos na **figura 22**, ou clicar no link **Continuar sem código (Continue without code)**, e aguardar a abertura da área do **IDE – Ambiente de Desenvolvimento Integrado do Visual Studio 2022 Community**, em seguida vá até o menu **File**, e selecione o item **New Project...**, ou pressionar ao mesmo tempo as teclas **Ctrl+Shift+N**, conforme vimos na **figura 23**, independentemente da forma escolhida para criar um novo projeto, vai abrir a janela **Create a new Project (Criar um novo projeto)**, no item **All Project type (Todos os Tipos de projetos)**, clique na setinha para baixo e selecione **Mobile**, em seguida, na lista **Filtering by: Mobile (Filtrado por: Mobile)**, selecione o item **Mobile App(Xamarin.Forms) (Aplicativo Móvel(Xamarin.Forms))**, conforme vimos na **figura 24**, clique no botão **Next (Próximo)**, e vai abrir a janela **Configure your new Project (Configurar seu novo Projeto)**, conforme vimos na **figura 25**, com a janela **Configure your new Project (Configurar seu novo Projeto)** aberta, no item **Project name:**, digite **AppUsandoStackLayout**, no item **Location**, vamos direcionar nosso projeto para que o mesmo possa trabalhar com controle de versão em conjunto com o **GitHub**, ou seja, vamos salvar na pasta **ProjetosLivro**, que nada mais é do que nosso repositório de controle de versão, clique no botão com três pontinhos, selecione **Win10(C:)**, no meu caso está com este nome, em seguida selecione a pasta **GitHub**, e depois selecione a pasta **ProjetosLivro**, conforme vimos na **figura 184**, clique no botão **Selecionar pasta**, deixe marcado o item **Place solution and project in the same directory**, suas informações devem ficar conforme vimos na **figura 26**, em seguida, clique no botão **Create**. Vai abrir a janela **New Mobile App**, no item **Select a template for your app**, selecione o item **Blank**, no item **I plan to develop for:**, marque as opções **Android** e **Windows(UWP)**, conforme vimos na **figura 27**, clique no botão **Create**, aguarde e veja que vai aparecer a nossa **IDE** ou área de desenvolvimento, conforme vimos na **figura 28**. Observe que todo projeto **Xamarin.Forms** que criamos, automaticamente já vem com uma página de visualização ou **View**, vinculada, que é o arquivo **MainPage.xaml**, vamos abri-lo, para isto abra a janela **Solution Explorer**, pressione ao mesmo tempo as teclas **Ctrl+Alt+L**, e deve abrir a janela **Solution Explorer** conforme vimos na **figura 30**. Em seguida, abra o projeto **AppUsandoStackLayout**, para isto clique na setinha que tem ao lado do projeto **AppUsandoStackLayout**, em seguida clique duas vezes com o botão esquerdo do mouse sobre o arquivo **MainPage.xaml**, e vai abrir o mesmo, agora pressione ao mesmo tempo as teclas **Ctrl+A** e vai selecionar todo o código, conforme vimos na **figura 116**. Pressione a tecla **Delete** do teclado, no local onde o cursor do mouse está piscando, na **linha 1**, digite o código abaixo:

```
<?xml version="1.0" encoding="utf-8" ?>
<ContentPage xmlns="http://xamarin.com/schemas/2014/forms"
             xmlns:x="http://schemas.microsoft.com/winfx/2009/
xaml"
             x:Class="AppUsandoStackLayout.MainPage"
             Title="Usando StackLayout">

    <StackLayout BackgroundColor="Yellow">
        <Label Text="Usando StackLayout" Padding="{OnPlatform
Android=15, UWP=20}" FontSize="30" FontAttributes="Bold"
HorizontalOptions="Center" BackgroundColor="Silver" />
        <StackLayout Margin="15, 5, 10, 20"
Spacing="0" Padding="30" BackgroundColor="Red"
Orientation="Vertical" HorizontalOptions="FillAndExpand"
VerticalOptions="FillAndExpand">
            <BoxView BackgroundColor="Firebrick"
HorizontalOptions="FillAndExpand"
VerticalOptions="FillAndExpand" />
            <BoxView BackgroundColor="Coral"
HorizontalOptions="FillAndExpand"
VerticalOptions="FillAndExpand" />
        </StackLayout>
        <StackLayout Spacing="0" Orientation="Horizontal"
HorizontalOptions="FillAndExpand"
VerticalOptions="FillAndExpand">
            <BoxView BackgroundColor="CornflowerBlue"
HorizontalOptions="FillAndExpand"
VerticalOptions="FillAndExpand" />
            <BoxView BackgroundColor="Goldenrod"
HorizontalOptions="FillAndExpand"
VerticalOptions="FillAndExpand" />
        </StackLayout>
    </StackLayout>
</ContentPage>
```

Salve seu projeto, conforme vimos nas **figuras 48 e 49**. Vamos entender este Código, nas **linhas 7** e **17**, temos o nosso **StackLayout pai**, nas **linhas 9** a **12**, temos o nosso **StackLayout filho 1**, com dois elementos **BoxView**, que veremos mais adiante para que serve, e nas **linhas 13** a **16**, temos o nosso **StackLayout filho 2**, com dois elementos **BoxView**. No **StackLayout** da **linha 9**, temos as propriedades `HorizontalOptions="FillAndExpand"` e `VerticalOptions="FillAndExpand"`: Vai fazer com que o conteúdo do **StackLayout**, ocupe o máximo da tela do dispositivo, expandido tanto na horizontal quanto na vertical. Estas mesmas propriedades estão elencadas na **linha 10**, fazendo com que os elementos **BoxView** ocupem metade da tela para cada elemento **StackLayout**. Ainda na **linha 9**, temos a propriedade `Orientation="Vertical"`, que vai fazer com que o **StackLayout filho 1** fique na posição vertical, um abaixo do outro, podemos chamar de linhas, que é o padrão, caso esta propriedade não seja informada. Já na **linha 13**, temos a propriedade `Orientation="Horizontal"`, que vai fazer com que o **StackLayout filho 2** fique na posição horizontal, um do lado do outro, podemos chamar de colunas. Ainda na **linha 9**, temos a propriedade `Spacing="0"`, que vai remover a distância entre o **StackLayout filho 1** e o **2**. Ainda na **linha 9**, temos a propriedade `Margin="15, 5, 10, 20"`, que vai criar uma distância externa, entre o **StackLayout filho 1** e os outros elementos em volta dele, como o **StackLayout pai** e o **StackLayout filho 2**, neste exemplo temos **15 pixel** para a margem esquerda, **5 pixel** para a margem superior, **10 pixel** para a margem direita e **20 pixel** para a margem inferior. Ainda na **linha 9**, temos a propriedade `Padding="30"`, cria uma margem interna, para dentro entre os seus elementos, neste exemplo temos **30 pixel** para ambos os lados, poderíamos ter usado a mesma forma que vimos no item anterior, definindo os quatro lados com valores diferentes. Ainda na **linha 9**, temos a propriedade `BackgroundColor="Red"`, cria uma cor de fundo para distinguir este elemento dos outros, que também têm cor de fundo diferenciadas, neste exemplo a cor de fundo é vermelha. Agora podemos compilar nosso **App** no **Android**, repita o procedimento que vimos neste **Capítulo**, nos seguintes tópicos: **Criando a Interface do Usuário com C# (C Sharp) – Code-behind**, **Compilando (Debugging) o Aplicativo Android** e **Instalando o Emulador do Android**. Para usar um smartphone **Android**, veja neste **Capítulo**, o seguinte tópico: **Configurando o Smartphone para Modo Desenvolvedor**, agora o ícone do aplicativo vai aparecer no smartphone, conforme **figura 227**:

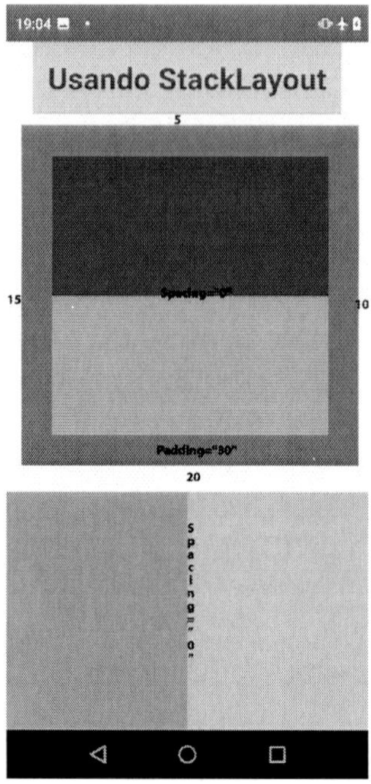

Figura 227

Vamos retornar a **IDE** do **Visual Studio**, é só clicar na área de desenvolvimento do programa e estaremos de volta. Agora vamos compilar o nosso projeto no **UWP**, conforme vimos neste **Capítulo**, nos tópicos **Criando a Interface do Usuário com C# (C Sharp) – Code-behind** e **Compilando (Debugging) o Aplicativo UWP**. Este processo é muito rápido, pois estamos instalando o aplicativo direto no computador. Quando o aplicativo for instalado no computador, aparecerá a seguinte mensagem **Ready** com uma tarja laranja, no canto inferior esquerdo, conforme **figura 228**:

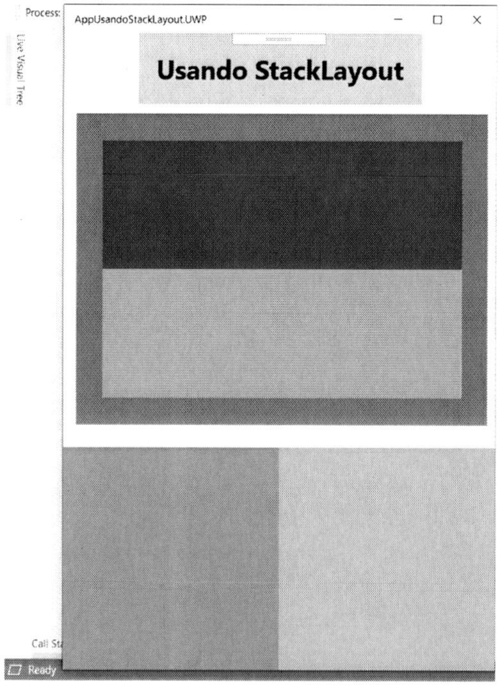

Figura 228

Vamos retornar a **IDE** do **Visual Studio**, é só clicar na área de desenvolvimento do programa e estaremos de volta. Observe que a compilação é muita rápida, pois estamos instalando o aplicativo no **Windows**, no computador. Veja que neste exemplo, estamos utilizando um modelo didático, para compreendermos o uso do **StackLayout**, pois este elemento estará presente em quase todos os nossos aplicativos. Agora vamos fazer um **commit**, que nada mais é do que mandar nosso projeto para o **GitHub**, conforme vimos, nas **figuras 187 a 192**.

Grid (Tabela)

Dá suporte à organização, exibições em linhas e colunas, que podem ser definidas para ter tamanhos proporcionais ou tamanhos absolutos. Este tipo de layout não deve ser confundido com tabelas tradicionais e não se destina a apresentar dados tabulares, também não tem o conceito de linha, coluna ou célula de formatação. Ao contrário das tabelas **HTML**, o elemento **Grid** destina-se puramente para dispor o conteúdo. O elemento **Grid** pode ser usado para organizar os modos de exibição em uma tabela, da seguinte maneira:

- Organizando botões em um aplicativo de Calculadora;
- Organizando botões/escolhas em uma tabela, nas telas iniciais do **Windows (UWP)** ou **Android**;
- Organizando os modos de exibição para que eles sejam de tamanho igual em uma dimensão (como em algumas barras de ferramentas).

Ao contrário das tabelas tradicionais, o elemento **Grid** não deduz o número e os tamanhos de linhas e colunas do conteúdo, em vez disso, são apresentadas as propriedades **RowDefinitions** e **ColumnDefinitions**, que mantêm as definições de quantas linhas e colunas serão dispostas. As exibições são adicionadas ao elemento **Grid** com a linha especificada e os índices de coluna, que identificam quais linhas e colunas devem ser colocadas em modo de exibição. **RowDefinition** tem uma única propriedade, **Height (Altura)**, e **ColumnDefinition** tem uma propriedade única, **Width (Largura)**, que são definidas da seguinte maneira:

- **Auto:** ajusta automaticamente os tamanhos para o conteúdo da linha ou coluna. Especificado como **GridUnitType.Auto** em **C#** ou como **Auto** em **XAML**.
- **Proportional(*)**: dimensiona as colunas e linhas como uma proporção de espaço restante. Especificado como um valor **GridUnitType.Star** em **C#** e como **#*** em **XAML**, onde **#** vai ser o valor desejado. Especificando uma linha/coluna com * fará com que ela preencha o espaço disponível.
- **Absoluto:** dimensiona as colunas e linhas com valores de altura e largura fixas, específicos. Especificado como um valor **GridUnitType.Absolute** em **C#** e como **#** em **XAML**, onde **#** vai ser o valor desejado.

Os valores de largura para colunas são definidos por * como padrão no **Xamarin.Forms**, o que garante que a coluna preencherá o espaço disponível. Os valores de altura das linhas também são definidos por * como por padrão. Para colocar os modos de exibição em um Grid você precisará adicioná-los como filhos na grade, e em seguida, especificar quais linhas e colunas eles pertencem. No **XAML**, use **Grid.**

Row e **Grid.Column** em cada exibição individual para especificar o posicionamento. Observe que estes elementos vão especificar o local com base nas listas de base zero de linhas e colunas, ou seja, em um **Grid(Tabela)** de 4x4, a célula superior esquerda é (0,0) e a célula inferior direita é (3,3). O elemento **Grid** tem propriedades para controlar e personalizar o espaçamento entre linhas e colunas. As seguintes propriedades estão disponíveis:

- **ColumnSpacing:** a quantidade de espaço entre colunas. O valor padrão dessa propriedade é 6;
- **RowSpacing**: a quantidade de espaço entre as linhas. O valor padrão dessa propriedade é 6.

Geralmente, ao trabalhar com o elemento **Grid**, há um elemento que deve ocupar mais de uma linha ou coluna. Isso é feito usando a propriedade **ColumnSpan**, que especifica quantas colunas devem ser ocupadas e a propriedade **RowSpan**, que especifica quantas linhas devem ser ocupadas, ou seja, estas propriedades fazem a mesclagem de colunas e linhas. Vamos criar um novo projeto para entendermos estes conceitos, para isto, vamos retornar para a **IDE** do **Visual Studio 2022**, basta clicar no ícone do **Visual Studio 2022**, na barra de tarefas do **Windows**, e vai aparecer uma miniatura do **Visual Studio 2022**, conforme vimos na **figura 15**, se o mesmo estiver fechado, para abrir novamente, basta clicar sobre o ícone do programa que se encontra na barra de tarefas, conforme vimos na **figura 3**, e vai abrir a janela de itens recentes, conforme vimos na **figura 8**, para criar um novo projeto, temos três opções: poderíamos usar na janela de itens recentes a opção **Create a new project**, conforme vimos na **figura 22**, ou clicar no link **Continuar sem código (Continue without code)**, e aguardar a abertura da área do **IDE – Ambiente de Desenvolvimento Integrado do Visual Studio 2022 Community**, em seguida vá até o menu **File**, e selecione o item **New Project...**, ou pressionar ao mesmo tempo as teclas **Ctrl+Shift+N**, conforme vimos na **figura 23**, independentemente da forma escolhida para criar um novo projeto, vai abrir a janela **Create a new Project (Criar um novo projeto)**, no item **All Project type (Todos os Tipos de projeto)**, clique na setinha para baixo e selecione **Mobile**, em seguida, na lista **Filtering by: Mobile (Filtrado por: Mobile)**, selecione o item **Mobile App(Xamarin. Forms) (Aplicativo Móvel(Xamarin.Forms))**, conforme vimos na **figura 24**, clique no botão **Next (Próximo)**, e vai abrir a janela

Configure your new Project (Configurar seu novo Projeto), conforme vimos na **figura 25**, com a janela **Configure your new Project (Configurar seu novo Projeto)** aberta, no item **Project name:**, digite **AppUsandoGrid**, no item **Location**, vamos direcionar nosso projeto para que o mesmo possa trabalhar com controle de versão em conjunto com o **GitHub**, ou seja, vamos salvar na pasta **ProjetosLivro**, que nada mais é do que nosso repositório de controle de versão, clique no botão com três pontinhos, selecione **Win10(C:)**, no meu caso está com este nome, em seguida selecione a pasta **GitHub**, em seguida selecione a pasta **ProjetosLivro**, conforme vimos na **figura 184**, clique no botão **Selecionar pasta**, deixe marcado o item **Place solution and project in the same directory**, suas informações devem ficar conforme vimos na **figura 26**, em seguida, clique no botão **Create**. Vai abrir a janela **New Mobile App**, no item **Select a template for your app**, selecione o item **Blank**, no item **I plan to develop for:**, marque as opções **Android** e **Windows(UWP)**, conforme vimos na **figura 27**, clique no botão **Create**, aguarde e veja que vai aparecer a nossa **IDE** ou área de desenvolvimento, conforme vimos na **figura 28**. Observe que todo projeto **Xamarin.Forms** que criamos, automaticamente, já vem com uma página de visualização ou **View**, vinculada, que é o arquivo **MainPage.xaml**, vamos abri-lo, para isto abra a janela **Solution Explorer**, pressione ao mesmo tempo as teclas **Ctrl+Alt+L**, e deve abrir a janela **Solution Explorer** conforme vimos na **figura 30**. Em seguida, abra o projeto **AppUsandoGrid**, para isto clique na setinha que tem ao lado do projeto **AppUsandoGrid**, em seguida clique duas vezes com o botão esquerdo do mouse sobre o arquivo **MainPage.xaml**, e vai abrir o mesmo, agora pressione ao mesmo tempo as teclas **Ctrl+A** e vai selecionar todo o código, conforme vimos na **figura 116**. Pressione a tecla **Delete** do teclado, no local onde o cursor do mouse está piscando, na **linha 1**, digite o código abaixo:

```
<?xml version="1.0" encoding="utf-8" ?>
<ContentPage xmlns="http://xamarin.com/schemas/2014/forms"
             xmlns:x="http://schemas.microsoft.com/winfx/2009/
xaml"
             x:Class="AppUsandoGrid.MainPage"
             Title="Usando Grid">

    <!--- Criando o Grid -->
    <Grid VerticalOptions="FillAndExpand" Margin="10">
        <!--- Cria as linhas -->
```

```
        <Grid.RowDefinitions>
            <!--- Define a quantidade de linhas, aqui definimos
4 linhas -->
            <RowDefinition Height="Auto" />
            <RowDefinition Height="Auto" />
            <RowDefinition Height="*" />
            <RowDefinition Height="100" />
        </Grid.RowDefinitions>
        <!--- Cria as colunas -->
        <Grid.ColumnDefinitions>
            <!--- Define a quantidade de colunas, aqui definimos
3 colunas -->
            <ColumnDefinition Width="Auto" />
            <ColumnDefinition Width="*" />
            <ColumnDefinition Width="100" />
        </Grid.ColumnDefinitions>
        <Label Text="Grid"
                    Grid.Column="0"
                    Grid.ColumnSpan="3"
                    Grid.Row="0"
                    FontSize="25"
                    FontAttributes="Bold"
                    HorizontalOptions="Center" />
        <Label Text="Célula com tamanho automático"
                    Grid.Column="0"
                    Grid.Row="1"
                    TextColor="White"
                    BackgroundColor="Blue" />
        <BoxView Color="Silver"
                      Grid.Column="1"
                      Grid.Row="1"
                      HeightRequest="0" />
        <BoxView Color="Teal"
                      Grid.Column="0"
                      Grid.Row="2" />
        <Label Text="Sobra de espaço"
                    Grid.Column="1"
                    Grid.Row="2"
                    TextColor="Purple"
                    BackgroundColor="Aqua"
                    HorizontalTextAlignment="Center"
                    VerticalTextAlignment="Center" />
        <Label Text="Mesclar 2 linhas (ou mais, se desejar)"
                    Grid.Column="2"
                    Grid.Row="1"
                    Grid.RowSpan="2"
                    TextColor="Yellow"
```

```
                    BackgroundColor="Navy"
                    HorizontalTextAlignment="Center"
                    VerticalTextAlignment="Center" />
        <Label Text="Mesclar 2 Colunas, (ou mais, se desejar)"
                    Grid.Column="0"
                    Grid.ColumnSpan="2"
                    Grid.Row="3"
                    TextColor="Blue"
                    BackgroundColor="Yellow"
                    HorizontalTextAlignment="Center"
                    VerticalTextAlignment="Center" />
        <Label Text="Fixo em 100x100"
                    Grid.Column="2"
                    Grid.Row="3"
                    TextColor="Aqua"
                    BackgroundColor="Red"
                    HorizontalTextAlignment="Center"
                    VerticalTextAlignment="Center" />
    </Grid>
</ContentPage>
```

Salve seu projeto, conforme vimos nas **figuras 48 e 49**. Vamos entender este código, na **linha 8**, definimos a criação do **Grid**, que vai ocupar toda nossa na tela na vertical e terá uma margem de 10 pixels. Nas **linhas 10** a **16**, estamos criando as linhas. Nas **linhas 12** a **15**, estamos definindo a quantidade de linhas do **Grid** e suas propriedades, sendo que na primeira e segunda linhas definimos sua altura como **Auto**, ou seja, vai preencher automaticamente de acordo com o tamanho do elemento dentro desta linha. Na terceira linha, definimos que a altura vai ser preenchida pelo espaço que sobrar e na quarta linha definimos que a altura vai ser de 100 pixels. Na **linha 18** a **23**, estamos criando as colunas. Nas **linhas 20** a **22**, estamos definindo a quantidade de colunas do **Grid** e suas propriedades, sendo que na primeira coluna, definimos sua largura como **Auto**, ou seja, vai preencher automaticamente de acordo com o tamanho do elemento dentro desta coluna. Na segunda coluna, definimos que a largura vai ser preenchida pelo espaço que sobrar e na terceira coluna definimos que a largura vai ser de 100 pixels. Na **linha 25**, estamos definindo a primeira coluna e na **linha 27**, a primeira linha, ou seja, 0 e 0, a primeira célula, e na **linha 26**, estamos dizendo que esta célula terá três colunas mescladas. Na **linha 32**, estamos definindo a primeira coluna e na **linha 33**, a segunda linha, ou seja, 0 e 1, a segunda célula. Na **linha 37**, estamos definindo a segunda coluna e na **linha 38**, a segunda linha, ou seja, 1 e 1, a terceira célula. Na **linha 42**, estamos definindo a primeira coluna e na **linha 43**, a terceira linha, ou seja, 0 e 2, a quarta célula. Na **linha 44**, estamos definindo a segunda coluna e na **linha 45**, a terceira linha, ou seja, 1 e 2, a quinta célula. Na **linha 51**, estamos definindo a terceira coluna e na **linha 52**, a segunda linha, sendo que mesclamos duas linhas, ou seja, 2 e 1, a sexta célula. Na **linha 59**, estamos definindo a primeira coluna e na **linha 61**, a quarta linha, sendo que mesclamos duas colunas, ou seja, 0 e 3, a sétima célula. Na **linha 67**, estamos definindo a terceira coluna e na **linha 68**, a quarta linha, ou seja, 2 e 3, a oitava célula, no tamanho de 100 pixels na altura e na largura. Agora podemos compilar nosso **App** no **Android**, para isto abra a janela **Solution Explorer**, pressione ao mesmo tempo as teclas **Ctrl+Alt+L**, repita o procedimento que vimos neste **Capítulo**, nos seguintes tópicos: **Criando a Interface do Usuário com C# (C Sharp) – Code-behind**, **Compilando (Debugging) o Aplicativo Android** e **Instalando o Emulador do Android**. Para usar um smartphone **Android**, veja neste **Capítulo**, o seguinte tópico: **Configurando o Smartphone para Modo Desenvolvedor**, agora o ícone do aplicativo vai aparecer no smartphone, conforme **figura 301**:

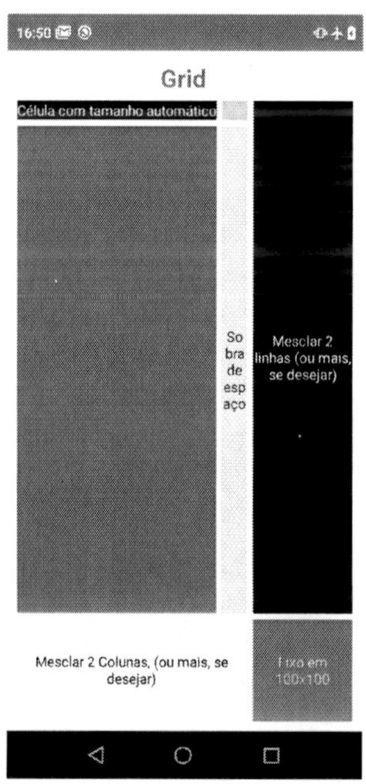

Figura 229

Vamos retornar a **IDE** do **Visual Studio**, é só clicar na área de desenvolvimento do programa e estaremos de volta. Agora vamos compilar o nosso projeto no **UWP**, conforme vimos neste **Capítulo**, nos tópicos **Criando a Interface do Usuário com C# (C Sharp) – Code-behind** e **Compilando (Debugging) o Aplicativo UWP**. Este processo é muito rápido, pois estamos instalando o aplicativo direto no computador. Quando o aplicativo for instalado no computador, aparecerá a seguinte mensagem **Ready** com uma tarja laranja, no canto inferior esquerdo, conforme **figura 230**:

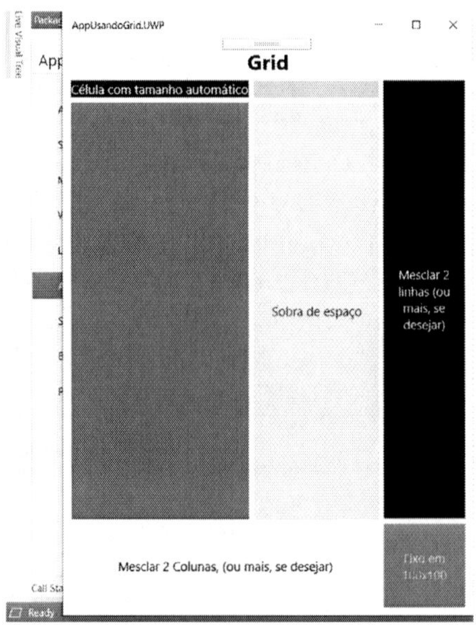

Figura 230

Vamos retornar a **IDE** do **Visual Studio**, é só clicar na área de desenvolvimento do programa e estaremos de volta. Observe que a compilação é muita rápida, pois estamos instalando o aplicativo no **Windows**, no computador. Veja que neste exemplo, estamos utilizando um modelo didático, para compreendermos o uso do **Grid**. Agora vamos fazer um **commit**, que nada mais é do que mandar nosso projeto para o **GitHub**, conforme vimos, nas **figuras 187 a 192**.

AbsoluteLayout

A princípio, a classe **AbsoluteLayout** parece implementar um modelo de layout bastante primitivo - que remonta aos dias não tão bons das interfaces gráficas de usuário, quando os programadores eram solicitados a dimensionar e posicionar individualmente todos os elementos na tela. No entanto, descobriremos que o **AbsoluteLayout** também incorpora um recurso de posicionamento e dimensionamento proporcional que ajuda a trazer esse modelo de layout antigo para a era moderna. Desta forma, muitas das regras sobre layout que aprendemos até o presente momento não se aplicam mais: as propriedades **HorizontalOptions** e **VerticalOptions** que são tão importantes quando uma **View** é filha de um **ContentPage** ou **StackLayout** não têm absolutamente nenhum efeito quando uma **View** é filha de um **AbsoluteLayout**. Em vez disso, um aplicativo deve atribuir a cada filho de um **AbsoluteLayout** um local específico em coordenadas independentes de dispositivo. Também é possível atribuir ao elemento filho um tamanho específico ou permitir que o elemento filho seja dimensionado Assim vermos que esta classe vai posicionar e dimensionar proporcionalmente ao seu próprio tamanho e posição ou por valores absolutos de elementos filho, sendo que os modos de exibição do elemento filho podem ser posicionados e dimensionados usando valores proporcionais ou valores estáticos e valores proporcional e estático podem ser combinados. E podem ser posicionados em qualquer parte da tela do dispositivo. Por causa do modelo de posicionamento do **AbsoluteLayout**, o layout torna relativamente fácil para posicionar elementos para que fiquem em qualquer lado do layout ou centralizado. Com tamanhos e posições proporcionais, elementos em um **AbsoluteLayout** podem ser dimensionados automaticamente para qualquer tamanho de exibição. Para itens em que apenas a posição, mas não o tamanho deve ser dimensionado, os valores absolutos e proporcionais podem ser combinados, podemos utilizar este layout em qualquer lugar em que o mesmo precise ser posicionado em uma exibição de elementos e é especialmente útil ao alinhar os elementos para as bordas. Temos quatro tipos de usos para o **AbsoluteLayout**, são eles:

- **Layouts proporcionais:** entender como os valores proporcionais funcionam;
- **Especificando valores:** entender como os valores proporcionais e absolutos são especificados;
- **Valores proporcionais:** entender como os valores proporcionais funcionam;
- **Valores absolutos:** entender como os valores absolutos funcionam.

Veremos cada um deles no próximo tópico:

Layouts Proporcionais

O **AbsoluteLayout** tem um modelo de âncora exclusivo, no qual a âncora do elemento é posicionada em relação ao seu elemento como o elemento é posicionado em relação ao layout quando o posicionamento proporcional é usado. Quando o posicionamento absoluto é usado, a âncora é em (0,0) dentro da exibição. Isso tem duas consequências importantes:

- Elementos não podem ser posicionados fora da tela usando valores proporcionais;
- Elementos podem ser posicionados de forma confiável ao longo de qualquer lado do layout ou no centro, independentemente do tamanho do layout ou dispositivo.

Tanto **AbsoluteLayout**, como **RelativeLayout**, são capazes de posicionar elementos para que eles se sobreponham.

Especificando Valores

Os modos de exibição dentro de um **AbsoluteLayout** são posicionados usando quatro valores, são eles:

- **X:** a posição de x (horizontal) da âncora da exibição em relação à margem esquerda;
- **Y:** a posição y (vertical) da âncora da exibição em relação à margem superior;
- **Width (Largura):** a largura da exibição;

- **Height (Altura):** a altura da exibição.

Cada um desses valores pode ser definido como um valor proporcional ou um valor absoluto. Valores são especificados como uma combinação de limites e um sinalizador. A propriedade **LayoutBounds** é um retângulo que consiste em quatro valores: **x**, **y**, **width (largura)**, **height (altura)**. Já a propriedade **AbsoluteLayoutFlags**, especifica como os valores serão interpretados e tem as seguintes opções predefinidas:

- **None:** interpreta todos os valores como absolutos. Isso é o valor padrão se nenhum sinalizador de layout for especificado;
- **All:** interpreta todos os valores como proporcional;
- **WidthProportional:** interpreta a **largura (width)** como valor proporcional e todos os outros valores como absolutos;
- **HeightProportional:** interpreta apenas o valor **height (altura)** como proporcional com todos os outros valores absolutos;
- **XProportional:** interpreta o valor **X** como proporcional, ao tratar todos os outros valores como absolutos;
- **YProportional:** interpreta o valor **Y** como proporcional, ao tratar todos os outros valores como absolutos;
- **PositionProportional:** interpreta os valores **X** e **Y** como proporcionais, enquanto os outros valores são interpretados como absolutos;
- **SizeProportional:** interpreta os valores **Width (largura)** e **Height (altura)** como proporcionais, enquanto os valores de posição são absolutos.

No **XAML**, limites e sinalizadores são definidos como parte da definição de modos de exibição no layout, usando a propriedade **AbsoluteLayout.LayoutBounds**. Nos limites são definidos como uma lista separada por vírgulas de valores, **X**, **Y**, **Width**, e **Height**, nessa ordem. Sinalizadores também são especificados na declaração de modos de exibição no layout usando a propriedade **AbsoluteLayout.LayoutFlags**. Observe que os sinalizadores podem ser combinados em **XAML** usando uma lista separada por vírgulas. Vamos criar um novo projeto para entendermos estes conceitos, para isto, vamos retornar para a **IDE** do **Visual Studio 2022**, basta clicar no ícone do **Visual Studio 2022**, na barra de tarefas do **Windows**, e vai aparecer uma miniatura do **Visual Studio 2022**, conforme vimos na

figura 15, se o mesmo estiver fechado, para abrir novamente, basta clicar sobre o ícone do programa que se encontra na barra de tarefas, conforme vimos na **figura 3**, e vai abrir a janela de itens recentes, conforme vimos na **figura 8**, para criar um novo projeto, temos três opções: poderíamos usar na janela de itens recentes a opção **Create a new project**, conforme vimos na **figura 22**, ou clicar no link **Continuar sem código (Continue without code)**, e aguardar a abertura da área do **IDE – Ambiente de Desenvolvimento Integrado do Visual Studio 2022 Community**, em seguida vá até o menu **File**, e selecione o item **New Project...**, ou pressionar ao mesmo tempo as teclas **Ctrl+Shift+N**, conforme vimos na **figura 23**, independentemente da forma escolhida para criar um novo projeto, vai abrir a janela **Create a new Project (Criar um novo projeto)**, no item **All Project type (Todos os Tipos de projeto)**, clique na setinha para baixo e selecione **Mobile**, em seguida, na lista **Filtering by: Mobile (Filtrado por: Mobile)**, selecione o item **Mobile App(Xamarin.Forms)** (**Aplicativo Móvel(Xamarin.Forms)**), conforme vimos na **figura 24**, clique no botão **Next (Próximo)**, e vai abrir a janela **Configure your new Project (Configurar seu novo Projeto)**, conforme vimos na **figura 25**, com a janela **Configure your new Project (Configurar seu novo Projeto)** aberta, no item **Project name:**, digite **AppUsandoAbsoluteLayout**, no item **Location**, vamos direcionar nosso projeto para que o mesmo possa trabalhar com controle de versão em conjunto com o **GitHub**, ou seja, vamos salvar na pasta **ProjetosLivro**, que nada mais é do que nosso repositório de controle de versão, clique no botão com três pontinhos, selecione **Win10(C:)**, no meu caso está com este nome, em seguida, selecione a pasta **GitHub**, e depois selecione a pasta **ProjetosLivro**, conforme vimos na **figura 184**, clique no botão **Selecionar pasta**, deixe marcado o item **Place solution and project in the same directory**, suas informações devem ficar conforme vimos na **figura 26**, em seguida, clique no botão **Create**. Vai abrir a janela **New Mobile App**, no item **Select a template for your app**, selecione o item **Blank**, no item **I plan to develop for:**, marques as opções **Android** e **Windows(UWP)**, conforme vimos na **figura 27**, clique no botão **Create**, aguarde e veja que vai aparecer a nossa **IDE** ou área de desenvolvimento, conforme vimos na **figura 28**. Observe que todo projeto **Xamarin.Forms** que criamos, automaticamente já vem com uma página de visualização ou **View**, vinculada, que é o arquivo **MainPage.xaml**, vamos abri-lo, para isto abra a janela **Solution Explorer**, pressione ao mesmo tempo as teclas **Ctrl+Alt+L**, e deve abrir a janela **Solution Explorer** conforme vimos na **figura 30**. Em seguida, abra o projeto **AppUsandoAbsoluteLayout**, para isto clique na setinha que tem ao lado do projeto **AppUsandoAbsoluteLayout**, em seguida clique duas vezes com o botão esquerdo do mouse sobre o arquivo **MainPage.xaml**, e vai abrir o mesmo, agora pressione ao mesmo tempo as teclas **Ctrl+A** e vai selecionar todo o código, conforme vimos na **figura 116**. Pressione a tecla **Delete** do teclado, no local onde o cursor do mouse está piscando, na **linha 1**, digite o código abaixo:

```
<?xml version="1.0" encoding="utf-8" ?>
<ContentPage xmlns="http://xamarin.com/schemas/2014/forms"
             xmlns:x="http://schemas.microsoft.com/winfx/2009/
xaml"
             x:Class="AppUsandoAbsoluteLayout.MainPage"
             Title="Usando AbsoluteLayout">

    <ContentPage.Content>
        <AbsoluteLayout>
            <Label Text="Estou centralizado só no Android, não
em outro dispositivo."
               AbsoluteLayout.LayoutBounds="115, 150, 100,
100" LineBreakMode="WordWrap" />
            <Label Text="Eu estou centralizado em todos os
dispositivos."
               AbsoluteLayout.LayoutBounds=".5, 1, .5, .1"
AbsoluteLayout.LayoutFlags="All"
               LineBreakMode="WordWrap"  />
            <BoxView Color="Olive"  AbsoluteLayout.
LayoutBounds="1, .5, 25, 100"
               AbsoluteLayout.
LayoutFlags="PositionProportional" />
            <BoxView Color="Red" AbsoluteLayout.
LayoutBounds="0, .5, 25, 100"
               AbsoluteLayout.
LayoutFlags="PositionProportional" />
            <BoxView Color="Blue" AbsoluteLayout.
LayoutBounds=".5, 0, 100, 25"
               AbsoluteLayout.
LayoutFlags="PositionProportional" />
        </AbsoluteLayout>
    </ContentPage.Content>
</ContentPage>
```

Salve seu projeto, conforme vimos nas **figuras 48 e 49**. Vamos entender este código, nas **linhas 9** e **10**, o elemento **Label** é posicionado usando valores de tamanho e posição absolutas. Por causa disso, aparece centralizado no iPhone SE e inferior, mas não centralizado em dispositivos maiores. Nas **linhas 11** a **13**, o texto na parte inferior do layout é posicionado usando valores de tamanho e posição proporcionais. Ele sempre será exibido na parte inferior central do layout, mas seu tamanho aumentará com tamanhos maiores de layout. Nas **linhas 14** a **19**, três **BoxViews** coloridas são posicionados nas bordas superior, esquerda e direita da tela usando a posição proporcional e o tamanho absoluto. Agora podemos compilar nosso **App** no **Android**, repita o procedimento que vimos neste **Capítulo**, nos seguintes tópicos: **Criando a Interface do Usuário com C# (C Sharp) – Code-behind**, **Compilando (Debugging) o Aplicativo Android** e **Instalando o Emulador do Android**. Para usar um smartphone **Android**, veja neste **Capítulo**, o seguinte tópico: **Configurando o Smartphone para Modo Desenvolvedor**, agora o ícone do aplicativo vai aparecer no smartphone, conforme **figura 231**:

Figura 231

Vamos retornar a **IDE** do **Visual Studio**, é só clicar na área de desenvolvimento do programa e estaremos de volta. Agora vamos compilar o nosso projeto no **UWP**, conforme vimos neste **Capítulo**, nos tópicos **Criando a Interface do Usuário com C# (C Sharp) – Code-behind** e **Compilando (Debugging) o Aplicativo UWP**. Este processo é muito rápido, pois estamos instalando o aplicativo direto no computador. Quando o aplicativo for instalado no computador, aparecerá a seguinte mensagem **Ready** com uma tarja laranja, no canto inferior esquerdo, conforme **figura 232**:

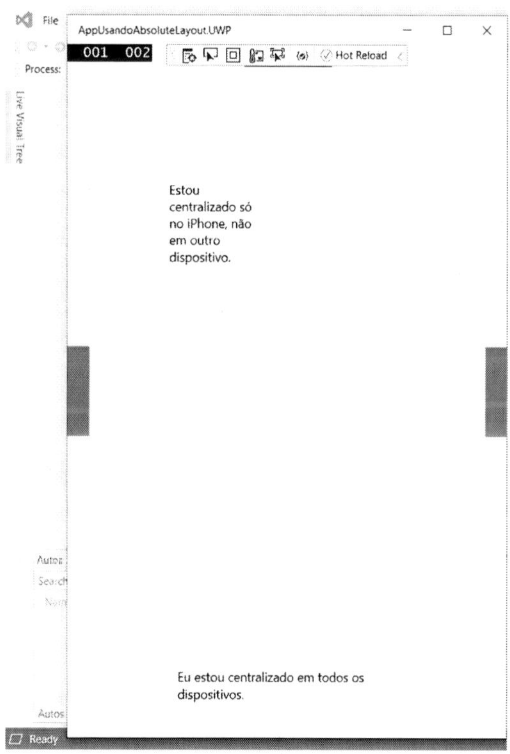

Figura 232

Vamos retornar a **IDE** do **Visual Studio**, é só clicar na área de desenvolvimento do programa e estaremos de volta. Observe que a compilação é muita rápida, pois estamos instalando o aplicativo no **Windows**, no computador. Veja que neste exemplo, estamos utilizando um modelo didático, para compreendermos o uso do **AbsoluteLayout**.

Agora vamos fazer um **commit**, que nada mais é do que mandar nosso projeto para o **GitHub**, conforme vimos, nas **figuras 187 a 192**.

Valores proporcionais

Valores proporcionais definem uma relação entre um layout e um modo de exibição. Essa relação define a posição de um modo de exibição filho ou valor de escala como uma proporção do valor correspondente do layout pai. Esses valores são expressos como tipo double com valores entre 0 e 1. Valores proporcionais são usados para exibições da posição de tamanho no layout. Portanto, quando a largura do modo de exibição é definida como uma proporção, o valor de largura resultante é a proporção multiplicada pelo **AbsoluteLayout** da largura. Por exemplo, com uma largura 500 no **AbsoluteLayout** e uma exibição definida para ter uma largura proporcional de **.5**, a largura renderizada da exibição será 250 (500 x .5). Para usar valores proporcionais, temos que definir a propriedade **LayoutBounds** usando as proporções (x, y) e tamanhos proporcionais, em seguida, definir a propriedade **LayoutFlags** para **All**, conforme vimos na **linha 14**.

Valores absolutos

Valores absolutos definem explicitamente onde os modos de exibição devem ser posicionados no layout. Ao contrário de valores proporcionais, os valores absolutos são capazes de posicionar e dimensionar uma exibição que não se ajusta dentro dos limites do layout. Usando os valores absolutos para posicionamento pode ser perigoso quando o tamanho do layout não é conhecido. Ao usar posições absolutas, um elemento no centro da tela em um tamanho poderia ser deslocado em qualquer outro tamanho. É importante testar seu aplicativo em vários tamanhos de tela de seus dispositivos. Para usarmos valores de layout absoluto, devemos definir a propriedade **LayoutBounds** usando as coordenadas (x, y) e tamanhos explícitos, em seguida, devemos definir a propriedade **LayoutFlags** para **None**.

RelativeLayout

Sempre tem relacionamento com seus filhos, ou seja, podemos dizer que os filhos de **RelativeLayout** estão relacionados ao layout, este é um dos layouts mais complicados que veremos. O motivo é muitas propriedades para definir para filho e pai para obter o que queremos. Diferentemente de **AbsoluteLayout** e **RelativeLayout**, não temos o conceito da âncora de movimentação e não temos recursos para posicionar elementos em relação à margem inferior ou direita do layout, mas oferece suporte a elementos de posicionamento fora de seus próprios limites. Desta forma, podemos utilizá-lo para posicionar os modos de exibição na tela em relação ao layout geral ou a outros modos de exibição. Posicionar e dimensionar um modo de exibição dentro de um **RelativeLayout** deve ser feito com restrições, ou seja, uma expressão de restrição pode incluir as seguintes informações:

- **Type (Tipo):** se a restrição é relativa ao pai ou para outro elemento;
- **Property (Propriedade):** qual propriedade a ser usada como base para a restrição;
- **Factor (Fator):** o fator a ser aplicado ao valor da propriedade, dever ser um valor do tipo double entre 0 e 1;
- **Constant (Constante):** o valor a ser usado como um deslocamento do valor, que vai impactar no valor definido na propriedade **Factor**;
- **ElementName (Nome do Elemento):** o nome do elemento, cuja restrição é relativa.

O **RelativeLayout**, tem duas opções para especificar seu tamanho:

- HeightRequest & WidthRequest;
- RelativeLayout.WidthConstraint & RelativeLayout.HeightConstraint.

HeightRequest e **WidthRequest** especificam a altura desejada e a largura da exibição, mas pode ser substituída pelos layouts conforme necessário. **WidthConstraint** e **HeightConstraint** dá suporte à definição de altura e largura como um valor em relação a propriedades de layout ou outra exibição, ou como um valor constante. Vamos criar um novo projeto para entendermos estes conceitos, conforme vimos no tópico **O Ambiente de Desenvolvimento do Microsoft Visual Studio Community 2022** no **capítulo 2**, no item **Project name:**, digite

AppUsandoRelativeLayout, aguarde e veja que vai aparecer a nossa **IDE** ou área de desenvolvimento, conforme vimos na **figura 28**. Observe que todo projeto **Xamarin.Forms** que criamos, automaticamente, já vem com uma página de visualização ou **View**, vinculada, que é o arquivo **MainPage.xaml**, vamos abri-lo, para isto abra a janela **Solution Explorer**, pressione ao mesmo tempo as teclas **Ctrl+Alt+L**, e deve abrir a janela **Solution Explorer** conforme vimos na **figura 30**. Em seguida, abra o projeto **AppUsandoRelativeLayout**, para isto clique na setinha que tem ao lado do projeto **AppUsandoRelativeLayout**, em seguida clique duas vezes com o botão esquerdo do mouse sobre o arquivo **MainPage.xaml**, e vai abrir o mesmo, agora pressione ao mesmo tempo as teclas **Ctrl+A** e vai selecionar todo o código, conforme vimos na **figura 116**. Pressione a tecla **Delete** do teclado, no local onde o cursor do mouse está piscando, na **linha 1**, digite o código abaixo:

```
<?xml version="1.0" encoding="utf-8" ?>
<ContentPage xmlns="http://xamarin.com/schemas/2014/forms"
             xmlns:x="http://schemas.microsoft.com/winfx/2009/
xaml"
             x:Class="AppUsandoRelativeLayout.MainPage"
             Title="Usando RelativeLayout">

    <RelativeLayout BackgroundColor="Beige">
        <BoxView RelativeLayout.
WidthConstraint="{ConstraintExpression Type=RelativeToParent,
Property=Width, Factor= 0.5, Constant=-50}"
BackgroundColor="Brown"/>
        <BoxView BackgroundColor="Gold" x:Name="Dourado"
Margin="200" WidthRequest="100" HeightRequest="100" />
        <BoxView WidthRequest="100" HeightRequest="100"
            BackgroundColor="LightGray" RelativeLayout.
XConstraint="{ConstraintExpression Type=RelativeToView,
ElementName=Dourado, Property=X, Factor=1, Constant=20}"
            RelativeLayout.YConstraint="{ConstraintExpression
Type=RelativeToView, ElementName=Dourado, Property=Y, Factor=1,
Constant=20}"/>
    </RelativeLayout>
</ContentPage>
```

Vamos entender este código. Observe que na **linha 7**, estamos definindo que o **RelativeLayout** vai ocupar a tela toda, ou seja 100%, com uma cor de fundo bege. Vamos supor que esta tela tenha 800 pixels, este valor é apenas teórico para que possamos entender como este elemento funciona. Na **linha 8**, criamos uma **BoxView**, na cor marrom, que vai ter como referência o **RelativeLayout** da **linha 7**, e a sua largura vai ter a metade do **RelativeLayout** da **linha 7**, ou seja, 400 pixels através de expressão de restrição, conforme o seguinte comando: `RelativeLayout.WidthConstraint="{ConstraintExpression Type=RelativeToParent, Property=Width, Factor= 0.5, Constant=-50}"`, onde **Type (Tipo)**, foi definido como `Type=RelativeToParent`, ou seja, estamos dizendo que este elemento vai ser relacionado ao seu elemento pai, **RelativeLayout** da **linha 7**, neste caso não precisaremos da propriedade **ElementName (Nome do Elemento)**, pois já definimos que o mesmo está relaciona ao elemento pai. Em seguida, definimos a propriedade **Property (Propriedade)** como `Property=Width`, pois precisamos saber o que queremos usar do elemento, pais, neste caso a largura. Em seguida, definimos a propriedade **Factor (Fator)**, é um número de 0 a 1, que representa a porcentagem que vamos utilizar da propriedade `Width`, neste caso estamos dizendo que o elemento **BoxView**, vai ter 50% da largura do elemento pai, neste caso ela terá 400 pixels, ou seja, metade dos 800 pixels do elemento pai. Em seguida, definimos a propriedade **Constant (Constante)**, que vai impactar na largura que definimos na propriedade **Factor (Fator)**, dos 400 pixels que definimos, podemos subtrair ou adicionar mais pixels, neste caso definimos como `Constant=-50`, e estamos subtraindo 50 pixels, para adicionar, basta digitar um número positivo. Levando em conta que alguns dispositivos podem ser redimensionados.

Na **linha 9**, criamos uma **BoxView**, na cor dourado, que vai ser a referência do elemento **BoxView** da **linha 10**, conforme o seguinte comando: `BoxView BackgroundColor="Gold" x:Name="Dourado" Margin="200" WidthRequest="100" HeightRequest="100"`, onde este elemento terá uma margem de 200 ou distância de pixels e altura e largura de 100 pixels. Na **linha 10**, criamos uma **BoxView**, na cor LightGray, que vai pegar o posicionamento X e Y, do elemento **BoxView** da **linha 9**, para o elemento **X**, conforme o seguinte comando: `WidthRequest="100" HeightRequest="100" BackgroundColor="LightGray" RelativeLayout.XConstraint="{ConstraintExpression Type=RelativeToView, ElementName=Dourado, Property=X, Factor=1, Constant=20}"`, onde temos 100 pixels de altura e largura, na expressão de restrição, onde **Type (Tipo)**, foi definido como `Type=RelativeToView`, ou seja, estamos dizendo que este elemento vai ser relacionado ao seu elemento filho, **BoxView** da **linha 9**. Em seguida, definimos a propriedade **ElementName (Nome do Elemento)** como `ElementName=Dourado`, que é o elemento da **linha 9** que estamos referenciando. Em seguida, definimos a propriedade **Property (Propriedade)** como `Property=X`, e a propriedade **Factor (Fator)** como `Factor=1`, ou seja, definimos que esta **BoxView** vai ter o mesmo posicionamento do **BoxView** da **linha 9**. Em seguida, definimos a propriedade **Constant (Constante)**, neste caso definimos como `Constant=20`, onde vamos acrescentar 20 pixels neste elemento. Para o elemento **Y**, conforme o seguinte comando: `RelativeLayout.YConstraint="{ConstraintExpression Type=RelativeToView, ElementName=Dourado, Property=Y, Factor=1, Constant=20}"`, onde temos 100 pixels de altura e largura, na expressão de restrição, onde **Type (Tipo)**, foi definido como `Type=RelativeToView`, ou seja, estamos dizendo que este elemento vai ser relacionado ao seu elemento filho, **BoxView** da **linha 9**. Em seguida, definimos a propriedade **ElementName (Nome do Elemento)** como `ElementName=Dourado`, que é o elemento da **linha 9** que estamos referenciando. Em seguida, definimos a propriedade **Property (Propriedade)** como `Property=Y`, e a propriedade **Factor (Fator)** como `Factor=1`, ou seja, definimos que esta **BoxView** vai ter o mesmo posicionamento do **BoxView** da **linha 9**. Em seguida, definimos a propriedade **Constant (Constante)**, neste caso definimos como `Constant=20`, onde vamos acrescentar 20 pixels neste elemento. Agora podemos compilar nosso **App** no **Android**, repita o procedimento que vimos neste **Capítulo**, nos seguintes tópicos: **Criando a Interface do Usuário com C# (C Sharp) – Code-behind**, **Compilando (Debugging) o Aplicativo Android** e **Instalando o Emulador do Android**. Para usar um smartphone **Android**, veja neste **Capítulo** o seguinte tópico: **Configurando o Smartphone para Modo Desenvolvedor**, agora o ícone do aplicativo vai aparecer no smartphone, conforme **figura 233**:

Figura 233

Vamos retornar a **IDE** do **Visual Studio**, é só clicar na área de desenvolvimento do programa e estaremos de volta. Agora vamos compilar o nosso projeto no **UWP**, conforme vimos neste **Capítulo**, nos tópicos **Criando a Interface do Usuário com C# (C Sharp) – Code-behind** e **Compilando (Debugging) o Aplicativo UWP**. Este processo é muito rápido, pois estamos instalando o aplicativo direto no computador. Quando o aplicativo for instalado no computador, aparecerá a seguinte mensagem **Ready** com uma tarja laranja, no canto inferior esquerdo, conforme **figura 234**:

Figura 234

Vamos retornar a **IDE** do **Visual Studio**, é só clicar na área de desenvolvimento do programa e estaremos de volta. Observe que a compilação é muita rápida, pois estamos instalando o aplicativo no **Windows**, no computador. Veja que neste exemplo, estamos utilizando um modelo didático, para compreendermos o uso do **RelativeLayout**. Agora vamos fazer um **commit**, que nada mais é do que mandar nosso projeto para o **GitHub**, conforme vimos, nas **figuras 187 a 192**.

FlexLayout

Este layout é novo no **Xamarin.Forms**, foi incluso na versão 3.0, ele é baseado no módulo **Flexible Box Layout Module (Layout de Caixa flexível) - CSS**, normalmente conhecido como layout flexível ou caixa flexível, é chamado desta forma porque inclui muitas opções flexíveis para organizar os filhos no layout. Ele é muito semelhante ao **StackLayout** em que ele pode organizar seus filhos horizontal e verticalmente em uma pilha. No entanto, o **FlexLayout** também é capaz de encapsular seus filhos se houver muitos para caber em uma única linha ou coluna e também tiver muitas opções de orientação, alinhamento e adaptação a vários tamanhos de tela. Deriva de **Layout <View>** e herda uma propriedade **Children (filho)** do tipo **IList<View>**, e define seis propriedades públicas vinculáveis e cinco propriedades vinculáveis anexadas que afetam o tamanho, a orientação e o alinhamento de seus elementos filhos. Temos seis propriedades vinculáveis que podemos definir no próprio **FlexLayout**, no código ou no **XAML**, para controlar a orientação e o alinhamento, são elas:

- **Direction** é do tipo **FlexDirection**, uma enumeração com quatro membros: **Column**; **ColumnReverse** ou **Column-Reverse** em **XAML**; **Row**, o padrão; **RowReverse** ou **Row-Reverse** em **XAML**. Em **XAML**, podemos especificar o valor dessa propriedade usando os nomes de membro de enumeração em letras minúsculas, maiúsculas ou letras mistas, ou podemos usar duas cadeias de caracteres adicionais mostradas entre parênteses que são iguais aos indicadores de **CSS**. As cadeias de caracteres **Column-Reverse** e **Row-Reverse** são definidas na classe **FlexDirectionTypeConverter** usada pelo analisador **XAML**;
- **Wrap** é do tipo **FlexWrap**, uma enumeração com três membros: **NoWrap**, o padrão; **Wrap**; **Reverse** ou **wrap-REVERT** em **XAML**. Quando definimos a propriedade **Wrap** como **NoWrap** o eixo principal é restrito e o eixo principal não é largo ou alto o suficiente para se ajustar a todos os filhos, para controlar a redução dos itens devemos usar a propriedade **Shrink** vinculável anexada;
- **JustifyContent** é do tipo **FlexJustify**, uma enumeração com seis membros: **Start** ou **Flex-Start** em **XAML**, o padrão; **Center**; **End** ou **Flex-end** em **XAML**; **SpaceBetween** em **XAML**; **SpaceAround** em **XAML**; **SpaceEvenly**. Essa propriedade especifica como os itens são espaçados no eixo principal, que é o eixo horizontal. O item **Start** padrão posiciona na borda esquerda do **FlexLayout** quando a ordem de leitura for da esquerda para a direita. O item **Center** posiciona todos os itens para o centro. O item **End** posiciona os itens no final. Os três outros itens que começam com a palavra **Space** alocam o espaço extra não ocupado pelos elementos. O item **SpaceBetween** aloca o espaço igualmente entre os itens. O item **SpaceAround** coloca o

espaço igual em cada item. O item **SpaceEvenly** coloca o mesmo espaço entre cada item e antes do primeiro item e depois do último item na linha;

- **AlignItems** é do tipo **FlexAlignItems**, uma enumeração com quatro membros: **Stretch**, o padrão; **Center**; **Start** ou **Flex-Start** em **XAML**; **End** ou **Flex-end** em XAML. Essa propriedade indica como os filhos são alinhados no eixo cruzado. Dentro de cada linha, os filhos são ampliados ou alinhados no início, no centro ou no final de cada elemento;
- **AlignContent** é do tipo **FlexAlignContent**, uma enumeração com sete membros: **Stretch**, o padrão; **Center**; **Start** ou **Flex-Start** em **XAML**; **End** ou **Flex-end** em **XAML**; **SpaceBetween** em **XAML**; **SpaceAround** em **XAML**; **SpaceEvenly**. Como na propriedade **AlignItems**, a propriedade **AlignContent** também alinha os filhos no eixo cruzado, mas afeta linhas ou colunas inteiras, mas não tem efeito quando há apenas uma linha ou coluna.

Temos cinco propriedades vinculáveis anexadas que podemos definir no **FlexLayout**. Essas propriedades são definidas em filhos do **FlexLayout** e pertencem somente a esse filho específico, são elas:

- **AlignSelf** é do tipo **FlexAlignSelf**, uma enumeração com cinco membros: **Auto**, o padrão; **Stretch**; **Center**; **Start** ou **Flex-Start** em **XAML**; **End** ou **Flex-end** em **XAML**. Para qualquer filho individual do **FlexLayout**, essa configuração de propriedade substitui a propriedade **AlignItems** definida na própria **FlexLayout**. A configuração padrão **Auto** significa que estamos usando a configuração **AlignItems**;
- **Order** é do tipo **int**, o valor padrão é **0**, esta propriedade permite que alteremos a ordem em que os filhos no **FlexLayout** são organizados. Normalmente, os filhos de um **FlexLayout** são organizados na mesma ordem em que aparecem na coleção Filhos (**Children**). Podemos substituir essa ordem definindo à propriedade um valor inteiro diferente de zero em um ou mais filhos, em seguida, organiza seus filhos com base na configuração da propriedade em cada filho, mas os filhos com a mesma configuração são organizados na ordem em que aparecem na coleção Filhos (**Children**);

- **Basis** é do tipo **FlexBasis**, uma estrutura. O tamanho pode ser especificado em unidades independentes de dispositivo ou como uma porcentagem do tamanho do **FlexLayout**. O valor padrão da propriedade **Basis** é a propriedade estática **FlexBasis.Auto**, o que significa que a largura ou a altura solicitada do filho será usada. Indica a quantidade de espaço alocada a um filho do **FlexLayout** no eixo principal. O tamanho especificado pela propriedade **Basis** é o tamanho ao longo do eixo principal do **FlexLayout** pai. Portanto, esta propriedade indica a largura de um filho quando os filhos são organizados em linhas ou a altura quando os filhos são organizados em colunas. O segundo argumento para o **Construtor FlexBasis** é **isRelative** e indica se o tamanho é relativo, verdadeiro (**true**) ou absoluto, falso (**false**), que é o padrão;
- **Grow** é do tipo **int**, o valor padrão é **0**, e o valor deve ser maior ou igual a **0**. Desempenha uma função quando a propriedade **Wrap** é definida como **NoWrap** e a linha de filhos tem uma largura total menor que a largura do **FlexLayout** pai ou a coluna de filhos tem uma altura menor do que o **FlexLayout** pai, indicando como distribuir o espaço restante entre os filhos;
- **Shrink** é do tipo **int**, o valor padrão é **1**, e o valor deve ser maior ou igual a **0**. Desempenha uma função quando a propriedade **Wrap** é definida como **NoWrap** e a largura agregada de uma linha de filhos é maior que a largura do **FlexLayout** pai, ou a altura agregada de uma única coluna de filhos é maior do que a altura do **FlexLayout** pai. Normalmente, o **FlexLayout** pai exibirá esses filhos restringindo seus tamanhos. Esta propriedade pode indicar quais filhos recebem prioridade quando são exibidos em seus tamanhos completos.

Podemos definir os valores de **Grow** e **Shrink** para acomodar situações em que os tamanhos agregados do elemento filho às vezes podem ser menores ou, às vezes, maiores que o tamanho do **FlexLayout** pai. Veremos em seguida, alguns exemplos de uso destas propriedades.

Usando o FlexLayout para uma Pilha Simples

Na pilha simples, o **FlexLayout** pode ser substituído por um **StackLayout** mas com marcação mais simples. Vamos criar um novo projeto para entendermos estes conceitos, conforme vimos no tópico **O Ambiente de Desenvolvimento do Microsoft Visual Studio Community 2022** no **capítulo 2**, no item **Project name:**, digite **AppUsandoFlexLayout**, aguarde e veja que vai aparecer a nossa **IDE** ou área de desenvolvimento, conforme vimos na **figura 28**. Observe que todo projeto **Xamarin.Forms** que criamos, automaticamente, já vem com uma página de visualização ou **View**, vinculada, que é o arquivo **MainPage.xaml**, vamos abri-lo, para isto abra a janela **Solution Explorer**, pressione ao mesmo tempo as teclas **Ctrl+Alt+L**, e deve abrir a janela **Solution Explorer** conforme vimos na **figura 30**. Em seguida, abra o projeto **AppUsandoFlexLayout**, para isto clique na setinha que tem ao lado do projeto **AppUsandoFlexLayout**, em seguida clique duas vezes com o botão esquerdo do mouse sobre o arquivo **MainPage.xaml**, e vai abrir o mesmo, agora pressione ao mesmo tempo as teclas **Ctrl+A** e vai selecionar todo o código, conforme vimos na **figura 116**. Pressione a tecla **Delete** do teclado, no local onde o cursor do mouse está piscando, na **linha 1**, digite o código abaixo:

```
<?xml version="1.0" encoding="utf-8" ?>
<ContentPage xmlns="http://xamarin.com/schemas/2014/forms"
             xmlns:x="http://schemas.microsoft.com/winfx/2009/
xaml"
             x:Class="AppUsandoFlexLayout.MainPage"
             BackgroundColor="Beige"
             Title="Usando FlexLayout">

    <FlexLayout Direction="Column" AlignItems="Center"
JustifyContent="SpaceEvenly">
        <Label Text="FlexLayout em Ação" FontSize="Large" />
        <Image Source="robot.png" />
        <Button Text="Botão Fazer-Nada" />
        <Label Text="Outro Elemento Label" />
    </FlexLayout>
</ContentPage>
```

Vamos entender este código. Na **linha 8**, definimos o **FlexLayout**, contendo quatro elementos que são seus filhos. A propriedade **Direction** é definida como um valor da enumeração **FlexDirection**, o padrão é **Row**, mas no nosso caso definimos a propriedade como **Column**, fazendo com que os elementos filhos sejam organizados em uma única coluna de itens, ou seja, um eixo vertical principal e um eixo cruzado horizontal. A propriedade **AlignItems** é do tipo **FlexAlignItems** e especifica como os itens são alinhados no eixo cruzado, no nosso caso definimos como **Center**, fazendo com que cada item seja centralizado horizontalmente. A propriedade **JustifyContent** é do tipo **FlexJustifye** especifica como os itens são organizados no eixo principal, no nosso caso definimos como **SpaceEvenly**, que vai alocar todos os espaços verticais restantes igualmente entre todos os itens e acima do primeiro item e abaixo do último item. Agora podemos compilar nosso **App** no **Android**, repita o procedimento que vimos neste **Capítulo**, nos seguintes tópicos: **Criando a Interface do Usuário com C# (C Sharp) – Code-behind**, **Compilando (Debugging) o Aplicativo Android** e **Instalando o Emulador do Android**. Para usar um smartphone **Android**, veja neste **Capítulo**, o seguinte tópico: **Configurando o Smartphone para Modo Desenvolvedor**, agora o ícone do aplicativo vai aparecer no smartphone, conforme **figura 235**:

Figura 235

Vamos retornar a **IDE** do **Visual Studio**, é só clicar na área de desenvolvimento do programa e estaremos de volta. Agora vamos compilar o nosso projeto no **UWP**, conforme vimos neste **Capítulo**, nos tópicos **Criando a Interface do Usuário com C# (C Sharp) – Code-behind** e **Compilando (Debugging) o Aplicativo UWP**. Este processo é muito rápido, pois estamos instalando o aplicativo direto no computador. Quando o aplicativo for instalado no computador, aparecerá a seguinte mensagem **Ready** com uma tarja laranja, no canto inferior esquerdo, conforme **figura 236**:

Figura 236

Vamos retornar a **IDE** do **Visual Studio**, é só clicar na área de desenvolvimento do programa e estaremos de volta. Observe que a compilação é muita rápida, pois estamos instalando o aplicativo no **Windows**, no computador. Veja que neste exemplo, estamos utilizando um modelo didático, para compreendermos o uso do **FlexLayout**.

Layout Holy Grail (Santo Graal) no FlexLayout

Há um layout padrão no design da **Web** chamado de o **Santo Graal (Holy Grail)**, pois é um formato de layout muito desejável, mas, muitas vezes, difícil de entender com perfeição, este layout consiste em um cabeçalho na parte superior da página e um rodapé na parte inferior, que se estendem para a largura total da página, ocupando o centro da página temos o conteúdo principal, mas geralmente com um menu de coluna à esquerda do conteúdo e informações complementares (às vezes chamado de área separada) à direita. Veremos como criá-la usando **FlexLayout**, para isto vamos retornar ao arquivo **MainPage.xaml**, do projeto **AppUsandoFlexLayout**, se o mesmo estiver aberto, basta clicar na aba com o nome do mesmo, conforme vimos na **figura 125**, se estiver fechado, vamos abri-lo, para isto abra a janela **Solution Explorer**, pressione ao mesmo tempo as teclas **Ctrl+Alt+L**, e deve abrir a janela **Solution Explorer** conforme vimos na **figura 30**. Em seguida, abra o projeto **AppUsandoFlexLayout**, para isto clique na setinha que tem ao lado do projeto **AppUsandoFlexLayout**, em seguida clique duas vezes com o botão esquerdo do mouse sobre o arquivo **MainPage.xaml**, e vai abrir o mesmo, agora pressione ao mesmo tempo as teclas **Ctrl+A** e vai selecionar todo o código, conforme vimos na **figura 116**. Pressione a tecla **Delete** do teclado, no local onde o cursor do mouse está piscando, na **linha 1**, digite o código abaixo:

```
<?xml version="1.0" encoding="utf-8" ?>
<ContentPage xmlns="http://xamarin.com/schemas/2014/forms"
             xmlns:x="http://schemas.microsoft.com/winfx/2009/
xaml"
             x:Class="AppUsandoFlexLayout.MainPage"
             BackgroundColor="Beige"
             Title="Holy Grail no FlexLayout">

    <FlexLayout Direction="Column">
        <!-- Header - Cabeçalho -->
        <Label Text="Cabeçalho"
               FontSize="Large"
               BackgroundColor="#FFE4E1"
               HorizontalTextAlignment="Center" />
        <!-- Body - Corpo -->
        <FlexLayout FlexLayout.Grow="1">
            <!-- Content - Conteúdo -->
            <Label Text="Conteúdo"
                   FontSize="Large"
                   BackgroundColor="#DAA520"
                   HorizontalTextAlignment="Center"
                   VerticalTextAlignment="Center"
                   FlexLayout.Grow="1" />
            <!-- Navigation items - Itens de navegação -->
            <BoxView FlexLayout.Basis="50"
                     FlexLayout.Order="-1"
                     Color="#FF1493" />
            <!-- Aside items - Além dos itens -->
            <BoxView FlexLayout.Basis="50"
```

```
                        Color="#E066FF" />
        </FlexLayout>
        <!-- Footer - Rodapé -->
        <Label Text="Rodapé"
                    FontSize="Large"
                    BackgroundColor="#8B4513"
                    HorizontalTextAlignment="Center" />
    </FlexLayout>
</ContentPage>
```

Vamos entender este código. Na **linha 8**, definimos o primeiro **FlexLayout** como um eixo vertical principal e contém três filhos organizados em uma coluna. Esses são o cabeçalho, o corpo da página e o rodapé. O **FlexLayout** aninhado tem um eixo principal horizontal com três filhos organizados em uma linha. Na **linha 15**, definimos a propriedade `FlexLayout.Grow="1"`, indicando que o **FlexLayout** vai ocupar todo o espaço vertical não utilizado dentro dele. Na **linha 22**, definimos a propriedade `FlexLayout.Grow="1"`, no elemento **Label**, indicando que esse conteúdo é para ocupar todo o espaço horizontal não utilizado dentro do interior do **FlexLayout** pai. Nas **linhas 24** e **28**, definimos a propriedade `FlexLayout.Basis="50"`, que vai fazer com que o elemento **BoxView**, tenha uma largura de **50 pixels**, que indica a quantidade de espaço que o item ocupará no eixo principal. Na **linha 25**, definimos a propriedade `FlexLayout.Order="-1"`, definir um valor negativo, ou como um valor menor que seus irmãos faz com que o elemento **BoxView** apareça como o primeiro item na linha. Agora podemos compilar nosso **App** no **Android**, para isto repita o procedimento que vimos neste **Capítulo**, nos seguintes tópicos: **Criando a Interface do Usuário com C# (C Sharp) – Code-behind**, **Compilando (Debugging) o Aplicativo Android** e **Instalando o Emulador do Android**. Para usar um smartphone **Android**, veja neste **Capítulo** o seguinte tópico: **Configurando o Smartphone para Modo Desenvolvedor**, agora o ícone do aplicativo vai aparecer no smartphone, conforme **figura 237**:

Figura 237

Vamos retornar a **IDE** do **Visual Studio**, é só clicar na área de desenvolvimento do programa e estaremos de volta. Agora vamos compilar o nosso projeto no **UWP**, conforme vimos neste **Capítulo**, nos tópicos **Criando a Interface do Usuário com C# (C Sharp) – Code-behind** e **Compilando (Debugging) o Aplicativo UWP**. Este processo é muito rápido, pois estamos instalando o aplicativo direto no computador. Quando o aplicativo for instalado no computador, aparecerá a seguinte mensagem **Ready** com uma tarja laranja, no canto inferior esquerdo, conforme **figura 238**:

Figura 238

Vamos retornar a **IDE** do **Visual Studio**, é só clicar na área de desenvolvimento do programa e estaremos de volta. Observe que a compilação é muita rápida, pois estamos instalando o aplicativo no **Windows**, no computador. Veja que neste exemplo, estamos utilizando um modelo didático, para compreendermos o uso do **FlexLayout**. Outro uso do **FlexLayout** é com as estruturas de marcação de estilos do **CSS**, veremos no próximo tópico.

Estilo de CSS com FlexLayout

Podemos usar o recurso de estilo **CSS** introduzido a partir da versão **Xamarin.Forms 3.0**, junto com o **FlexLayout**. Vamos criar um catálogo de instrumentos musicais, especificamente guitarras, para isto vamos retornar ao arquivo **MainPage.xaml**, do projeto **AppUsandoFlexLayout**, se o mesmo estiver aberto, basta clicar na aba com o nome do mesmo, conforme vimos na **figura 125**, se estiver fechado vamos abri-lo, para isto abra a janela **Solution Explorer**, pressione ao mesmo tempo as teclas **Ctrl+Alt+L**, e deve abrir a janela **Solution Explorer** conforme vimos na **figura 30**. Em seguida, abra o projeto **AppUsandoFlexLayout**, para isto clique na setinha que tem ao lado do projeto **AppUsandoFlexLayout**, em seguida clique duas vezes com o botão esquerdo do mouse sobre o arquivo **MainPage.xaml**, e vai abrir o mesmo, agora pressione ao mesmo tempo as teclas **Ctrl+A** e vai selecionar todo o código, conforme vimos na **figura 116**. Pressione a tecla **Delete** do teclado, no local onde o cursor do mouse está piscando, na **linha 1**, digite o código abaixo:

```
<?xml version="1.0" encoding="utf-8" ?>
<ContentPage xmlns="http://xamarin.com/schemas/2014/forms"
             xmlns:x="http://schemas.microsoft.com/winfx/2009/
xaml"
             xmlns:d="http://xamarin.com/schemas/2014/forms/
design"
             xmlns:mc="http://schemas.openxmlformats.org/
markup-compatibility/2006"
             mc:Ignorable="d"
             x:Class="AppUsandoFlexLayout.MainPage"
             Padding="{OnPlatform iOS='30, 30, 30, 30'}"
             BackgroundColor="Beige"
             Title="CSS no FlexLayout">

    <ContentPage.Resources>
        <StyleSheet Source="CatalogoItensStyles.css" />
        <Style TargetType="Frame">
            <Setter Property="CornerRadius" Value="15" />
        </Style>
        <Style TargetType="Button">
            <Setter Property="Text" Value="Saiba Mais" />
            <Setter Property="BorderRadius" Value="20" />
        </Style>
    </ContentPage.Resources>
```

```
    <ScrollView Orientation="Both">
        <FlexLayout>
            <Frame>
                <FlexLayout Direction="Column">
                    <Label Text="Guitarra Elétrica"
StyleClass="header" />
                    <Label Text="A guitarra elétrica (AO 1945:
eléctrica) (também chamada apenas de guitarra) é um instrumento
musical pertencente à família das cordas, cujo som é sempre
amplificado eletronicamente." />
                    <Label Text="  &#x2022; O som é produzido
manualmente pela vibração das cordas como na guitarra
acústica." />
                    <Label Text="  &#x2022; Os sinais
elétricos podem ser simplesmente amplificados e emitidos por um
amplificador que converte os sinais elétricos em ondas sonoras,
ou pode ser modificado antes de ser novamente convertido em som
pelo amplificador." />
                    <Label Text="  &#x2022; Usadas
principalmente no rock, música pop, blues e jazz." />
                    <Image Source="guitarra.png" />
                    <Label StyleClass="empty" />
                    <Button />
                </FlexLayout>
            </Frame>
            <Frame>
                <FlexLayout Direction="Column">
                    <Label Text="Violão" StyleClass="header" />
                    <Label Text="É uma guitarra acústica
com cordas de nylon, aço ou tendões de animais, concebida
inicialmente para a interpretação de peças de música erudita."
/>
                    <Label Text="  &#x2022; O corpo é oco
e chato, em forma de oito[2], e feito de várias madeiras
diferentes." />
                    <Label Text="  &#x2022; O braço possui
trastes que a tornam um instrumento temperado." />
                    <Label Text="  &#x2022; As versões mais
comuns possuem seis cordas de nylon, mas há violões com outras
configurações, como o violão de sete cordas e o violão baixo,
com 4 cordas, afinadas uma oitava abaixo das 4 cordas mais
graves do violão/viola." />
                    <Image Source="violao.png" />
                    <Label StyleClass="empty" />
                    <Button />
                </FlexLayout>
            </Frame>
```

```
            <Frame>
                <FlexLayout Direction="Column">
                    <Label Text="Bandolim" StyleClass="header"
/>
                    <Label Text="Um bandolim é um instrumento
musical de cordas no formato semelhante a uma pera, podendo ter
as costas abauladas ou rectas." />
                    <Label Text="  &#x2022; Da família dos
cordofones, possui cordoamento duplo, ou seja, quatro pares de
cordas, e sua afinação é da mesma forma que o violino: Sol, Ré,
Lá, Mi." />
                    <Label Text="  &#x2022; As origens do
bandolim remontam à Itália do século XVI, e ligam-no ao
alaúde." />
                    <Image Source="bandolim.png" />
                    <Label StyleClass="empty" />
                    <Button />
                </FlexLayout>
            </Frame>
        </FlexLayout>
    </ScrollView>
</ContentPage>
```

Vamos entender este código, na **linha 10**, estamos referenciando a folha de estilos **CSS**, que chamamos de **CatalogoItensStyles.css**, este arquivo não existe, temos que criá-lo, para isto abra a janela **Solution Explorer**, pressione ao mesmo tempo as teclas **Ctrl+Alt+L**, e deve abrir a janela **Solution Explorer** conforme vimos na **figura 30**. Em seguida, clique com o botão esquerdo do mouse sobre o projeto **AppUsandoFlexLayout**, em seguida selecione o item de menu **Add**, e selecione o item **New Item...**, ou pressione ao mesmo tempo as teclas **Ctrl+Shift+A**, conforme vimos na **figura 113**, vai abrir a janela **Add New Item - AppUsandoFlexLayout**, no menu do lado esquerdo, clique na setinha preta do item **Installed**, para expandi-lo, em seguida clique na setinha preta do item **C# Items**, e selecione o item **Web**, no menu do lado direito, selecione o item **Style Sheet**, no item **Name:**, digite **CatalogoItensStyles.css**, conforme vimos na **figura 114**, clique no botão **Add**, e vai abrir o arquivo **CatalogoItensStyles.css**, conforme vimos na **figura 115**, vamos alterar este código, pressione ao mesmo tempo as teclas **Ctrl+A** e vai selecionar todo o código, conforme vimos na **figura 116**, pressione a tecla **Delete** do teclado, no local onde o cursor do mouse está piscando, na **linha 1**, digite o código abaixo:

```
frame {
    width: 300;
    height: 610;
    background-color: #FFFACD;
    margin: 10;
}

label {
    margin: 4 0;
}

    label.header {
        margin: 8 0;
        font-size: large;
        color: blue;
    }

    label.empty {
        flex-grow: 1;
    }

image {
    height: 180;
    order: -1;
    align-self: center;
}

button {
    font-size: large;
    color: white;
    background-color: #CD950C;
}
```

Salve seu projeto, conforme vimos nas **figuras 48 e 49**. Neste arquivo temos todas as configurações que vamos precisar para nossos elementos, só que estamos usando folhas de estilos **CSS**. Voltando ao arquivo **XAML**, temos nas **linhas 11** e **14**, esses estilos que complementam a folha de estilos **CSS** para propriedades que o recurso de estilo de **CSS** do **Xamarin.Forms** atualmente não suporta. Nas **linhas 23**, **29**, **35**, **41**, **47** e **52**, temos os elementos **StyleClass**, que fazem referência aos seletores na folha de estilo **CSS** do arquivo **CatalogoItensStyles.css**, especificamente nas **linhas 12** e **18**. Várias propriedades vinculáveis anexadas do **FlexLayout** são referenciadas aqui. No seletor **label.empty**, estamos usando o atributo **flex-grow**, que cria um estilo vazio no elemento **Label** para fornecer algum espaço em branco acima do elemento **Button**. O seletor **image** contém um atributo **order** e um atributo **align-self**, os quais correspondem às propriedades vinculáveis anexadas do **FlexLayout**. Observe que nas **linhas 28, 40,** e **51**, do arquivo **XAML**, temos chamadas para imagens do tipo **png**, baixe três imagens no seu computador, uma para cada tipo de instrumento, do tipo **png**. Para baixar, copiar, colar e editar as imagens, trabalhar com ícones veja os tópicos **Trabalhando com Imagens no Android** e **Trabalhando com Imagens no UWP** do **capítulo 3**. Veja que podemos definir as propriedades diretamente no **FlexLayout** pai, e podemos definir propriedades vinculáveis anexadas nos filhos de um **FlexLayout**. Ou, podemos definir essas propriedades indiretamente usando estilos tradicionais baseados em **XAML** ou estilos **CSS**. O que é importante é sabermos e entendermos essas propriedades. Essas propriedades são o que torna o **FlexLayout** verdadeiramente flexível. Agora podemos compilar nosso **App** no **Android**, para isto repita o procedimento que vimos neste **Capítulo**, nos seguintes tópicos: **Criando a Interface do Usuário com C# (C Sharp) – Code-behind**, **Compilando (Debugging) o Aplicativo Android** e **Instalando o Emulador do Android**. Para usar um smartphone **Android**, veja neste **Capítulo**, no seguinte tópico: **Configurando o Smartphone para Modo Desenvolvedor**, agora o ícone do aplicativo vai aparecer no smartphone, conforme **figura 239**:

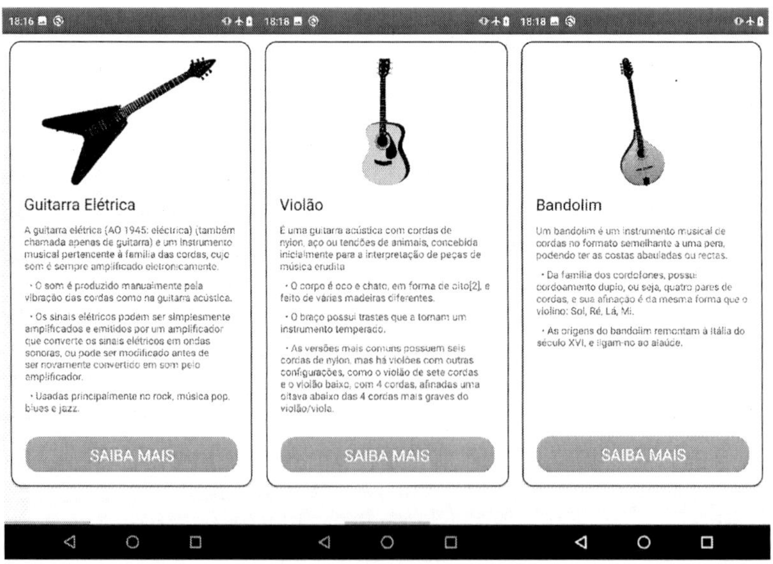

Figura 239

Observe que temos uma navegação lateral, para direita e para a esquerda. Vamos retornar a **IDE** do **Visual Studio**, é só clicar na área de desenvolvimento do programa e estaremos de volta. Agora vamos compilar o nosso projeto no **UWP**, conforme vimos neste **Capítulo**, nos tópicos **Criando a Interface do Usuário com C# (C Sharp) – Code-behind** e **Compilando (Debugging) o Aplicativo UWP**. Este processo é muito rápido, pois estamos instalando o aplicativo direto no computador. Quando o aplicativo for instalado no computador, aparecerá a seguinte mensagem **Ready** com uma tarja laranja, no canto inferior esquerdo, conforme **figura 318**:

Figura 240

Observe que temos uma navegação lateral, para direita e para a esquerda, e no **UWP** temos que fazer algumas configurações extras para adequar o layout. Vamos retornar a **IDE** do **Visual Studio**, é só clicar na área de desenvolvimento do programa e estaremos de volta. Observe que a compilação é muita rápida, pois estamos instalando o aplicativo no **Windows**, no computador. Agora vamos fazer um **commit**, que nada mais é do que mandar nosso projeto para o **GitHub**, conforme vimos, nas **figuras 187 a 192**. Vimos que para trabalhar em várias plataformas com o **FlexLayout**, devemos estar atentos aos detalhes de layout de cada plataforma.

CHEGAMOS AO FIM

Espero que este livro possa ajudá-los a conhecer um pouco sobre desenvolvimento de aplicativos móveis multiplataforma ou também conhecido como **cross-platform** com **Xamarin.Forms** e a **IDE Visual Studio 2022 Community**, para que possam estar aptos a lidar com este mercado cada vez mais crescente, no que diz respeito ao desenvolvimento de aplicativos móveis multiplataforma. Quero salientar que o aprendizado não se resume apenas ao conteúdo deste livro e sim, na busca constante por novos conhecimentos.

ANEXO I

INSTALANDO O AMBIENTE DE DESENVOLVIMENTO DO MICROSOFT VISUAL STUDIO COMMUNITY 2022 NO WINDOWS

Antes de instalar o aplicativo de desenvolvimento do **Microsoft Visual Studio Community 2022**, devemos lembrar que o emulador do **Android** e outros ambientes, devem ser instalados no **Windows**. Para verificar qual sua versão do **Windows**, digite na área de pesquisa **Sistema**, em seguida selecione o item de menu **Sistema**, conforme **figura 241**:

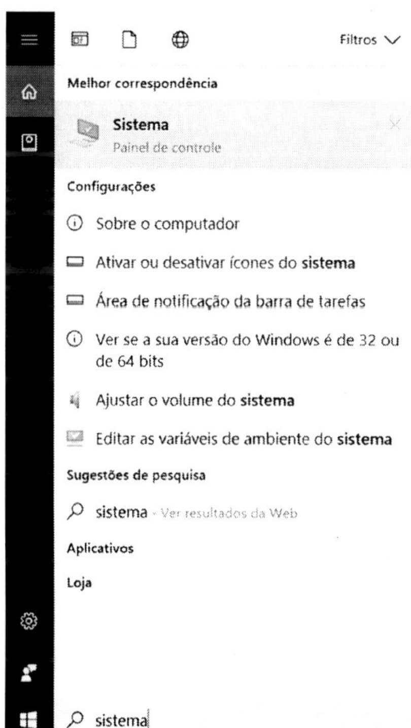

Figura 241

Vai abrir a janela com as informações básicas do computador, conforme **figura 242**:

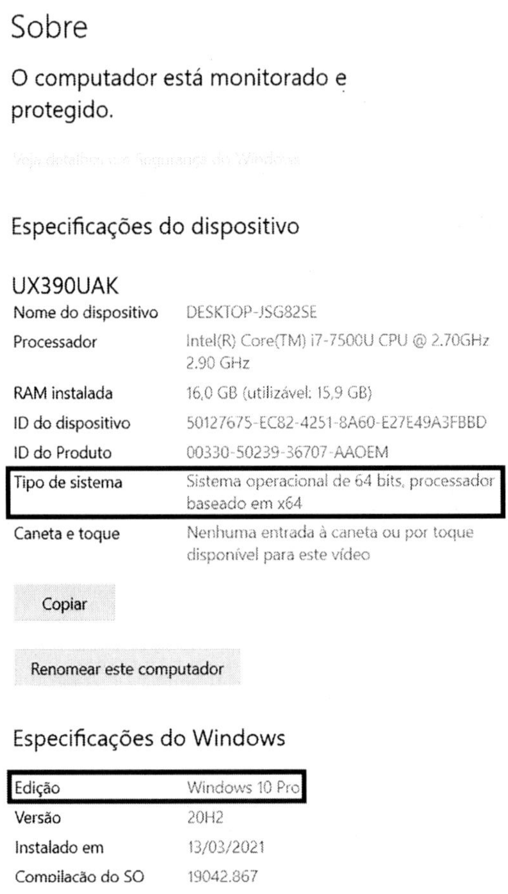

Figura 242

Observe os itens que estão marcados, são estes que lhe interessam para ter uma instalação bem-sucedida do **Microsoft Visual Studio Community 2022**. Caso seu **Windows** não esteja com estas configurações, você deverá trocá-lo por uma versão Pro e de preferência de 64 bits. Quanto mais memória **RAM**, melhor, no mínimo **8 GB**. Feitas estas considerações, a partir deste momento vou considerar que você tem as configurações acima citadas. Vamos agora instalar o

Microsoft Visual Studio Community 2022, para isto digite o seguinte link em seu navegador web: **https://visualstudio.microsoft.com/pt--br/**, eu estou usando o novo navegador da **Microsoft**, o **Edge**, na página que abre, role a tela e procure o item **Conheça a família Visual Studio**, no item **Visual Studio para Windows**, clique na setinha para baixo e selecione **Community 2022**, conforme **figura 243**:

Figura 243

Deve aparecer no canto superior direito do **Microsoft Edge**, uma caixa de diálogo perguntando onde salvar os **downloads**, clique no botão **Salvar como**, conforme **figura 244**:

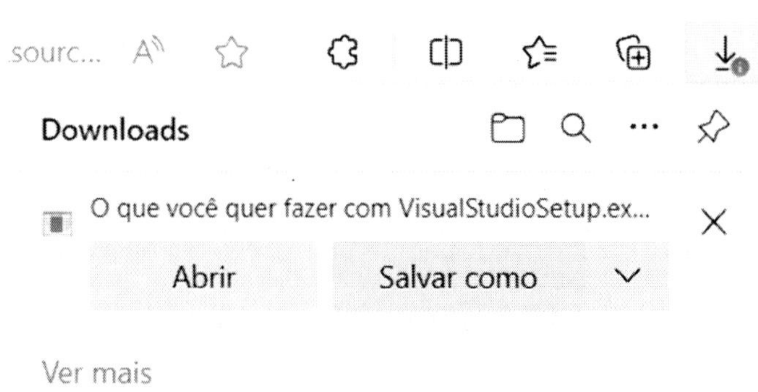

Figura 244

Vai abrir a janela **Salvar como**, conforme **figura 245**:

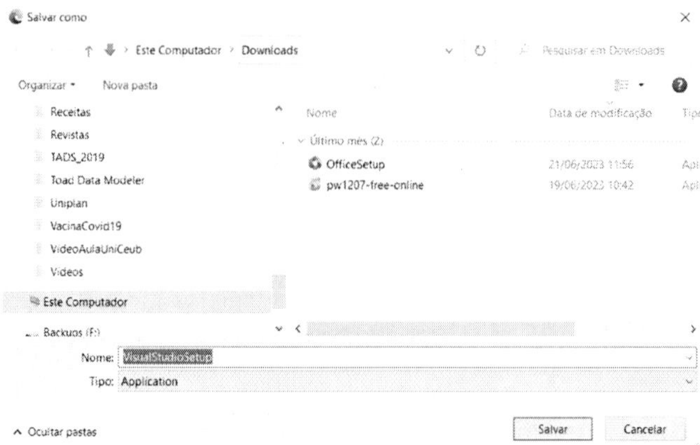

Figura 245

Por padrão esta janela abre dentro da pasta **Downloads**, mas podemos mudar para a pasta que quisermos. Vou deixar na pasta padrão. Clique no botão **Salvar** e aguarde o término do download, que dependendo da configuração da sua máquina pode demorar um pouco. Após o término do download, abra a pasta **Downloads**, basta clicar no ícone da pasta **Explorador de Arquivos**, que fica fixa na barra de tarefas do **Windows**, conforme vimos na **figura 200**. Vai abrir a janela **Explorador de Arquivos**, clique sobre a pasta **Downloads**, e veja que o nosso arquivo baixado está lá, conforme **figura 246**:

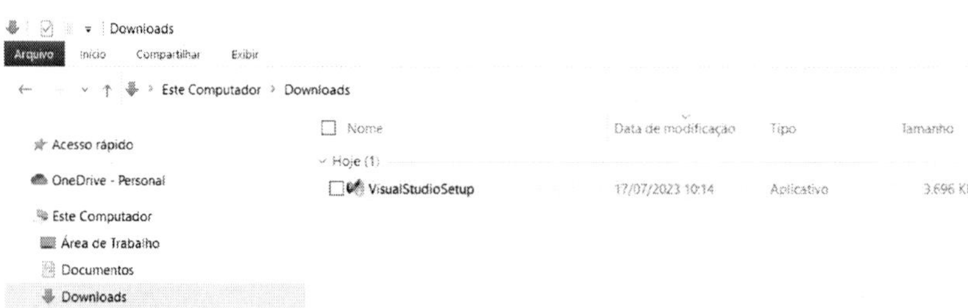

Figura 246

Vamos iniciar a instalação do aplicativo. Eu estou instalando a partir de uma instalação zerada do **Windows**, o único programa que tenho instalado é o **Office**, portanto alguns passos para vocês podem ser pulados, pois alguns aplicativos já devem estar instalados no seu computador. Outro detalhe, você deve estar conectado à Internet durante a instalação deste programa. Clique com o botão do mouse sobre o arquivo **VisualStudioSetup.exe**, selecione o item **Executar como administrador**, conforme **figura 247**:

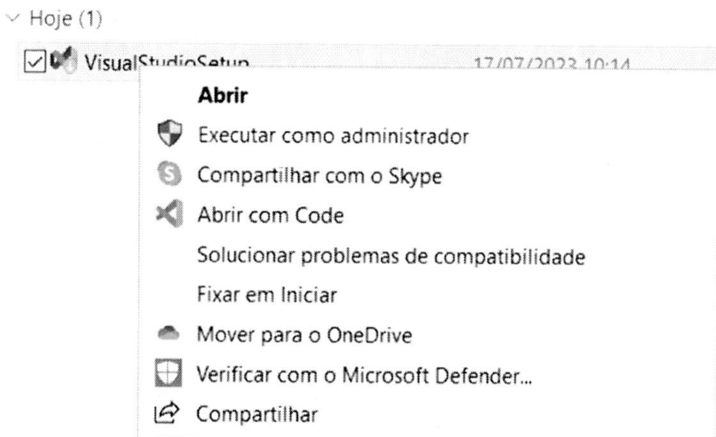

Figura 247

Em seguida vai abrir uma janela perguntando se você pode permitir alterações no seu computador, **Deseja permitir que este aplicativo faça alterações no seu computador?**, clique no botão **Sim**, conforme vimos na **figura 56**, e veja que deve aparecer a janela com algumas informações sobre o **Visual Studio 2022**, conforme **figura 248**:

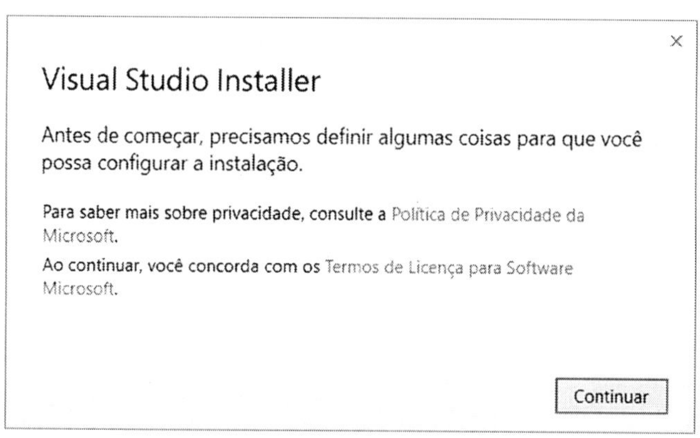

Figura 248

Clique no botão **Continuar**. Aguarde o carregamento, conforme **figura 249**:

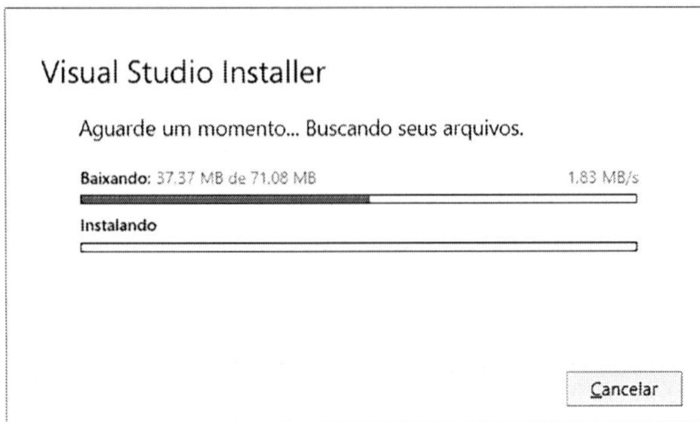

Figura 249

Após o carregamento, vai aparecer a nova tela de configurações do **Visual Studio 2022 Community**, conforme **figura 250**:

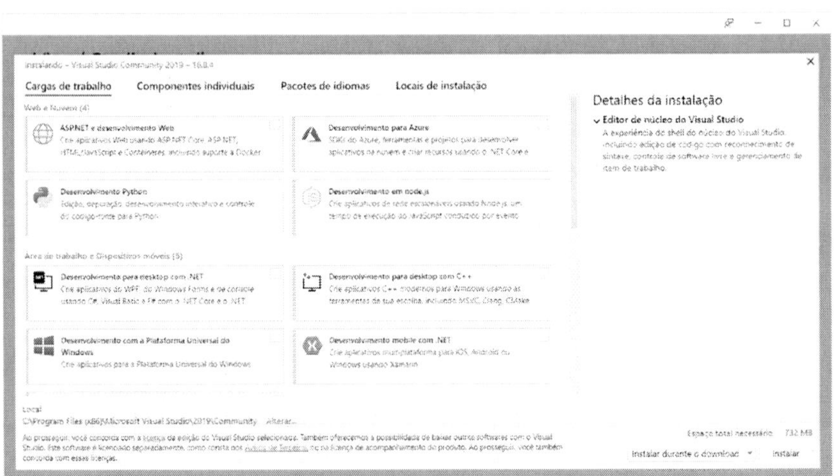

Figura 250

Nesta nova janela, podemos escolher nossas preferências e quais módulos devem ser instalados. No item **Web e Nuvem**, vamos selecionar os itens **ASPNET e desenvolvimento Web**, e **Desenvolvimento Python**, conforme **figura 251**:

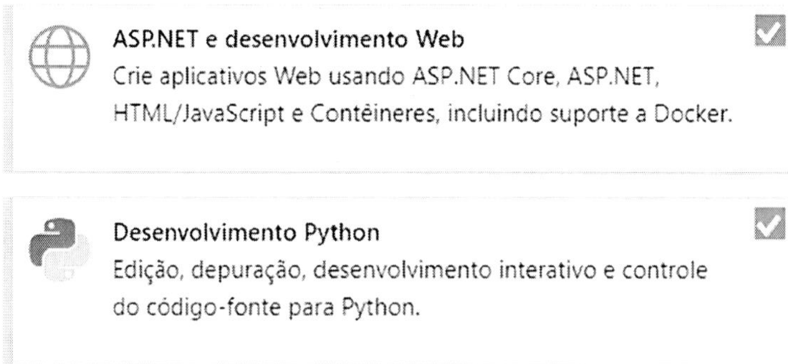

Figura 251

No item Área de trabalho e Dispositivos móveis, vamos selecionar os itens **Desenvolvimento de .NET Multi-Plataform App UI** e **Desenvolvimento com a Plataforma Universal do Windows**, e, conforme **figura 252**:

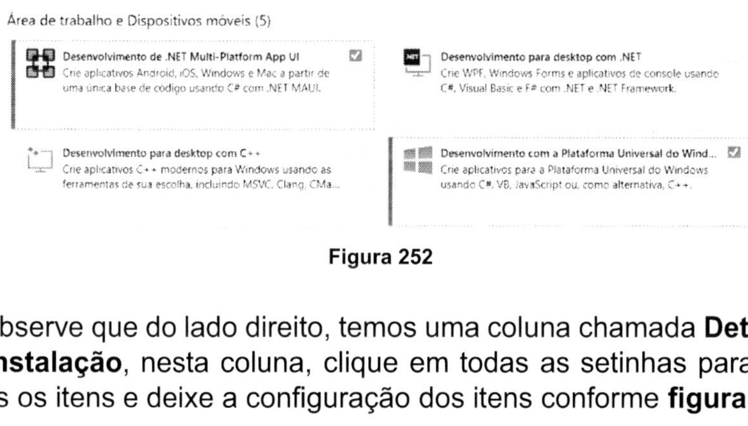

Figura 252

Observe que do lado direito, temos uma coluna chamada **Detalhes da instalação**, nesta coluna, clique em todas as setinhas para abrir todos os itens e deixe a configuração dos itens conforme **figura 253**:

Figura 253

Agora clique no item **Pacotes de Idiomas**, vamos selecionar o item **Inglês**, conforme **figura 254**:

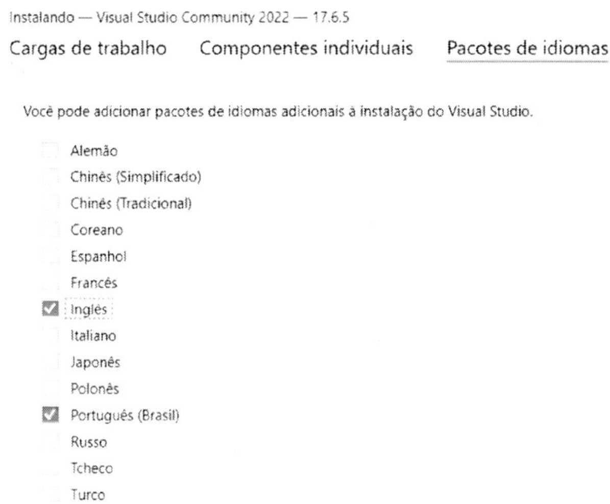

Figura 254

Pronto, podemos começar a instalação, para isto clique no botão **Instalar**, que fica no canto inferior direito da janela de instalação, conforme **figura 255**:

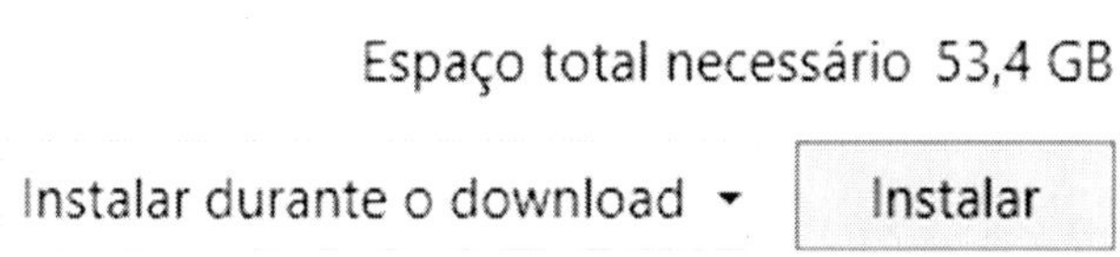

Figura 255

Vai abrir a janela de andamento da instalação, caso apareça uma mensagem sobre **Python 3 64 bits**, dizendo que não tem mais suporte, conforme **figura 256**:

Figura 256

Clique no botão **Continuar**. Aguarde o término da instalação, conforme a configuração da sua máquina pode demorar. Após o término, pode ser que apareça a janela **Reinicialização Necessária**, conforme **figura 257**:

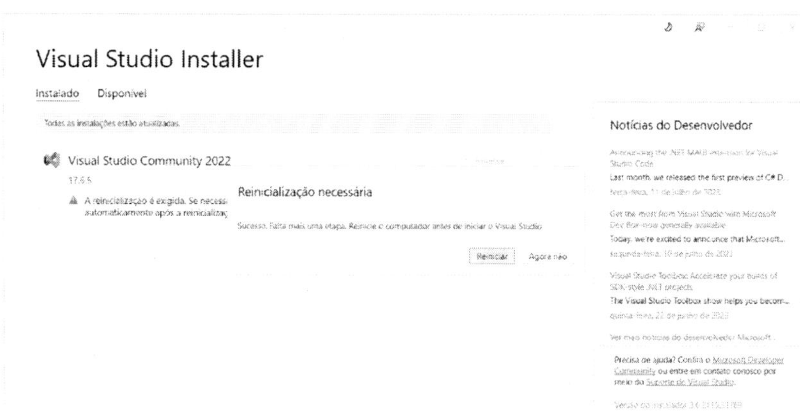

Figura 257

Clique no botão **Reiniciar**, e aguarde o seu computador retornar. Caso esta janela não apareça, feche o **Visual Studio**, e reinicie o computador. Pronto o **Microsoft Visual Studio Community 2022** está instalado e pronto para ser utilizado.

ANOTAÇÕES

Impressão e acabamento
Gráfica da Editora Ciência Moderna Ltda.
Tel: (21) 2201-6662